宁波老事体

周娴华　周达章　著

宁波出版社
NINGBO PUBLISHING HOUSE

作者简介

周娴华 宁波大学继续教育学院副院长,副研究员,宁波市第十六届政协委员,浙江省妇联十五届执委。曾编撰《走进学生的心灵——班主任工作安全新编》《宁波书院文化》《宁波商街文化》等著作。

周达章 1941年生。宁波市作家协会会员,中学高级教师,拥有数学与中文双学历。任教四十年,退休后被返聘十五年,专注教科研,获32项奖项。致力于地方文化研究,编著《宁波老事体》及"宁波地方文化通俗读本"系列十册。在德育与作文教学领域亦有建树,编著有《走进学生心灵》《中学生传统美德读本》《初中生活作文导写》等20余部教育专著。

序　言

《宁波老事体》是我与父亲一起合作写的出版于2014年的老书，由于徐飞老师的厚爱，希望我们在原书基础上再补充一些内容，重新出版，对我父亲来说，自然是十分高兴。于是乎，他在书房中的乱纸堆里又寻找往昔的记忆和采访所得，要我替他整理成稿。经过几年努力，终于算是完成了本书文稿。但由于我父亲年事已高，身体抱恙，便嘱咐我写本书的序言。我哪敢轻易动笔，于是在父亲原有的序言中，作适当的改写后成了这篇序。

很早就想写一些老宁波的事，有了这个想法后，就有意识地回忆不少自己经历过，至今仍留有深刻印象的人和事，有目的地去采访至今尚有的一些线索，以及不少后人能记起来的事情。有些相关内容也曾见诸报端，但与本人所了解的这些事情的真相，有不少差异，甚至与事实相去甚远。经过一段时间的努力，就积累了不少材料,在采访和查证过程中也收获了不少素材。于是那些老宁波之人和事的轮廓就逐渐清晰地浮现在我眼前:那一条条老街,一块块老招牌,一位位老人,一件件老事体,就成了本书所写的故事。

一个城市的文化是这个城市的灵魂,一个城市的文化蕴含着这个城市的精神。宁波是一座著名的历史文化名城,有着深厚的历史文化底蕴,因为特定的地理位置,孕育了史传久远、资源丰富、形态多样、积淀丰厚的城市文化。我想,把宁波过去发生过的有意义的事介绍给当今的宁波市民,尤其是那些对宁波的过去毫无印象的年轻人,让当代乃至今后一代又一代的宁波人了解我们所居住的城市的过去,应该是很有意义的一种文化传承。我相信,老宁波的风土习俗、名胜掌故、饮食文化,特别是老宁波人不朽的创业精神,都是弥足珍贵的精神财富。读者在茶余饭后阅读本书,定能受到不少启发和教益,这也是我写这些老事体的初衷之一。

这本书原名叫"甬上风尘录",后来总觉得这名字有点过于文绉绉。为了能让更多的读者,尤其是普通的市民接触到我所讲的故事,后在宁波出版社马玉娟社长的建议下,把书名改为如今的"宁波老事体"。近乎宁波老话的书名,或许更能让新一代的宁波人领会到宁波文化的亲近感。

《宁波老事体》全书包括"风土掌故""饮食文化""市井名店""人物逸事""过眼旧事""教育文化""老街追忆"七个方面内容,六十余篇文章,所写的人和事或许有人曾经讲到却不曾讲全,但大多是过去从未有人讲过的。就是这些宁波老事体,从多个角度反映了宁波这座历史文化名城所蕴含的多层次的城市文化。从所写的这些人和事中折射出老宁波人的一种精神,这里有面对曲折仍不懈追求的老宁波人的创业传奇,还有不少反映老宁波人诚实守信、刻苦敬业的故事。

  本书撰写的过程中,坚持以事实为依据,凡涉及典故、史实的,必殚精竭虑,几经翻阅甬上诸多志书和文献古籍,力求史实的准确性。对于人物相关事情,哪怕只有一丝一缕的信息,也必追根刨底,四处寻访其至今尚在的后人,从儿孙辈,甚至玄孙辈,尽最大可能展现事情的本来面目。所以,书中所述细节,大多是相关人物的后人追忆之说。有时为了落实一个细节的真实性,通过多方联系,多次赴杭州、上海乃至天津、北京找到其后人了解。调查采访的那些老宁波人的后辈,如今大多也已到耄耋之年,其中年龄最大的是在沪上的九十七岁高龄的周先生。当我写《宁波史上第一所职业技术学校——鄞县县立高级工科中学》这篇文章时,为了搞清楚学校在抗日战争时期迁到丽水后那一段艰苦的办学情况,周先生不仅详细作了口述,事后还满满当当写了足有三张纸的书面材料,为完善这篇文章所述部分细节提供了极其宝贵的第一手材料,其认真执着的精神着实令人敬佩。可以说,在写作这本书的过程中,我进一步体会到了老宁波人办事认真的良好品质。

  为了避免所写内容涉及面过于宽泛,本书在取材时尽量将地域范围限制在宁波老城区中的海曙、江东(现已撤销,原辖区划归鄞州区)、江北三区之内。而对那些历史跨度较大,涉及地域较广的事情和人物,为了叙述上的相对完整,或出于交代因果关系等需要,在叙述中往往会将时间延伸至新中国成立后的五六十年代。

本书所述的老事体有不少来自书中所述人物至今还健在的后人亲自撰写的文字材料,笔者在尊重他们意愿的前提下,从本书的可读性考虑,在叙写中做了必要的处理、加工,但不夸张,更不失实。过去的事和人不好写,不应道听途说,更不能编造故事。这也是我在写这本书时所坚持的一个原则。只要条件允许,我一般都会把写好的初稿发给有关后人审阅补充,直至他们认可为止。书中很多文章的撰写完成,都得到了多方帮助。如在写《蜗寄庐与孙定观先生》一文时,我与孙定观先生小儿子孙诗闻是高中同学,借此之便,在二十世纪五六十年代多次与孙先生在收藏书画之事上有过交流;后又得到了天一阁袁芳芳同志的大力帮助,收集到了孙先生捐赠给天一阁的古籍和书画目录;写成初稿后又分别寄给他们审阅,经多次修改而成。也是通过袁芳芳同志的大力推荐和帮助,我联系上了浙江图书馆、上海图书馆古籍部的负责同志,为查找徐时栋先生去世后捐赠给省图书馆的书目及其他相关资料提供了不少方便,由此也保证了《城西书院与水北阁》一文中所记述之人和事的可靠和真实。

写《城西书院与水北阁》一文,源于我与徐时栋先生后人有一段较长时间的交往。我与徐时栋先生之玄孙徐春晖先生自二十世纪六十年代起就一起共事,与徐时栋先生的孙子徐正垓先生也有过五六年的交往,对于徐时栋先生在城西草堂以及后来的水北阁藏书之事本身就有不少了解。后又与徐正垓先生的二儿子徐芝龄先生有过十余年的接触,颇有印象。2012年夏天,我去采访时年八十有余的芝龄先生,了解核实水北阁所藏捐赠给浙江图书馆之事。回想起这一次拜访,我至今颇觉感动。由于是在火热的夏天,我匆匆忙忙记下他的口述,但徐先生十分仔细,凡发现所记述的内容中有错字的,都一一纠正。只可惜,在我写好这篇文章的初稿,打电话想请他审稿时,传来的却是他已做过百日的噩耗。从这件事中,突然想到两点:其一,本人在不幸之中,应甚感荣幸,至少,在我与芝龄先生零零落落相处的日子里,探访到极其珍贵的有关徐时栋先生在水北阁的一些情况,及正垓先生留守水北阁的不少往事。也许芝龄先生是能叙述其祖上之书事的最后的一个人了,遵从他所述的内容,文章填补了不少过去从未有人想到和写到的事情。其二,我感到,在五光十色的现代文化氛围中,对宁波往事的挖掘要有强烈的紧迫感,甚至有抢救的必要!今天,《宁波老事体》得以出版,也是宁波出版社对这种文化抢救的自觉。

特别让我感动的是我父亲住院康复期间根本无法写文章,一次他对我说:"我至今想起来还有两篇文章要写,但你又根本不知道这些事情,如果我不写,今后就没有人知道这些事情了。"父亲在无可奈何的情况下,竟然躺在床上用微信写作——

今天五百个字,明天六百个字,经过近一个月时间,把编辑好的微信发给我,整理成《民国时期的鄞县中医公会》和《天一阁"百鹅亭"的一段逸事》两篇六七千字的文章。这件事也让我感到老一代宁波人办事的执着精神。

最后,还要强调一点,本书所写这些人和事在浩繁的宁波老事体中不过冰山一角,还有许许多多的人和事值得我们去寻访,去挖掘。如有精力,我仍有信心去继续努力,去调查寻访,再接再厉去书写那些值得留给后人一读的故事。我作为新一代的宁波人,也希望有志于挖掘和研究宁波地方文化的志士仁人,大家一起努力,把我们宁波过去那些有意义有价值的人和事写出来,共同做好宁波地方文化的传承工作。是为序。

周达章作于 2014 年 3 月
周娴华改于 2024 年 10 月

目 录

风土掌故

1. 鼓楼沿千年白蛇的传说 …………………… 003
2. 崇孝坊与孝闻街的传说 …………………… 007
3. 天封塔、天封寺与地封塔 ………………… 010
4. 上灯夜、元宵节与落灯夜 ………………… 018
5. 灵桥门关帝庙庙会 ………………………… 023
6. "相量盏"与过桥头 ……………………… 031
7. 吃好日酒与担灰结下饭 …………………… 034
8. 二月初二百花娘子生日 …………………… 037
9. 正月初五请财神 …………………………… 040
10. 吃祭灶果与烧灶马 ……………………… 044
11. 石灰埠头与兑蚌壳 ……………………… 048

饮食文化

12. 冰糖甲鱼的传说 ············· 055
13. 蟹壳黄、咸光饼与和尚饼 ············· 059
14. 大有南货店与现做的鲜肉月饼 ············· 063
15. 蘑菇香干与芦稷汤果 ············· 068
16. "冷悠下卖冰呵"与木莲冻 ············· 071
17. 享有盛名的陈万兴包子馄饨店 ············· 074
18. "小王糕"和著名老字号孟大茂 ············· 079
19. 大众菜馆阿毛饭店 ············· 085
20. 老底子宁波人饮茶的门道 ············· 090
21. 离不开的下饭"蟹" ············· 094
22. 乡情最浓是"春卷" ············· 098

市井名店

23. 药行街上的大户——元利药行 ············· 103
24. 小巷有名行——恒茂药行 ············· 108
25. 懋昌药行与峩卿先生 ············· 120
26. 甬上名药号赵翰香居 ············· 124
27. 独具一格的大乙斋中药店 ············· 130
28. 明德堂与应礼卿先生 ············· 135
29. 甬上最早的草席专卖店——水天吉席庄 ············· 139
30. 宁波第一家袜厂——五洲袜厂 ············· 145

31. 老宁波最大的贳器店 —— 林元吉 ……………………… 149

32. 老宁波金融业的翘楚 —— 方聚元银楼 ………………… 155

人物逸事

33. 永寿巷的传奇女子李师母 ………………………………… 165

34. 孤云野鹤云水僧 —— 弘一法师在甬的日子 …………… 177

35. 蜗寄庐与孙定观先生 ……………………………………… 185

36. 邮票设计大师孙传哲先生 ………………………………… 193

37. 坐堂名医"百味先生" ……………………………………… 200

38. 悬壶治痼疾，仁术惠苍生 —— 记针灸名医裘如耕先生

    ……………………………………………………………… 204

39. 宁波京剧舞台上著名的女武生"小王其昌" …………… 211

过眼旧事

40. 宁波旧时的"混堂" ………………………………………… 219

41. 老虎灶与茶坊 ……………………………………………… 222

42. 宁波的黄包车和黄包车行 ………………………………… 225

43. 鬃印及其制作 ……………………………………………… 228

44. 东渡路边的天妃宫 ………………………………………… 231

45. 字纸·字纸炉·字厨塔 …………………………………… 238

46. 民国时期的鄞县中医公会 ………………………………… 242

47. 永丰路10号的神秘三层小洋楼 …………………………… 246

48. 宁波评弹迷的福地 —— 红宝书场 ……………………… 250

49. 天一阁"百鹅亭"的一段逸事 ………………………… 255

教育文化

50. 宁波史上第一所职业技术学校——鄞县县立高级工科中学
……………………………………………………………… 263
51. 清代的甬上书院 ……………………………………… 278
52. 城西书院与水北阁 …………………………………… 286
53. 卢青厓与抱经楼 ……………………………………… 293
54. 杨臣勋与清防阁 ……………………………………… 299
55. 盛极一时的宁波京剧 ………………………………… 305
56. 镇海老底子培玉学堂 ………………………………… 313
57. 久负盛名的翰香小学 ………………………………… 318
58. 宁波往昔的佛教孤儿院 ……………………………… 323

老街追忆

59. 名声显赫的刺绣行业一条街——咸塘街 …………… 329
60. 老宁波的专业金融街——江厦街 …………………… 334
61. 富有神奇色彩的百丈街 ……………………………… 340
62. 悠悠药香药行街 ……………………………………… 344
63. 药行街的半壁江山是木器家具店 …………………… 349

后　记 ……………………………………………………… 358

1

鼓楼沿千年白蛇的传说

作为宁波标志性建筑之一的鼓楼,是一座拱形石构建筑。据说始建于唐长庆元年(821),是子城的南门。元朝末年,鼓楼被一场大火烧毁了。今天的鼓楼,是民国时重修的。这样算来,鼓楼至今有一千余年历史。抬头望去,三重檐牙高啄的城楼,建有长方体的钟楼,东南西北四个方向都能看到时钟(旧时鼓楼上挂着一只大铜钟,为报时用)。而鼓楼城墙中拱形的门洞,在两旁的绿树映衬下显得深邃难测,此中藏着不少古老传说,"鼓楼沿千年白蛇的传说"就是其中之一。

据说,很久很久以前,鼓楼边头有一家茶坊店。茶坊店边头住了一户人家——在鼓楼打更的吴老头一家。吴老头有个儿子叫吴萌,从小喜欢读书,常常到茶坊店的灶跟间(厨房),对着灶火看书。他平时十分勤快,常常帮着老板娘干些扫扫地、端端茶水等零碎活。老板娘看着心里高兴,就把他当作自己家的儿子一样看待,后来吴萌就拜老板娘为干娘了。

这茶坊每日一开门,就有很多客人来喝早茶,可谓顾客盈门,生意兴隆。有一年春夏之交,黎明前总会有一个穿白袍的青年书生来店里喝茶,但总是不到天亮就离开。只见他每次都坐在角落头,一声不吭,只管闷头喝茶。读书人对着读书人,自然会心生好感,吴萌常常会特意上去,捧上一杯好茶,有讲呒讲地与他攀谈几句。但是这后生总是愁眉苦脸,闷声勿响,辰光一到,必定起身离开。任凭吴萌跟得再快,一出门,后生就不见踪影。但是每当他一来,吴萌还是好生招待,日子一久,后生就对他点点头,眯眯一笑,算是打招呼了。

那年七月十五清早,白衣书生来到店中,坐下后,更显得心事重重,一副愁云满面的样子。吴萌见了,心想这位常客不知是遇到什么难事了,就上去问他。一开始,这位白衣客仍然闷声不响。在吴萌一再询问下,他终于开口说:"兄弟,我看你是个热心人,我想求你一件事,勿晓得侬能否答应?"吴萌爽快地说:"侬讲吧,只要我能够办到,就一定替侬去办。"书生就说:"兄弟,今夜三更,你到鼓楼城门西侧第七块城墙砖处,只要看到一股小小的水流出来,你就赶快用红线把它套住,口中连念'小小,小小',要边说边跑,一直向东奔到通海的江河处,然后丢掉红线,这就帮了我一个大忙。"吴萌一听,心想这事好办,就满口应承下来。白衣书生还是再三叮嘱:"兄弟,无论发生啥事体,一是你千万勿要慌;二是一定要准时。"吴萌满口应承。

当日夜里,吴萌提早来到鼓楼西侧第七块城墙砖处等候。果然,三更一到,砖缝处流出来一小股清水。吴萌急忙用红线把它套住,口中连念"小小,小小",边念边赶快向东门方向奔去。开始时吴萌奔得飞快,还没什么,但一到东门大街就快不起来了。大热天路边都有人在乘风凉(乘凉),那时的东门大街路面还很狭窄,人一多,吴萌奔跑的速度就慢下来,后面就发出了"哗哗"的水流声。吴萌回头一看,大惊失色,原来后面已经跟着一条两尺多高的水流。但他很快镇定下来,不管三七二十一连忙向东门奔去,后面的水声才渐渐地轻下来。但是当他奔到东渡门时,发现城门紧闭。他连忙又奔到了灵桥门,城门还是紧闭着。最后他奔到了濠河水门,一看这里有河通江,有江通海,就赶快用力把红线丢向水门。只听见"轰"的一声,跟在身后的那股大水把水门冲开一个大洞,翻滚着重重白浪,沿着奉化江向东海方向流去,城里的大水也随之消失了。

　　此后,吴萌就再没见白衣书生来喝茶,一直到第二年二月初二龙抬头那天,白衣书生一大清早又来了茶坊店。吴萌一见,连忙让座,倒茶。白衣书生入座后,贴耳小声地对吴萌说:"恩公,今天我特意前来感谢您的再造之恩。请你不要害怕,我本是一条千年白蛇,在镇明岭上修道,因造了鼓楼,又被压在城下几百年,眼见我已经有能力去东海跳龙门,但只怕冲毁城墙,涂炭生灵,犯下天条,前功尽弃,所以要找一个忠诚之人为我边叫'小小、小小'随时提醒我变小些,再变小些,边给我引路入江海。恩公您不负所托,替我办成了这件事情。我现在已被委派去奉化江铜盆浦,管理那儿的水域。今天特地来与恩公一别,以后必当重谢。"说后像一条白绸子,飘忽而去,一会儿就杳无踪影了。

　　又过了一年,店里来了对卖唱的祖孙。吴萌看着这个老头有点儿面熟,再一看,老头还在向他眨眼睛呢。原来老头就是那白蛇所

❖ 重修后的鼓楼盛景

化！他低声对吴萌说："这小娘（小女子）本是渔家女，因水怪掀翻渔船，父母溺水而死。是我将她救进龙宫。但她又不能长住水中，我看她生得一脸福相，所以送来与恩公结为秦晋之好。"吴萌家里一贫如洗，他见小娘生得水灵秀美，心里也蛮喜欢，嘴上却说不出口。小白龙一见，知他已是心许，就约定三日后迎亲。

  老板娘一听说干儿子三日后就要娶亲，真是满心欢喜。那日她停业一天，把店堂布置成结婚场地。吉时一到，只见从镇明路那边浩浩荡荡来了一行人，敲锣打鼓，鸣炮焚香，抬过来一杠杠嫁妆，围观的人连声感叹从没见过这么多金银财物、珍珠宝贝。千年白蛇终于兑现了自己的诺言，用这种方式重谢了恩公。

  这美丽的传说不知道流传了多少年，悠悠诉说着知恩图报的道理。

2

崇孝坊与孝闻街的传说

宁波城里有一条街叫孝闻街,这条街自中山西路起直至永丰路,南北走向,也不算太长,但颇有特色。旧时,此街由长七八尺、宽一尺多的坚实石条铺就,靠东边是一条内河。这条河不宽阔,一两丈光景,几经曲折能与西塘河、北斗河相通,倒为沿河居住的人家提供了不少方便。过去住在河边的大多是富裕人家,也有不少书香门第。著名藏书人家冯氏的伏跗室就在这里。就是在这条不长的街上,至今还流传着一段美好的传说。

话说宋朝辰光,现在叫孝闻街的这个地方住着一位名叫杨庆的年轻人。杨庆从小就十分孝顺爹娘,成年后更是尽心侍奉,有啥好吃的东西总是最先想着爹娘,让他们先品尝,久而久之就成了那一带有名的孝子。杨庆家境贫寒,经常是有了上顿没下顿,日子过得十分艰难。随着杨庆长大,爹娘又积劳成疾。有一日,其爹咳得特别厉害,不久便卧床不起。杨庆没钱请医生来为爹治病,看着老爹骨瘦如柴,脸色蜡黄,心里就像被刀割一样难过。屋里已经没什么

✧ 二十世纪七十年代的孝闻街

✧ 现在的孝闻街

东西可以给爹吃了,再这样下去爹的病就会更加严重,究竟怎么办好?孝顺的杨庆日思夜想也想不出一个好办法。最后,杨庆心里有了一个大胆的想法。他迅速拿起一把菜刀,狠狠心,忍痛割下了自己腿上的一块肉,煮熟了喂给老爹吃。说来也奇怪,父亲自吃下那块肉后,病竟然一天天地好起来了,过了不久居然能下床活动了。看着老爹逐渐康复的身体,杨庆自然非常开心,割肉时的痛早就忘了。

  过了几年,其阿姆(母亲)也得了重病,病到连饭也咽勿落,仅靠薄粥和菜汤维持生命。看着阿姆奄奄一息,杨庆四处求医问药,经过多方打听,终于有一位好心的医生告诉他一个秘方,还神秘地说,这个药方需要子女身上的肉焚灰做药引子。为报父母三春之晖,杨庆毫不犹豫地割下了自己的右乳,焚成灰,煎成汤给母亲喝下。"精诚所至,金石为开",过了不久,杨庆阿姆的病居然一天天好了起来,慢慢地也能下床走路了。

  杨庆割肉救双亲的孝行不知怎的让四方邻舍知道了,然后就一传十,十传百,得到了整条街坊邻居的交口称赞。北宋宣和三年(1121),这件事情几经辗转上报到了当时的明州太守楼异那里。太守听了也十分感动,就决定建一座牌坊给予表彰,并在牌坊的横额上提笔写了"崇孝"二字。到了南宋高宗绍兴七年(1137),明州太守仇豫再次上报朝廷,对杨庆的孝道进行表彰。从此,杨庆割肉救双亲的事迹流传得更为广泛。

崇孝坊后来被人叫作"孝闻坊",意思是讲孝顺故事的街坊。从此以后,老百姓就把这条临河小路叫作孝闻街了。二十世纪五十年代后期(大约1958),因市政建设需要,填上了孝闻街边的河道,拓宽了街面,孝闻街就成了现在的模样了。

我国自古就有二十四孝的故事。杨庆割肉啖父的传说正是对中华优秀传统美德的传承,当然也给现代的人们提供了一个鲜活的学习榜样。故事是故事,也不是叫现代人去仿效杨庆的做法,而是告诉人们不要忘本,要报答生养我们的父母,要报答为我们成长提供平台的社会和国家。

3

天封塔、天封寺与地封塔

"天封塔,十八格,背来沙泥往上搭,贼拉儿子会做贼,阿拉儿子弗做贼。"这是一首老宁波人再熟悉不过的民谣,但其中究竟要表达什么意思,至今没有人搞明白。不过有一点却是明白的,就是说天封塔与"沙泥"有关。据说最初在建造天封塔时,工匠们垒一道墙,就堆一层沙,这样一层一层地堆上去,才造成这座高十八丈,上下九层十八格,一明一暗交替向上,成为旧时宁波城最高标志物的佛塔。

佛塔是佛教的重要建筑,塔基下一般都会有地宫,用以埋藏高僧的舍利和佛教法器等物。1982年天封塔修缮时,发现了天封塔塔基下的地宫,从地宫中挖掘出一座中国南宋时期的银殿模型,由此揭开了一段天封塔尘封的历史。

天封塔是一座历史悠久的佛塔,始建于唐朝武则天天册万岁至万岁登封年间,即公元695到696年间,天封塔就是从这两个年号中各取一字得名。建成至今,天封塔已经历了一千多年的历史,几经劫难,屡建屡毁。有一种说法是,天封塔在南宋建炎年间

✧ 1878—1880 年间的天封塔　✧ 二十世纪四十年代的天封塔　✧ 重新修建后的天封塔

（1127—1130）彻底毁于兵火。还有一种说法是，天封寺僧侣在天封塔点油灯时不慎失火，把整座佛塔中的木结构都烧尽了。南宋绍兴十四年（1144）重建后，又经元、明、清、民国直至宁波解放后多次修建，最重要的一次修建在1989年底竣工，按其地宫出土的浑银鎏金塔（模型）在原地基上建造，塔高51.5米，六角形，改上下九层十八格为七明七暗十四层，朱栏青瓦，飞檐翼角，角端悬垂铜铸风铃。由此，天封塔重拾了原塔古朴庄重、玲珑精巧的韵味。

天封塔，在老宁波人的印象中是一座损毁严重的砖塔，在二十世纪六十年代，年久失修的天封塔已严重倾斜，而且塔砖也逐渐风化剥落，于是市文物部门开始对塔身进行维修。但由于经费不足，当时也欠缺维修文物的经验，采取了用钢筋水泥浇筑给予巩固的办法。经过近半年的维修保养，到竣工时，古朴的天封塔被修得面目全非，外形看似光滑，但俨然成为钢筋水泥浇制的建筑物，完全失去

❖ 二十世纪四十年代天封塔出土的文物（图片由潘行正先生提供）

了文物的价值。为此，天封塔被降低了"身价"，从省级文物保护单位一下子降为市级文物保护单位，至今未变。现在这座气派的佛塔建成，得归功于天封塔塔基下地宫中所藏的器物。1982年，宁波市文物部门在对天封塔进行修缮时，发现了尘封在地下八百多年完好无损的文物。其中最引人注目的就是一个纯银宫殿模型，银殿的屋檐下悬挂一块牌匾，上有"天封塔地宫殿"六个字。这六个字成为天封塔身份的有力佐证。

模型宫殿是座面阔三间、进深两间的单檐歇山顶式建筑，由纯银打造，通体鎏金，高49.6厘米，长34厘米，进深24.7厘米。屋顶为九条屋脊，两头各饰有一只鱼形螭吻，正中有一颗硕大的火焰宝珠。四根龙纹柱以杉木为芯，外包银片。上面刻有两条龙，一上一下，腾云驾雾，活灵活现。银宫里还有六根刻有莲荷纹饰的立柱，一起托起屋顶。工匠们在宫门的板上打造出十分繁复的蜂窝状纹饰。银殿下部有一个基座，还有围着银殿的围栏。基座上雕刻有双狮滚彩球的图案,表现出十分高超的工艺水平。

说到这里,那埋在天封塔基里的银殿,究竟是谁出资打造的呢?又是怎样把银殿放到地宫中去的呢?这些都可以从这座银殿模型的铭文中找到答案。在银殿模型的西墙上刻有七行共一百四十个字的楷书铭文,说的是住在明州鄞县东渡门里、生姜桥西的赵允与他的妻子李氏及儿孙们共同出资,请银匠精心打造此模型,并将佛像、器物一起安放在天封塔的地宫里。铭文的结尾处还署有"绍兴十四,二月十五"字,说明这座银殿制作的年代是在南宋绍兴十四年(1144)。"绍兴"是南宋高宗赵构的年号。公元1127年北宋灭亡,宋徽宗的第九个儿子赵构南逃至临安称帝,成为南宋的首位皇帝。然而,这位皇帝采取不抵抗政策,一味向金兵议和,造成金兵不断南侵。绍兴十四年(1144),一名普通的佛教信徒赵允看到数年间寺院沉寂败落,于是带领远近民众,打造了一批精美的佛教器物供入天封塔地宫内,表达了当时人民群众祈求幸福平安的心愿。

现在,不少宁波人已经不知道天封塔旁曾经还有占地数十亩的天封寺。这天封寺应该在南宋之前就建成了,在天封塔地宫文物中所留有的文字足以证明这一点。寺院建在塔的南边,有两座大殿,新中国成立之初大雄宝殿尚在,因寺内很早就不再举办佛事,而尘封了多年,寺院里的佛像就处在蓬尘和蛛网之中,有不少佛像的色彩已经剥落。大概在1958年,该大殿被镇明区人民公社占用,后这里改造成镇明化纤厂。大殿的东边和南边都属天封寺寺产。东边原有一个小殿供有佛像,小殿的南边有一个约八十平方米的小广场,广场三边分别建有两层楼房,楼下是寺院住持、管事等办公的地方,二楼是僧侣的住所。据有关文字记载,天封寺兴旺时寺内僧侣有数百人。通过走廊再往南,便是寺院的库房和厨房。再往南有一高墙,墙上辟有一小门直通塔前街。在寺院南边有一块比较开阔的空地,二十世纪三十年代建有西式别墅一幢,并栽有不少绿树,似乎是西式洋房配套的花园。而这一带的建筑用地,据有关资料记载,原来也应属于天封寺,估计是天封塔的后一个大殿所在地,至于这些房子是什么时候倒塌的,现已无从查起。但这座西式别墅建造的年代倒是交代得十分清楚,在洋房主楼的右边,一块用搪瓷材料特制的标牌上刻有"建于民国十二年"字样。

新中国成立后,天封寺除空置的大殿外,其他楼房略经改造就成为宁波市灵塔小学。1962年,因办学需要,除小洋房外,其他用房被拆除,在空地上又新建一幢有六个教室的教学楼。到了1972年,灵塔小学并入宁波市广济街小学,原教学用房划拨为宁波九中用房。直至九中搬迁至鄞州高教园区,这一地建筑由于城区改造被全部拆除。而今,除了新修建的天封塔,天封寺已无丝毫痕迹了,只留在人们的记忆里。那天封寺、天封塔究竟哪一个先建造?按佛教上的说法,应该先有寺后有塔,不过这也只是一种猜想而已。

与天封塔有关的还不止天封寺,老宁波地图中还隐藏有一件更奇妙的事情。当你摊开清时宁波城区的街巷地图,就会发现今开明街与解放路自北往南的间距由宽变窄,在到达天封塔旁边时,两条街路合在一起了,由这两条路圈出的形似三角的地块俗称"开明街三角地"。这一三角地几乎横穿小半个宁波老城区。如果把这张地图倒挂起来,可以发现一座由街巷网络构成的"斜塔"。这就是老宁

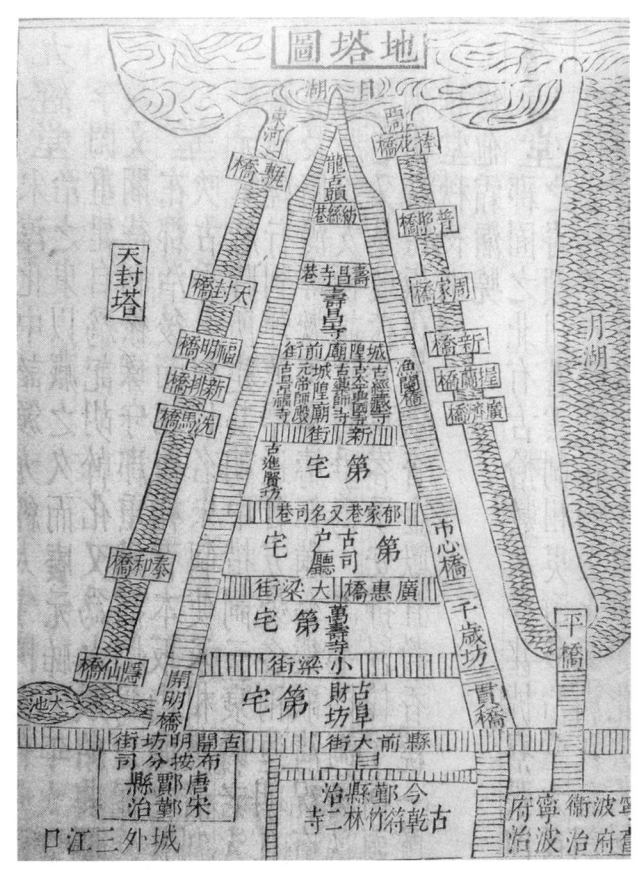

❖ 康熙《宁波府志》之《地塔图》

波人所说的"地封塔"。"地封塔"其实并非真塔,这一块地塔式的建筑群还隐含一个象形字,就是宁波的简称"甬"字。清人徐兆昺在《四明谈助》中就称赞过明州城内"地封塔"的神奇。综观这一奇特的全貌,在这一"甬"字形的平面图中,有衙门、文庙、新老城隍庙,还有在不同年代建造的宅第,以及先后形成的大街小巷。新宅老

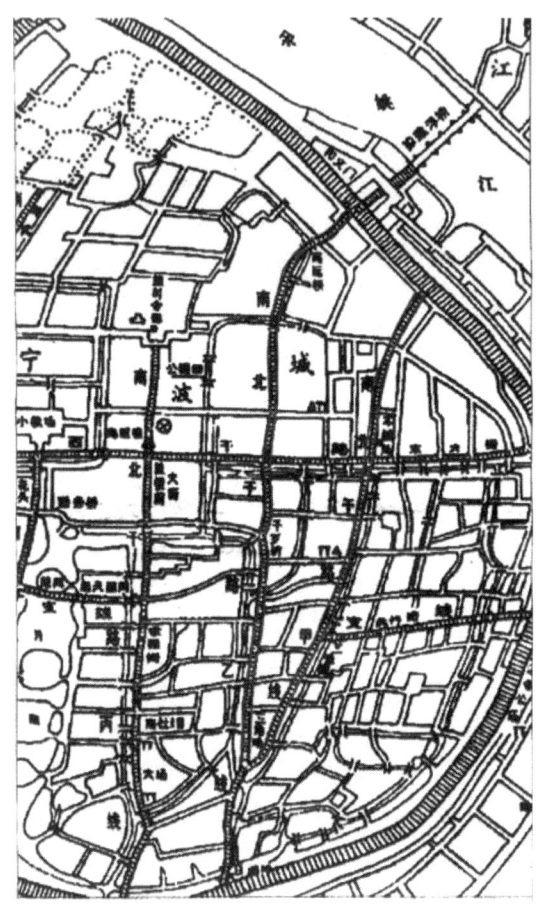

❖ 横穿城区的地塔形古建筑群(清)

屋,混为一体,这也成为宁波这一历史文化名城的一"绝"。

"地封塔"这个形似塔的街巷图,如今如果有人感兴趣,不妨按图索骥顺着由北往南的街巷去走一番。人们可以像爬天封塔一样,从地封塔的塔基处走起,沿着战船街走进去,经厂堂街、县前街、老实巷、小梁弄、丝户巷、新街、握兰巷,就可以通到地封塔的塔顶。如果你是横向穿越和义路、苍水街、府桥街、东大街、小梁街、大梁街、县学街、寿昌巷等九条明街,以及间隔在其中的九条屋弄暗巷,几经曲径和拐弯之处,就像登天封塔一样,通过"明暗十八层",由此一直可摸索到三角地的"塔尖"(即曾经的宁波广电中心附近)。沿着这条路径走,如果是在二十世纪六十年代的话,人们就能通行无阻,如今,因城区改造,不少街巷早已消失了,遗憾的我们只能在旧的街巷地图中去领略登"地封塔"的乐趣了。

天封塔的古朴英姿尚在,地宫的遗物帮助人们一起解读天封塔的历史,天封寺已成为尘封的往事,"地封塔"则留给今人不少可以寻觅迷踪的痕迹。宁波这座历史文化名城正敞怀欢迎一代又一代的宁波人,我们理应保护好、运用好这一笔笔珍贵的历史遗存。

上灯夜、元宵节与落灯夜

对宁波人来说,整个正月里,除了春节和元宵节,还有个灯节。老宁波人都知道"正月十二上灯夜,正月廿三落灯夜"的俗语,正月里几乎有半个月与灯有关,一直到落灯夜结束,宁波人的春节才算真正过完。在这点灯的日子里,不仅孩子们开心,大人们也积极参与。

先说说上灯夜。也不知是谁定的规矩,正月十二是上灯夜,在这一夜里最高兴的就是小孩了。小歪、小娘,一个个手执彩灯,点上蜡烛,一摇一晃地走门串户,嘴上还念叨着:"上灯了,上灯了。"同个墙门里,但凡有一个小孩先点上了灯,别家的小孩就急得连饭也吭兴趣吃,嚷着要大人为他点上新做的,当然也有买来的彩灯。一旦点上灯,就风一样蹿出家门,与早已在墙门院子里玩的小歪、小娘一起叫着、唱着、疯着,摇曳着手中的灯,东一晃,西一摇,成群结队地乐。在院子里玩腻了,就一起走出大墙门,到大街小巷去玩,也是一样喊着、乐着。这时候,街巷弄堂成了孩子们的快乐天堂。

上灯夜是宁波人约定俗成的节日,也是春节里开始点灯的第一天。那一天孩子们手执的灯是簇新的,灯的样子也多,有荷花灯、白兔灯、金鱼灯,也有简单一些的锣鼓灯。这些灯大多是自己做的,当然马路边卖日杂货、糖果的小店,这时也会去行(进货)来各色的彩灯,趁这个节日多赚点钱。除了卖各色彩灯,这些店铺也卖些小炮仗、拉炮、流星和兰花棒,都是些价钿(价钱)不高的小玩意儿,正迎合过节时小孩们的兴趣。到了这个时候,一般家庭还是消费得起这些小东西的,做家长的也会顺着孩子们的心意,给他们买上流星、鞭炮之类的东西,凑个热闹。

　　上灯夜,孩子们不光要点灯,还要比谁的彩灯漂亮,谁的灯扎得大,谁的彩灯有新意。于是,会动脑筋的家长,就给兔子灯下边前后各安上一对小轮子,在兔子的嘴上穿一根麻线,灯中间照样可点蜡烛。孩子就可以拉着麻线在前面走,兔子灯则跟在孩子们后面跑,这时准会吸引一大群孩子围着看,个个露出羡慕的目光。有的家长会把拎的金鱼灯稍加改造,用一根细竹竿牢牢扎在金鱼灯的肚子中间,让红色的金鱼高高地晃悠在人群头上。更巧妙的还有,把金鱼灯的尾巴用根空心的管子与金鱼灯的身体连在一起,这样鱼尾巴就不再是硬邦邦的了,而是会随着小孩走路时的晃荡而左右摇晃。这一改变更惹得孩子们的心里直痒痒,于是回家吵着、叫着要大人们想方设法,变出一盏更新奇的灯来。孩子们这个不大的愿望,往往在过了上灯夜之后两三天内就能实现。

　　正月十五过元宵。这一天晚上,整个宁波城可热闹了。男女老少在吃完汤团以后,就一起点起灯上街,加入闹元宵的人群。几乎是家家户户,大人们都会拥着孩子们乐。马路上、小巷里……到处是看不完的灯,最热闹的要数宁波城隍庙前的县学街。城隍庙沿街到处都是人,人群顶上是高高举起的灯,人与人之间的缝隙中也是亮着的灯,地上拉的还是灯。天上地上,城里城外,闪耀的彩灯所发出的光亮,把黑夜照得如白昼一般,整个宁波城几乎成了一片灯的海洋。

在城隍庙里边,挤的人更多,也更热闹。城隍庙两边矮平房的屋檐下挂的是一串串的彩灯,戏台周边挂的是八盏漂亮的宫灯,城隍庙大殿里坐满了香客,据说是来坐夜的,祈祷新的一年里吉祥如意、万事太平。不少香客是初一、初二刚坐过夜的女人,到了元宵夜,她们照样还来,就为了祈求在新的一年里有一个好盼头。在那游人如织、满城灯火、彻夜欢娱的热闹场面中,人们脸上折射出的都是一种对美好明天的期盼。

老底子宁波人过元宵节还有一个办灯会的习俗。宁波城内,月湖边上,无论巷陌、寺观、街市、桥头,尽皆张灯。宁波成了个不夜之城。逛灯市也成为广大市民必不可少的事情。在甬上名人的诗词中,多有记载元宵夜点灯的盛事。如著名藏书家、天一阁主人范钦在《上元诸彦集天一阁即事》中说:"阓城花月拥笙歌,仙客何当结轳过。"明代沈明臣的《灯夕范司马安卿天一阁即事》中有"灯悬高树星河近"之句,说的也是元宵夜灯节盛况。更有清代全祖望在《双湖竹枝词》中说:"若到更深休恋恋,湖心怕遇牡丹灯。"这些历代诗词都是对宁波元宵灯会的精彩描述。

元宵之夜,不仅仅是灯的专场,更是五光十色的花炮的天地,此起彼伏的噼啪鞭炮声中,夹杂着一串串呼啸而上、直蹿云霄的花炮(如今叫烟花)。此时,人们仰望夜空,欣赏另一番难以描绘的美景。一会儿是万紫千红,一会儿是百花齐放,一会儿是观音送子,一会儿是六畜兴旺,凡是人们所期盼的,都在花炮沉闷的巨响后,一幕幕展现在夜空,正是"火树银花不夜天""花市灯如昼"。

元宵节,按甬上的习俗,是一个团圆欢乐的日子,更是寄托对未来美好憧憬的节日。人们重视它,无非希望新的一年能过上好日子,所以那一天家家户户都要吃"元宵",宁波的元宵就是糯米汤团,从中也是讨一个团团圆圆的吉利寓意。

过了正月十五元宵节,欢乐的人们已经度过了一段身心放松的日子,大多数人要准备开工了。老宁波人习惯很多,有不少店铺的老板们也很会做人,知道春节期间买东西的客人少,于是乐得做个人情,安排店里伙计在吃完年夜饭后就休假,一直休息到过了正月十五元宵节。当然,那些卖鞭炮、玩具和各色糖果小吃的店铺则属例外,这是他们一年到头做买卖最能赚钱的日子,怎么会轻易放弃呢?

如果说正月十五元宵节是每年正月里玩灯的高潮,那么正月廿三落灯夜则是正月灯市的结束。这一晚以后,点灯就结束了,但其热闹的情景丝毫也不让上灯夜。不过,那一夜玩灯的主角就全是小孩子了。

正月廿三那一天,太阳刚刚落山,各家各户还没有吃完饭,那些小孩就等不住了,重新拾起前些日子点过的灯,插上新的蜡烛,点上后又高兴地跳着去乐了。但是落灯夜还要完成一个重要内容,就是让孩子们拿着明晃晃的灯,从里到外,从上到下,一边走,一边嘴上吆喝:"荷趋,大趋,赶到茅山吃草籽……"家家户户都是这样。这样叫喊究竟是什么意思?这一传统风俗其实叫作"赶老鼠老猫",意思是经孩子们点着灯一阵吆喝之后,那些留在屋子角角落落的污秽之物都给驱赶清爽了。为此,大人们往往还会指导小孩们在墙角、床下等屋子的角角落落都用灯照一下,照得越周到越好。据说这样做后,一年之中家里就会干干净净,祛除病源了。这一习俗与过年前的"掸尘"有异曲同工之妙,孩子们开心,大人们放心。

旧时的孩童,天天盼望早点到正月过春节。因为那时不仅能穿上新衣裳,吃上好多好吃的东西,而且能无拘无束、痛痛快快地玩,十余天点着彩灯玩的日子,正是他们一年之中最有意思的时光了。

灵桥门关帝庙庙会

凡听过或读过《三国演义》的人都会记住关羽这个人物,在史学家和文学家的眼中,关羽和诸葛亮都是"至忠之烈臣"。中国自古就有"文拜孔子,武拜关羽"的传统,拜孔子以求仁智,拜关公以求勇武,长此以往,关公便成为一位家喻户晓的人物。全国许多地方都盖有关帝庙,是人们拜神祝福之地,一年四季香火不断。在宁波人的心中,关公是至圣至忠之神,人们自发地盖起不少关帝庙。

老宁波城里的关帝庙,少说也有十四五个,光是在月湖周围就有五个,虽说香火不是很旺,但香客倒也不少。市内最大的关帝庙要数地处狮子街与君子街相交的东北隅,靠近九如里这个地方的灵桥门关帝庙了。老宁波说,这座关帝庙明朝永乐年间(1403—1424)就在了,若真是如此,那它至今也有六七百年的历史了。灵桥门关帝庙坐东北面南偏西,庙门颇大,一进门就是一个偌大的广场,广场上有一尊因香火熏绕日久而近似黑色的铸铁香炉,高一丈余。再朝北便是关帝庙的核心区,正中坐着的一个高十七八尺、阔六七尺的塑像,便是各地民众供奉的关老爷,凤眼、赤髯,威风不减当年。正面看过去,站在关公身后左侧的就是睁着核桃般大眼睛、黑脸黑髯、手握青龙偃月刀的周仓,正如平时人们所说的"周仓背大刀"。右侧便是白盔白甲的关老爷的儿子关平。关公塑像十分逼真,右腿直接伸向身体右前边,另一条腿有力地蹬在正前方,左手托在左腿膝盖上,右手执一卷《春秋》,虽经历了这么多年,但威武之气并没减少,其目光逼真传神,俨然一个活的关老爷。

历史上关公其人其事广为流传,乃至后人为其盖庙祭祀,久而久之,便形成了一种文化。这种文化不仅在大江南北扎根,还远播到日本、韩国。但由于地域文化的区别,各地都基于当地的习俗以不同的方式来纪念他。不说远的,就是近在本土甬城,这么多的关帝庙纪念关公的规模也有很大区别。例如,在月湖陆殿桥边的关帝庙,规模不小,且全年香火不绝,来此叩拜、祈福的百姓委实不少。而同在月湖边花果园巷的关帝庙就小得多了。推开两扇庙门,迎面就可看到一尊关帝塑像,黝黑脸庞,想来也是被往日香火熏黑的。这位关帝菩萨就没有陆殿桥旁和灵桥门九如里的关帝庙中关帝的那种待遇了。灵桥门九如里关帝庙中的关老爷,受人纪念、祭拜的规模是老宁波城里其他关帝庙的关帝都比不上的。

年年一小庆,三年一大庆。在人们的记忆中,每年农历六月廿四,关公诞辰的那一天,虽是炎炎暑日,但关帝庙早早就热闹起来了,周边的民众、乡绅、经商的老板等等,都不约而同一大清早就挤进这座庙里,点烛燃香,虔诚地叩拜。香火从早晨一直燃至晚上,庙内香烟缭绕,烛光闪耀,来庙中祈拜的人络绎不绝,几乎年年如此。

❖ 位于陆殿桥旁的关帝庙门头

灵桥门关帝庙与众不同之处还在于,其每三年一次的纪念活动特别热闹和隆重,那是老一辈宁波人一直留存在记忆中的。

说到庙会,现在的人们也许会将之与商贸活动联系起来,实际上,这只是现代商人的一种促销手段。老宁波的庙会,其实只是一种祝神仪式。举办庙会时,人们照例先去祈拜,之后就是一场隆重的游行活动。在抗日战争胜利后的第二年,灵桥门关帝庙举办的那次庙会,无论是活动的规模,还是气氛热烈的程度,都是以往任何一次庙会所不能比拟的。

六月廿四那天一早,关帝庙内早已挤满了来自四面八方的香客。一整个上午,关老爷就这样庄严地坐在那里,接受一群群男女老少虔诚的叩拜。庙内除了浓浓的香烟,时不时由吹行(旧时对从

❖ 关帝像

事吹奏民间乐器的人的一种称呼)吹奏一曲曲吉祥欢乐的传统曲子,为庙会增添不少喜庆的气氛。这种形式的活动一直要办到下午二时许。此后音乐停歇大概半个时辰,参加庙会游行的人们渐渐在庙内外聚集起来。过了下午三时半,一支由几百个人组成的游行队伍,按照各人所承担的任务,打扮成不同的角色,在头领(即总指挥)带领下有序地走出庙门,经狮子街,然后左拐进入药行街,开始隆重热闹的游行活动。

游行开始前,队伍前面就有二十个人,一手执火铳,一手拿一支长长的点燃的香,一个一个依次点燃铳中的火药捻子,过了一会儿,震天动地的"嘭嘭"巨响直蹿云霄。随着火铳所发出的巨响,排在游行队伍之首的八人,分别抬起四面乾锣(过去民间庆典活动中常用的一种巨大的特制铜锣),分成两排,一前一后共四对。每对人中,前面一位只是配合后面的敲锣手抬着锣,后面一位敲锣手,则按照规矩,有节奏地敲打锣。这乾锣挂在一根雕刻有龙凤图案的木棍上,在乾锣前还有精工刺绣、上有龙凤图案的大红锦旗。铳炮声后,接着是一阵百子炮,随着"噼噼啪啪"不绝的鞭炮声,四面乾锣一齐敲响,锣声浑厚、响亮,在空中萦绕盘旋,慢慢地扩散至整条街巷,久久不会消逝。这是现在的人们很少听闻过的旋律,神奇、威武,可以引发千万种遐想。跟在乾锣后面的是丝竹演奏队伍,有三四十人之多,再后边就是甬上民间常见的"十番"(敲打乐器),这一阵混响的乐曲倍添了节日的热烈气氛。乐器队伍后面是一队由二十来人组成的高跷队。表演高跷的有小孩、青年,也有技术娴熟的中年人。各人扮演着旧时戏剧中的人物,有《西游记》中的唐僧、沙和尚、猪八戒,当然也少不了孙悟空,也有《水浒传》中的武松、鲁智深、李逵等人物,还有不少是《隋唐演义》中的各种角色。高跷有高有低,低的仅二尺来高,高的那就让人看得心惊肉跳了,足有一丈半高。踏这么高的高跷表演的人旁边,常常有人执着一根长长的竹竿,为他们拨开横在马路上的电线、各色广告横幅等。当表演者累了时,他们会及时递去竹竿,让他支撑着休息一会儿。高跷队之后是舞龙队,一般庙会只有两条布龙,而关帝庙庙会上则有六条布龙,黄色的,每条布龙足有三丈长,舞龙者身穿红色的衣裤,上衣的衣襟上镶有一条黄色的布条,算是跟龙的颜色呼应。舞龙者脚踏草鞋,个个都精神十足。六个领舞者都是彪形大汉,各执着一龙珠,在前面领头。后面跟着的十二位壮汉,以熟练的手法按着鼓点,有节奏地变

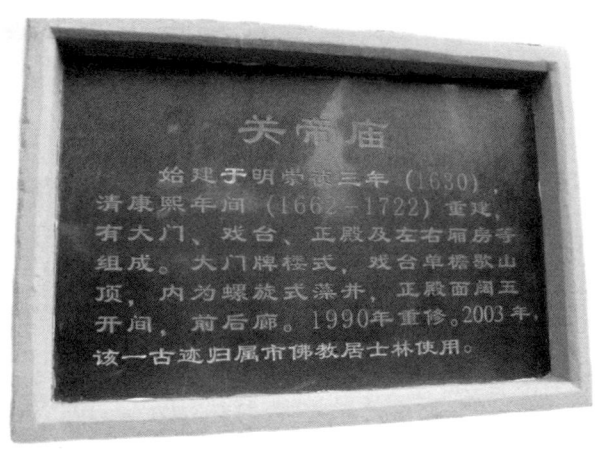

∴ 关帝庙牌

换动作,一点也不含糊。在统一的号令下,六条龙的动作千姿百态,活灵活现,相互之间又都协调一致。

游行队伍中最精彩的表演是"台阁",也有的叫"抬阁"。大家都知道,老早宁波姑娘出嫁时坐的是花轿,高档的如万工轿,更是以工艺精湛而闻名。花轿是婚礼中必不可少的,但它不过是可以在贳器行里租用的一种器具罢了,好比现在新娘穿的婚纱一样。而台阁则既有花轿的精致,更有花轿所没有的雄伟气势。一般的台阁不过三层,由十二人抬,而关帝庙庙会游行队伍中的台阁则有五层高,由二十个体强力壮的大汉来抬。每层都有化了装的人物。底层的前后左右共有四个人物,第二、第三层各有三个人物,第四、第五层各有两个人物。最险峻的是站在第五层上的童男童女,两个孩童几乎是在毫无保护措施的情况下表演着神话传说或戏剧人物的动作。男孩一般饰演红孩儿,女孩则一般演仙姑。他俩表演的最惊险的动作是"金鸡独立",各自用一条腿站立在高耸的五层台阁之上,沿街观看游行的人们不禁发出一阵阵惊叫声,同时又为他们精彩的表演而欢呼喝彩。

这台阁是由关帝庙庙祝向甬上商界筹集资金后,委托药行街上家具店的工匠高手制作而成。整个过程耗时三个多月,在一次游行结束后,只保留下面两层,上面三层分别拆下来保存在关帝庙的库房里。为了减轻重量,台阁全部采用福建产的杉木制成。福建杉树一般树径很大,有的甚至有三四十厘米那么大,高也可有二三十米。过去,福建产的杉木一般都被扎成巨大的木排,由海上漂流至浙江沿海,经甬江撑到灵桥附近扒沙行边的奉化江畔,所以,宁波老底子的木材批发行都在奉化江边一带。直至二十世纪六七十年代以后,木材行才搬迁到下白沙甬江边。选用福建杉木主要还是因为其木内含有一种砷元素,一般不会被虫蛀,从而得以长久保存。可惜,现在能见到的台阁都做得很粗糙,全没有当时精工细雕的模样,而关帝庙所藏的一副精致的台阁,因新中国成立后庙址改为他用,也不知由谁搬到哪里存放了,至今杳无音信,这不得不说是一件憾事。

庙会游行队伍的阵势设计确实是精彩纷呈。在台阁表演之后,伴随吹行节奏清晰的吹吹打打,一队纱船应声而来,表演者是八位俊俏美丽的年轻姑娘。她们双手握着纱船的两边扶手,扭着纤细的身条,踏着整齐的舞步,舞动着八只小船,似在微波细浪中漫行,有时又如在汹涌波浪中颠簸,形象逼真,引来围观人群的阵阵掌声。有时还会有人直呼表演者的名字,大概是认出了表演者中有某某人家的小娘。

游行队伍一直行到药行街的尽头,折南走开明街,然后再右转弯至县学街,经过城隍庙,一直到当时的县学大门后才陆续打道回府。游行中用到的一些主要物件,诸如台阁、铳、乾锣等则被送回至关帝庙,由专人收拾,藏在库房里以备后用。

三年一次的老宁波关帝庙庙会游行,真正是一路热闹鞭炮,一路欢庆民乐,一路精彩表演,一路兴高采烈的人们,无论是规模,还是参与人数以及表演水平,都是今日宁海、奉化、镇海等地喜庆庙会所不能及的。表演者技艺精湛,观看者热情专注,这个时候,人们似乎并不是在祈拜、纪念关公菩萨这个神,而是在经受种种生活的艰辛之后,尽情释放内心的情感。

6

"相量盏"与过桥头

  宁波有一种习俗,各家各户小毛头满月那一天,全家会十分隆重地举办庆贺活动,宁波人称"做满月"。对于一个人的成长史来说,满月仅是一个小小的阶段,而宁波人却把这一天看得特别重要,庆贺活动也十分讲究,办满月酒是最常见的仪式,不论贫富,家家都免不了这一排场。至于满月酒的规模大小和宴请嘉宾人数的多少,则视各户人家的家境而定。办满月酒表面看来是大家热闹相聚,互表敬贺,实质上讲的是一份"和睦"。刚满月的小毛头,是不可能懂得这一意义的,而家长的心思却全在这一份仪式里,他们期盼小孩在成长过程中有一个祥和的环境,办满月酒就是表达这种期盼。

  婴孩满月那一天,还有一种习俗,看似再平凡不过,然而所寄寓的意思则非常明显,这就是生孩子的那家主人要给邻舍隔壁送"相量盏",也叫"商量盏"。何谓相量盏?说来倒也有一个程式。

  满月那天,不管贫富人家,送相量盏是第一件要操办的事情。主人家早早在孩子满月前几天准备好了糯米、红糖。即便在过去,准备这两样对一般人家来说,也是不难办到的。孩子满月那天早上,主人家在灶跟间三眼大灶里满满当当煮一镬糯米饭,准备数十盏预先洗刷得干干净净的蓝色边的白瓷小酒杯(过去也叫一量杯),待饭熟后用这小酒杯盛饭,盛满后再在上面放一块不大不小的红糖块,即是借一个"甜"字。接着把一盏盏盛好糯米饭的小酒杯,整齐地放在大大的红色桶盘里,然后由出窠娘(婴儿母亲,出月子后的女人之意)端着,一户挨一户地送,保证每个邻家小孩都能吃到一盏。过去,一个大院子里常常住着十来户人家,小孩加起来得有二三十个,有时主人家烧一镬糯米饭还不够,往往要烧上两镬,甚至还得烧第三镬,反正要做到院子里的每个小孩都能吃到相量盏。其实,送相量盏就是求一份和睦,以后有商有量的意思,期盼的是小孩子在成长过程中有一个团结和谐的邻里氛围。小小的一杯相量盏,吃的是甜甜的糯米饭,寄寓的却是"和谐"二字。只是,婴孩满月送相量盏的这种习俗,现在城市里早已见不到了,而办满月酒的习俗依然延续着。

小毛头满月那一天,除了办满月酒、送相量盏,还有一个习俗叫作"过桥头"。满月当天,小毛头要穿好由外婆家送来的衣裤,戴上外婆家早已准备好的金或银项链,由长辈(一般是父亲或娘舅)抱着去过桥头。按习惯,一般要过七个桥头。"过桥头"意在祈求神灵保佑孩子平安成长,另有一种意思是借过桥多寓人生路上顺顺利利。现在不是有一句话说"我走过的桥比你走的路还多"嘛,无非也是说人生的经历多之意。足以说明,老宁波人对孩子从出生到成长的过程十分重视。

老宁波的地域不是很大,但小毛头满月时的习俗却相当丰富,除了上面说的办满月酒、送相量盏、过桥头,还有不少习俗值得一提,如剃满月头,穿黄棉袄,送红蛋、长面,望外婆家等。更有一种说法:要由出窠娘抱着满月的小毛头外出串门走人家,走走左邻右舍,长大后胆子会更大。这种习俗的更深层含意还是同上面讲的送相量盏一样——希望孩子有一个和谐的成长环境。

吃好日酒与担灰结下饭

宁波人历来十分好客,要遇上婚寿喜事那更是热闹非凡,久而久之就形成了婚丧嫁娶的各类习俗。但凡遇上红白喜事,家里就会摆上几桌,邀请亲朋好友,乃至邻舍隔壁同村里人一起来喝酒。这种习俗的流行,据说是因为宁波人相信办酒水越热闹,这一家的家业越兴旺发达,因而这种习俗至今仍十分流行。在宁波农村,甚至发展到一家有事办酒,全村人要吃上四五天,甚至吃上一个礼拜的。不管是结婚、祝寿,还是办丧事,都是这样。

吃好日酒,是吃结婚酒的一种老派说法。当今一些老宁波人还是会把吃结婚酒叫作吃好日酒。吃好日酒时就得给新人送上一份贺礼。贺礼的多少,一视各家的家境好坏来定,二视送礼的人与办酒人家的关系亲疏而定。不管怎样,吃酒送红包(即贺礼)是一种约定俗成的社交惯例。这种惯例随即延伸到送寿礼、丧礼,久而久之,便成为宁波人人际交往的常规。

凡送礼吃好日酒、吃寿宴的还有一个规矩,就是据交往的亲疏关系来定赴宴的人数。亲戚关系的往往是全家老少一齐出动去祝贺。朋友关系的则是一个人或一对夫妻赴宴。还有不少扯不上至亲关系，也非好友的，往往是一个人参加，特别是同村的或同一个墙门的邻舍隔壁，一般一家都只派一个人参加。主人排桌位时，对那些一个人赴宴的，就安排得相对随意一些，甚至会出现一桌十个人相互都不认识的局面。宁波人吃好日酒时有一个老习惯，就是会边吃边把分过来的菜肴留在碟子里放着，等到宴会结束时，从口袋里摸出一块新的或者事先洗干净的手帕，把这些菜肴包在手帕里带回家去，这就是老宁波人所说的担灰结下饭。因为餐桌上有这么一个习俗，所以整个台面上不会因留下过多的菜肴而造成浪费。

  灰结下饭所担的一般是可以个计数的食品，诸如蛋饺、蛋糕、肉丸子、熏鱼、鳗鲞、整只的大闸蟹、白斩鸡块、松花蛋、蚶子等。也有担回去点心的，如小笼包子（有保子保孙、多生贵子的吉祥寓意），如吃寿宴时的寿桃（寓意长命百岁）、油包（寓意生活甜甜蜜蜜）、如意糕等。等到宴席散时，赴宴的人各自将这些美食带回家，同家人共享。形成这种习俗的主要原因，大概是老底子宁波人一般家境并不是很好，家里人很少甚至根本上不起馆子，所以遇上红白喜事，凡赴宴的就会担灰结下饭，同家人分享。而且你担，他担，大家都担，一点也不会难为情或觉得有失体面，久而久之自然成了常例。有些人家凡是派出一个代表去吃好日酒前，家里的人就会交代："不要忘记灰结下饭担回来。"而那些小孩子更是昂首期盼着大人们吃完酒水回家，就能有机会尝一尝日常从来没有吃到过的美味佳肴。所以，凡有吃好日酒、寿宴，就有担灰结下饭的习惯，同一个圆台面上，十个食客,人人平等,各不吃亏。有时还会有一个桌长来分食,做到公正公平。十个人酒尽兴地喝,汤菜、羹等尽管吃,而各自的菜碟子里却是分来的佳肴越堆越多,到了酒席散时,各自拎着一包灰结下饭,高高兴兴、说说笑笑地离开主人家。到了家里,等着吃灰结下饭的大人、小孩又是一番热闹。

现在,人们上饭店吃饭提倡"光盘"行动。其实,老底子宁波人老早有这个习俗了,担灰结下饭就是其中的一个好做法。

二月初二百花娘子生日

老宁波有句民谚:"二月二,龙抬头。"传说冬眠的龙,到了这一天,被春雷惊醒,便会抬头而起,翱翔天际。同时,老底子宁波人又把二月初二当作百花娘子生日,即过完正月,第一个迎来的就是江南女子的节日。其实,有关百花娘子生日的具体日子,全国各地有不同说法,如在我国云南、广西一带,这日子是农历三月初三,也有地方定为二月十二。各地各有说法,也各有过法,没有统一的定规。

百花娘子生日,也叫作"花朝",民间也有把这天的庆祝活动叫"花朝之庆"的。春天来临,春光缤纷,春色烂漫,百花依次盛开,争妍斗艳,以各种不同的容颜来打扮大地为天下百姓增添了无尽的浪漫情趣。百花不仅以其活色生香娱人感官,更以其兴谢枯荣撩人情思,故人每有感触,或怨或喜,动辄形之吟诵,寄其心曲,有《红楼梦》里黛玉葬花之悲悲切切,有陶渊明"采菊东篱下,悠然见南山"之超脱闲逸,更有鉴湖女侠秋瑾"平生不藉春光力,几度开来斗晚风"的自信。以上咏花诗是他们各自面对外部环境所产生的一种切身感悟,自然是情景交融,情理并兼。

广大妇女,大多还是直接对春天百花齐放的景象表现出一种欣喜之情。按传统习俗,二月初二那一天,妇女们都梳妆打扮得整整齐齐,怀着一颗祈求得到花神庇护之心,到附近庵堂庙宇燃香祈拜。她们往往三五一队、四六一群结队去拜菩萨。她们的要求也不高,只求菩萨保佑自己和家人平安度日,有些如婚后多年不能生育的,或身患疾病久治不愈,婚后生活不称心如意的,等等,则会求菩萨保佑自己如愿。这一天她们可以名正言顺地求神拜佛,结伴出游,是毫无拘束、自由自在的一天,所以特别轻松快活。对旧社会广大女子来说,能等到这一天多不容易啊!

上面所述大多是结了婚的女人们的过法,对大多数未婚的小娘来说,这一天可要"疯"了,尤其是在农村、山区的小娘们,她们会把自己打扮成一种花神,并展示此花的特质,如牡丹花的艳丽、茉莉花的淡雅、梅花的孤傲。过去,小娘总不太喜欢桃花和荷花,可能是因为桃花花期短,刚吐蕊开花,经不起一阵风吹雨打就谢落了,故常常意喻命薄;荷花呢,终日泡在水池里经受烈日的暴晒,被看作是一种苦命的象征。但同样经受寒风冻霜折磨的梅花,倒是得到了小娘们的喜欢,可能是因为梅花具有一种内在气节,一种敢于和艰苦环境搏斗的凛然傲骨。在中国,百花各有其司花之神,也各有自己的美丽传说。在这些传说中,以农历十二个月令所代表的花,与司十二月令花神的传说最令人神往。百花之美浑然天成,不可一一牵强比较。这十二个月令的花与花神,也因地区不同以及个人的喜爱而有所不同,其中广为流传的说法是:正月梅花——江采萍,二月杏花——杨玉环,三月桃花——弋小娥,四月牡丹——丽娟,五月石榴——公孙氏,六月莲花——西施,七月玉簪花——李夫人,八月桂花——绿珠,九月菊花——梁红玉,十月芙蓉花——貂蝉,十一月山茶花——王昭君,十二月水仙花——甄宓。或许这十二个月的花神中,不少因地域文化之故,宁波人对其不是很熟悉,但对其中杨贵妃杨玉环,浣纱美女西施,抗金女英雄梁红玉,绝代佳人貂蝉和深明大义、为了民族交好而牺牲自我的王昭君还是比较熟悉的。在百花娘子生日这个特殊日子里,外向的小娘们毫不避讳地表达自己对喜爱的花神的敬慕,有个性的还以花神自居,精心装扮,并以此为荣;而性格相对内向的女孩,纵有自己心仪的花神,也只是暗自崇敬而不声张外露。不管外向的也好,内向的也罢,百花娘子生日这一天,小娘们对神和佛的礼拜都出自同一个目的,那就是要摆脱因女儿身而遭受的不公。这样看来,二月初二百花娘子生日,表面上看来热热闹闹,实质上却是女子对长久以来所遭遇的不平等而发出的呐喊,是争取女子自由解放的情感释放。陆机在《文赋》中说:"遵四时以叹逝,瞻万物而思纷。悲落叶于劲秋,喜柔条于芳春",正是同一个道理。这是由物境引发了内心触动,而将与之有某些联系的内在情感投射到审美对象上,将自身情感托于外物罢了。至于现在阿拉宁波的小娘们,早已淡忘了专属于女子的这个节日,今非昔比,往昔女人所祈盼的,在现在妇女看来,是早就拥有的,或者说绝大部分都有了,还何祈之有?余下也只需尽兴尽情快乐一天了。

正月初五请财神

在过完初四这一天,晚上时钟敲过十二下之后,宁波城又是铺天盖地的鞭炮声,空气里弥漫着浓浓的火药味。按内行人的说法,这是在请财神。随着市民生活水平的日益提高,经商的、搞企业的、搞科研的,包括那些给人打工的,在那一日都从心底祈求新的一年里能有一个好收成,过去就叫发财。当然,这个"财"字不能简单划一地做解释,"发财",按现代一般的说法是,提高收入;对于经商、搞企业的人来说,则是尽最大可能地增加利润。收入也好,利润也好,都直接与财相关。财来自哪里?照传统来说,是财神菩萨送来的,财神塑像总是双手合捧着一叠金元宝,这金元宝就是最显眼的财了。据说每年正月初五是财神的生辰。难怪多少年来,一直传承着正月初五那一天趁早请财神菩萨的习俗。

其实,在老底子宁波,并不以这种形式迎财神。宁波人有句话叫"闷声发大财",还有一句叫"财勿露白,露白要出脚",说的都是同一个意思,所以请财神是在自己家里闷声不响地进行的。

在旧时宁波,几乎每家每户都会请财神。每个人都希望新的一年有一个好奔头,生活能更好一点。而那些老板们,胃口就更大了。历朝历代,不同阶层的人对财产的渴望和追求从来没有变过。

老宁波人请财神与现代人的做派大不一样。首先是祈虔的程度不一样。有条件的人家,早在中堂间供桌上摆好宣德炉焚起了檀香,熏得满室都是沁人的清香。初五凌晨开始,彻夜未睡等待着这一时辰来到的男女,会轻手轻脚来到布置得十分隆重的中堂间,一家之主点上三炷香,拜三拜后,顺手点上早已插在烛台上的大红蜡烛,然后又是三拜,边拜边口中念念有词,祈求财神菩萨给家里带来好财运。供桌一般是一张八仙桌,桌子前面有一块大红色的绸缎桌帏,上面用金色丝线绣有福禄寿三位仙人(是一种当代人说的金银彩绣作品)。供桌上用红祭盘盛有四色供品——一条活的鲤鱼、一只还冒着热气的利市头(即猪头)、一只阉鸡,再加一盘生烤麸。四样祭品各隐含着吉利的寓意:鲤鱼跳龙门,讨个吉利;利市头表示大吉大利;至于阉鸡,即为雄鸡,其昂首鸣啼也是借个吉利;生烤麸则是讨个财富的"富"彩头。除了这一套陈规,八仙桌上的烛台下还分别压有一串串金色的元宝。这样的祭拜仪式一般要持续至五更头。然后,才能敞开大门,放三个大鞭炮,此时就是请财神仪式的高潮。整个祭祀过程中,是不允许大声说笑的,大家都屏气凝神,否则会被看作是对神的不恭。

至于做大生意的人家,请财神的气派可足了,这也是现代人所不理解的。其仪式之隆重,排场之大,简直到了不可理喻的地步。整个祭拜场地当然也是在中堂间,但摆式完全不一样:共有四张八仙桌,前两张前后平放,后两张是叠起来的,然后,用大红的绸缎整整铺满四张桌子,正面高起的一排挂十吊金元宝,中间是一张财神菩萨像。前面两张八仙桌上是八色供品,除了之前所说的四色供品,还有四个红祭盘,分别盛的是:一刀热气腾腾的猪肉,足有四五斤重,中间还要插上一把锋利的刀;一盘盐,象征的是白花花的银子;一盘老豆腐,象征的是田地;一盘长面,借它的细水长流,寓意财路深广。桌子左右是一对有钱人家自备的寿祀台,中间是一尊高高的香炉,插的香自然是精致加工、名贵的檀香。

要说这寿祀台,其实就是点蜡烛的器具,但放到现在来说,绝对是做工精致的艺术品。它分一台、二台、三台甚至于五台,一台的寿祀台大概有尺半高,而五台寿祀台则有四五尺高。过去凡不属苦力的人家,一般都有一套小尺寸的寿祀台,至于四台、五台高的寿祀台,那必是大户人家所属。不过有些人家请财神若要用这种寿祀台,也可以上贳器店去租用。做寿祀台得先由上好的锡浇铸粗坯,然后由雕刻师父精雕细琢,进行深加工,雕的大多是民间传说或文学经典中的人物。高大而精致的寿祀台一般各有三个人物,如福禄寿、刘关张等,也有《三英战吕布》等历史典故中的人物,每个人物都雕琢得惟妙惟肖,甚至鬓眉、头发都刻得纤毫毕现,清清爽爽,一点也不含糊,各个人物的服饰也都刻得十分鲜明自然。雕完人物后就做背景,大多是松柏、牡丹花等。一副寿祀台,光从外观来看也足够精致了。只可惜,这种寿祀台大多在1958年大炼钢铁时送交废品收购站,经熔炉全给化没了。

当然,点在这般精致的寿祀台里的蜡烛也非同一般,通常都有两三斤重，小的也有大半尺高，大的足有一尺半高，直径达两寸之粗。这样一对蜡烛，可以点上一整天不熄灭。而与其相匹配的檀香，也有一尺半长，几乎有一厘米粗。这些香烛价佃不菲，可以在药行街、狮子街交会处老牌香烛店"老德馨"里买到。有时打个电话，买家要买些什么，"老德馨"店里的伙计都知道怎样配货，然后即刻送到。

所以旧时大户人家请财神，无论是摆设、供品，还是所用器具，乃至整个仪式中的气氛，都是现代人难以想象的隆重，甚至主人家的穿着都有讲究。

当然，一般市民，乃至底层做苦力的在那一天也会在家举行请财神仪式，只是其程式规模是再简单不过了。然而，不管仪式是奢华还是简单，其出发点是完全一样的，都是祈求财神在新的一年里，给自己带来财气，带来幸福。只可惜在旧社会，平头百姓哪怕用最大的诚心去求神，到头来还是饥寒交迫又一年。神哪里有能力让平头百姓过上富日子啊！幸福其实还是得靠大家自己奋斗。

10

吃祭灶果与烧灶马

农历十二月廿三过小年,这是宁波人长期以来的一个习俗。

这一习俗早在宋时就十分兴盛,历经元、明、清、民国,直至现在,人们还以各种方式来度过这一夜。旧时说,这一天是各家各户供奉的灶神菩萨上天奏事之日。一大早,家中的女主人就会在灶神菩萨面前供上一杯净茶(就是凡人还没喝过的刚烧开的茶水),点上三支香,拜上三拜,与此同时,还要在心里祈祷,求菩萨保佑在即将来到的新年里一家人丰衣足食,过上太平日子。这是十二月廿三这一天要办的第一桩大事。

到了晚上,女主人又要在灶神菩萨面前,燃上三支香,点上一对三拜终蜡烛。这是一种比较短小的红蜡烛,之所以有这么个名字,意思是拜过三拜,蜡烛就点完了。然后,女主人还要在灶头上供一盆祭灶果,再次拜上三拜,口里要对灶神爷说上不少好话。据说拜灶神菩萨时一定要说好话,否则,当灶神菩萨上天时,就会向玉皇大帝汇报他所在的那户人家待他不好的坏话,所以在那天各家各户的女主人都会不约而同地去拍灶神菩萨的马屁,就是为了来年生活能更好。拍马屁的方法有很多,除倒茶、供香、点蜡烛外,家家户户还会供上一包祭灶果,据说灶神菩萨吃了祭灶果,嘴里甜蜜心里高兴,升上天后就会为主人家说好话,所以各家在祭祀灶神菩萨时都会准备好这种点心。

祭灶果花样繁多,一包祭灶果内数量最多的一般是油果。这油果七八毫米粗,圆圆的约寸许长条,是用发酵过的米粉做的,在油锅里氽好就会浮在沸腾着的油的表面,舀出来后拌上白砂糖,就成为大人、小孩都喜欢吃的油果。一包祭灶果内还有黑交切、白交切,其实就是切成一片片的黑芝麻糖、白芝麻糖,不过切得薄薄的,脆甜可口。还有几个白麻球、红麻球,同样酥脆香甜。祭灶果包里还有一个相对较大的金黄色的大芝麻球,以及切成细长条状的白脚骨糖和黑脚骨糖。这两种糖都含有姜汁,与白交切、黑交切比较起来,多了一点辣味。这样加起来称作八色祭灶果,全是甜的,正是为了让灶神菩萨吃得满口甜甜的,等他升上天后,向玉皇大帝说上一口好话,保佑一家人平安幸福。

说到吃祭灶果,最高兴的就是那些小孩子了。每当这一天,小歪、小娘早早就在旁边虎视眈眈,希望能早点请过灶神菩萨,然后分祭灶果吃。当大人吹熄蜡烛后,烛芯还在冒一股股青烟呢,那些小孩就等不住了,全都围到灶台边,一个个张着嘴瞪大了眼,急切地等着大人们从灶头上拿下盛着祭灶果的大盘子,然后一根根一点点地分。刚从大人手里分到一小堆祭灶果,孩子们就迫不及待直往嘴里送,"咯吱咯吱",欢快地嚼起来,夹杂着嬉笑声。一包用厚草纸包的祭灶果对孩子们来说真的是太不过瘾了,嘴里还在吃就想着什么时候能再分上一点,所以说祭灶夜说到底还是小孩子们的节日。你想呀,过去一般平头百姓人家,买一包八色祭灶果也是一件不容易的事,为此,小孩子们每当腊月过了月半,就早早地盼望着廿三祭灶夜的到来了。

十二月廿三,除了供祭灶果请灶神菩萨,还有一个习俗叫"送灶马"。据说,各家各户的灶神菩萨是骑着为他们准备好的灶头马飞上天去的。

用细细的竹篾先扎成一个马的大身,在形似马的躯体的竹框子上扎上一个马头(与跑马灯中所制作的马头差不多大小),糊上白色的棉纸,然后画上眼睛,再在马背上贴上彩色纸剪出来的马鞍,这便是灶头马了。整体类似于过去小囡坐的"座车"大小。一般人家都是到药行街与狮子街交会处上一家专营香烛和祭祀用品的"老德馨"去买,普通的一顶灶头马要不了一角钱,做得精致的却要两三元钱。大街上的烟杂食品小店中也有卖,只是卖相差一点。也有自家做灶头马的。其实有了几根竹骨,一张白纸和零零星星的彩纸,要不了半个钟头,一匹栩栩如生的灶头马就能做成了。故此,做灶头马是十来岁小男孩十分乐做的事情。在祭灶夜之前十天半月,这些有心的小孩子,会到竹篾店去买几根削好的竹条,上文具店买来白色和彩色的纸,然后就动手做起来,要不了半天时间准能做好一匹灶头马,届时还能得到父母的赞赏呢。

供完灶神菩萨,主人家就会从灶头上的神龛里请下灶神来,手执尚未燃完的香来到院子里烧灶头马。划上一根火柴在灶头马身上一点,整匹竹骨扎成、用纸糊上的灶头马就烧了起来,直到印着灶神的纸连同未烧完的香一起燃完,送灶神仪式就算完成了。

送走灶神后,还要重新在灶头贴一张新的灶神像。过了十二月初十,小贩就会走户串门吆喝着来卖这种木版水印的灶神像,两三分钱一张,便宜极了。不过主人家却是虔诚地合着双手接过神像,恭恭敬敬地放到木板做的框子里待用。贴新的灶神像时又要点香、叩头,祈求来年的幸福。

石灰埠头与兑蚌壳

老底子宁波南塘河边上有一个石灰埠头,自下驾桥至新殿桥一段的塘河边,长年有一堆堆烧不完的螺蛳壳、黄蚬壳、河蚌壳、蚶子壳,远远望去看不见明火,只冒着几缕细细青烟,随风飘荡,宁波人叫此为煅灰。煅烧过的蚌壳、螺蛳壳等,待冷却后,用手轻轻一捏,就成了银灰色的粉末,经水拌和后就会发出丝丝的响声,掺拌的水也会即刻沸腾起来。几经搅拌,这一堆粉末便成了灰白色的浆状物,烧蚌壳的人会告诉你,这就叫石灰浆,拌上灰沙就可刷墙,等它干燥后,整个墙面就会变得雪白雪白,按书面上的说法,这烧成银灰色的粉末叫作碳酸钙,俗称生石灰,拌过水的生石灰就叫熟石灰。

在南塘河边烧蚌壳的人家少说也有七八户,那么长的河塘边,这七八家主人雇了短工来煅烧。城内外的平头百姓吃了河鲜、海鲜所留下的蚌壳,聚积起来,变废物为有用之物,一点也不浪费,按现代人的说法,这叫作资源循环利用。

日子久了,老宁波人就管这一带河埠头叫石灰埠头。住在南塘街一带的老人们不但都叫过,而且还看见过煅烧蚌壳时的景况。蚌壳煅烧时,不仅可见缕缕青烟,如果你走近这些壳堆,还会感到有说不出是从哪里来的一阵阵热气,如果你握上钉耙往煅烧着的蚌壳堆里一扒,就会看到一堆炽热的殷红色的火光。据烧蚌壳的师傅说,这温度是非常非常高的,他还会指着扒蚌壳的钉耙说,钉耙上已变焦黑的竹柄头,都是叫这暗火给烤的,所以,竹柄一个月里得换好几次。说完,他还会朝着石灰埠头边上长长的凉亭一指,让你看角落里堆着的一捆捆锄头柄(竹柄)。

煅烧蚌壳的短工是十分辛苦的,一年四季都在塘河边过日子。夏天,一边要耐着烈日的炙烤,一边还要行走在这一堆堆煅烧着的蚌壳间,如行走在火焰山一般,简直像是在火上烤。更麻烦的是遇上下雨天,必须要用破铁皮把这一堆堆烧得火热的蚌壳盖上,否则经雨水一淋,整堆烧着的蚌壳就没有用了。所以煅烧蚌壳这活其实还得靠老天帮忙,每年的黄梅季节,一会儿雨一会儿晴的,根本烧不成石灰,这些短工干脆就休息了。到了冬天,白天干活倒还好,在这一堆堆煅烧着的壳堆边行走,窝窝暖暖的,但晚上就只能睡凉亭里,仅凭几张竹篾挡挡寒风,这才叫过日子的艰辛。过去市郊农民生活清贫,农闲时往往都来向老板要这份苦活,好赚点零头钱来贴补家用,所以这里从不缺来烧石灰的短工。

石灰埠头一年四季烧的贝壳原料来自何处呢?原来,老底子宁波人吃河鲜、海鲜后,往往会把饭桌上留下的蛳螺(即螺蛳)、蚌、牡蛎、圆蛤、蚶子的壳都挑出晒干,然后专门盛在一只竹箩里,并候着串门走巷收购贝壳的人上门收货。凡是听到"蛳螺蚌壳有勿?收蚌壳来"的叫喊声,大家就知道可以把这些积攒的蚌壳换零用钱了。过去,一个大墙门里十几户人家,你倒出来一点,他倒出来一点,合起也足够收购蚌壳的人挑上浅浅一担竹箩,卖得的钱虽然不多,但买的人开心,卖的人也开心。这买卖也成为老宁波人家的一件开心事。所以,在老宁波,除这种专门的买卖外,有时一些兑糖的小贩也兼顾这种小生意,一堆蚌壳往往能兑上几块甜甜蜜蜜的糯米白糖饼。尤其是各家的小孩,一听有"兑糖来,兑糖"的吆喝声,就会迫不及待地跑出家门,在院子角落里,搜出平时积攒的蚌壳兑糖吃。

要说南塘河一带被称作石灰埠头,还有一个原因,就是这一带是一个经营石灰的小市场。老宁波人都知道,宁波江东有一条马路叫"灰街",顾名思义,就是专门经营石灰买卖的商品街。莫看它从灵桥东堍起到老底子鄞穿汽车站为止,只有短短一段马路,但两边专门经营建筑材料的商店少说有几百家,有卖青砖、龙骨砖、瓦片的,有卖椽子、龙骨的,也有专卖黄沙的,更多的则是经营石灰的。这些店铺里外都堆着用篾白竹片编成的竹筐,里面全是用稻草裹着的一块块生石灰,也有在店门口的大木槽里经水拌和后的熟石灰。凡宁波人都知道这条街,如家里要做些土木工程的都会到这里买石灰。然而,这段马路太短,经营的都是小店,要做大宗买卖,就只能到石灰埠头边上的几家大石灰行。

宁波不出产石灰,过去,石灰一直是从浙江富阳运过来的,所以老宁波也把石灰叫作"富阳灰",据说富阳灰质量特别好。这富阳灰从产地富阳,经钱塘江运至宁波甬江,再运到南塘河石灰埠头,几经水路转运。走水路除了因为其他交通方式不发达,主要也是考虑运输成本。

　　从富阳长途跋涉运来的石灰,是老宁波建筑行业中必不可少的材料。不过,从蛳螺蚌壳中煅烧石灰,因为成本低,质量也不差,所以石灰埠头的生意一直也很兴旺,尤其是那些只需修修补补的小项土木生活,往往就选择用蚌壳灰,这也是各取所需吧。

　　当然,随着交通运输业的日益发达,科学技术的不断发展,建筑材料的不断更新,石灰埠头也完成了它的历史使命,成为一段历史深处的记忆。

饮食文化

冰糖甲鱼的传说

宁波有十大名菜,其中冰糖甲鱼名气最大,因其肉质鲜美肥腴,色泽黄亮,吃来软糯润口,甜酸香咸俱全,风味独特而脍炙人口。甲鱼肉性平、味甘,与冰糖同炖,具有滋阴凉血、补肾健骨、补虚益气、散结祛热等功效,深得宁波人的喜爱。

要说冰糖甲鱼的来历,还得从古时的一段故事说起。据说那时宁波江左街有一家小酒铺,以烧冰糖甲鱼著称。一天,两位赴京赶考的外地客人途经宁波,就相约到这家酒楼饮酒,观赏江景。伙计问:"相公欲尝何菜?"两位客人说:"凡是名菜,俱上桌供品尝便是。"两位客人见伙计最后端上来的一盘菜,鳖头上翘,晶莹透亮,清香扑鼻,便揿起品尝,一入嘴里便感受到绵糯香甜,滋味非同凡响。这两位食客赞不绝口,便问掌柜:"此菜何名?"掌柜见这两人随身都带有赶考的行头,便灵机一动,暗送彩头道:"相公,此乃'独占鳌头'是也!"事有凑巧,待到秋季揭榜,其中一位食客果真中了状元。他衣锦还乡,春风得意,特地重登甬江边这座小酒楼,指名要吃"独

❖ 冰糖甲鱼

❖ 烹饪冰糖甲鱼

占鳌头"!状元老爷说着说着,兴头来了,就向店小二要来毛笔,执起笔来,写了"状元楼"三个大字。从此以后,这家小酒铺便有了儒雅的店名,状元楼便名噪浙东,冰糖甲鱼也名扬天下了。

冰糖甲鱼广受追捧,各家菜馆争相效仿,不久,这道菜也传到了平常百姓家,渐渐成为招待客人的一道隆重热菜。其实冰糖甲鱼这道菜并不难做,只要把握几道工序,大家都能烧出来。一般做法是取半斤以上一斤半以下的甲鱼一只,将其仰放,排尽血后入九十度热水中浸泡;当甲鱼背壳上泛起白衣时捞出,在冷水中清除腹部等处的白膜,这也叫"退痧",这道工序必须做彻底,否则会影响菜的口感。然后用刀开肚去内脏,斩去头尾、爪尖,然后均匀地斩成块。斩块有八开、六开、四开之分,尤以六开为佳。将甲鱼块放入锅中焯水,捞出,再用清水洗净。接下去把锅烧热加入油,烧至八成热,放入葱结、姜片爆香,加适量的冰糖,推入甲鱼块,烹入黄酒加盖稍焖,再加清水,烧开三分钟后,改用小火加盖焖,待甲鱼块柔软无弹性时,加入调料,再加盖焖二十分钟左右,旺火收汁,一面晃锅一面舀起卤汁浇在甲鱼块上,再用中火并晃锅使芡油混合,至卤汁呈胶状,淋入熟猪油,晃锅,一道色味齐全的冰糖甲鱼就烧成了。平常百姓家来做,虽会省去好几道工序,但一样能烧得色味俱全。

最初品尝冰糖甲鱼的多为工商、金融、军政各界人士及各地来甬的客帮,小市民是不敢问津的。新中国成立后的五十年代初至七十年代末,因物资奇缺,冰糖甲鱼多用于招待外客贵宾,普通市民仍难以享用。八九十年代,饭店宾馆重又推出此菜,喜筵餐桌上亦纷纷出现。但随着人们忌甜忌高蛋白食品等饮食习惯上的变化,加之甲鱼多为人工饲养,故近年问津者日少,此传统佳肴面临前所未有的困境。

一百多年来,状元楼以冰糖甲鱼、锅烧河鳗、宁式鳝丝、雪菜黄鱼等十大名菜一直传承绵延,成为宁波饮食业界"六帮三馆"之首。应阿品(第一代)—胡常友(第二代)—蒋吉祥(第三代)这三代厨师都是烧冰糖甲鱼的好手。经过这三代人的努力,"状元楼"这块金字招牌一直屹立于宁波三江口,其正宗甬帮菜之誉名扬四海。

每年四五月间,江南地区菜花盛开,正是甲鱼最肥美之时,也是烹制冰糖甲鱼的最佳时节。作为宁波的传统名菜,冰糖甲鱼又是一道兼具美丽传说和多重药用价值的菜肴,作为宁波人,我们一定要保护好它,并且让它永远流传下去。

❖ 今日状元楼大堂

蟹壳黄、咸光饼与和尚饼

要说旧时的宁波名小吃,少不了在大街小巷随处可看到、买到的清香酥口的大饼油条。价廉物美的大饼油条不仅是可口耐饥的早点,也是人们下半日头(下午)常常享用的不可省的充饥点心。除了中山东路一段热闹的街面,这类大饼店几乎遍及市内外,尤其是在热闹的场所如菜场、影剧院、航船埠头、浴室书场两旁,总能找到它们的踪影。

这些店除了卖大饼油条,一过午后,约两三点钟的光景,就开始做一些特别诱人的点心,这就是蟹壳黄(也叫葱油饼)、咸光饼与和尚饼。说到葱油饼,大家恐怕会想到当今小街上那些从外乡来宁波做小生意的人,就靠一个炉子、一张桌板等简易工具,做出来的东西同过去的正宗蟹壳黄相比,那真是小巫见大巫了。

为什么把这种个头小小的饼叫蟹壳黄呢?原来这种小饼大小如蟹壳,色如蟹黄,由此而得名。这种叫法流行于江浙、福建及两广一带。虽叫法一样,口味却大相径庭。过去甬上市面上卖的蟹壳黄无论配料还是加工过程、制作原料,都十分讲究。做蟹壳黄用的是上等面粉,配上酥油(酥油与面粉的分量要搭配得恰到好处),捏揉成一堆柔软的面团,然后拿老面酵和在一起,盖上一块白粗布,要经过四五个钟头的发酵,以增加饼的松软度。过后在制饼时,还要经过反复多次的搓、揉、捏,以便掺入的酥油能均匀地和在面团里。然后从经过多次捏揉后制成的面团里,切出一小块,再经过搓、拉,做成一条不到两厘米粗的长条,用拇指和食指用力一一摘下,这面团不过像小小的李子那么大。往摘成一堆堆的小小面团上撒上一些面粉,以防小面团粘在一起。接下去,把小面团用手掌用力压成面饼,再用擀面杖把它擀薄,接着往面饼上加一团由葱末和猪油粒做成的馅子,包成一个圆团,再用手掌一压,擀面杖来回擀上一阵子,就形成了扁圆形的饼子。最后在面饼上刷上一层冷水,撒上一把白芝麻,贴在烤炉的炉壁上。过不了几分钟,透着一股葱香的蟹壳黄就加工好了。拿着烫手的蟹壳黄一口咬下去,既酥又脆,含进嘴里咀嚼,一层层油酥纷纷掉下来,略带椒盐味的葱油饼就成了路人口中的美味了。经酥油和成的皮子一经烘烤就分成一层层,薄如蝉翼,有诗赞曰:"未见饼家先闻香,入口酥皮纷纷下。"这种做法,我们宁波人尤其讲究,而现在马路上有时可买到的葱油饼看似做法差不多,实则相差甚远,而且很不卫生,与甬上老底子的蟹壳黄完全是两种货色。

说到甬上大饼店卖的另一种饼——咸光饼,则又是另一种滋味。在饼字前加上"咸"字,分明告诉我们这饼是咸的。咸光饼的表面光亮光亮的,没有一粒芝麻,没有一段葱,老式小囡坐的推车的轮子一般大小，直径十厘米不到一点。刚出炉的咸光饼一口咬下去，带有一些甜的椒盐味。一分钱可买两只，壮汉一般会花三分钱买上六只，这对胃口小一些的人来说，足以抵上一顿饭了。

据当时老成人（老人，长者，有经验的老年人）说，咸光饼名字的来历还与明朝时宁波人民抗击倭寇的一段历史有关。明朝时期，东南沿海一带常有倭患，到了永乐年间（1403—1424），在浙东一带，倭寇先后侵犯象山、鄞州大嵩等宁波濒海一带乡村。为了巩固海防，宁波府专门在观海、余姚、临山等地建卫，又在定海、翁山、穿山、郭巨、大嵩、观城、龙山、昌国、石浦、爵溪等地修筑碉堡，镇海威远城也是在那个时候修建的。

当时抗倭名将戚继光率领的明朝军队，曾在宁波沿海一带抗击倭寇。这支部队来自北方，对宁波沿海一带的地形不是十分熟悉，但得到了宁波府地方武装力量的大力支持，没过几年就取得了显著战绩，维护了宁波沿海一带百姓的安定生活。

倭寇有时是驾着一大批海船来侵犯，也有开着零零星星几只小船来突袭的，所以在海防各个点上都有村民昼夜轮流守望，观察敌情。由于军事繁忙，士兵和乡里的村民往往都用咸光饼来充饥，他们把咸光饼用一种田野里生长的叫咸草的草串起来，挂在脖子上，巡察海防时饿了就可以吃。据说这种饼的名称还是由戚继光取的："咸"在宁波话里是全、全部的意思，"光"就是完的意思，寓意即把倭寇全部吃光。

当然这也是一种传说，但是一分钱可以买两只的咸光饼，对于劳动人民来说，确是一种价廉物美的食品。

同咸光饼一样,和尚饼也有一段民间传说。和尚饼的外形与咸光饼大不一样,它只比一枚铜板大不了多少,出炉后高高隆起的样子好似和尚的头,故而得名。和尚饼略带些甜味,吃起来又脆又酥,满口生香。由于不像蟹壳黄、咸光饼那样是软软的还带有些水分,而是完完全全在炉子里烤干了的,因此,和尚饼可以保存好多日子不会变质。过去不少人出远门带干粮,往往就是带这种和尚饼。把和尚饼作为赶路时充饥的干粮有两个好处:一是用一只干净的布袋来盛,过十天半月的也不会变质;二是这种饼不管放多久,吃起来照样松脆可口,不会吃腻。据说,过去一些上山进香的妇女、外出赶长途的汉子,还有化缘的和尚都喜欢拿此饼作为干粮。因此,大饼油条店在忙完早点的供应后,就开始做和尚饼,如果一天卖不完,就盛在大口玻璃瓶或马口铁做的铅皮箱里,待第二天再卖,完全不用担心变质。

随着人们生活需求和生活习惯的改变,咸光饼、和尚饼在经历很长一段时期的兴盛后,慢慢地消失在市场上,只留在老一代宁波人的记忆里。然而,是否还有一种可能,就是像奉化人做千层饼那样,不仅恢复了生产,而且从业的人数、生产的数量仍在不断增加,成为当地响当当的一个美食招牌呢?

14

大有南货店与现做的鲜肉月饼

现在宁波市面上只在鼓楼对面有一家"昇陽泰"南货店,其实在新中国成立前,升阳泰的排名至多称得上老三,"大有""怡泰祥"比它有名气得多。

在繁华的药行街靠东头有一家甬上名气颇大的南货店,名叫"大有"。这家店所处地段很好,对面是当时宁波最大的太和酱油店,东南边是宁波的大世界小菜场,东头是灵桥路,所以店周围往来的人特别多,也就带来了商机。

大有南货店创建于清咸丰三年(1853),业主为朱姓谨、慎两兄弟。要说大有之所以成为宁波南货店的老大,还得从这个店的经营说起。

大有的店面很有特点:一堵粉刷成淡黑色的高墙,中间是一道石库门,有两扇漆成黑色的包有铅皮的结实大门。石库门正上端近半尺左右的地方挂着一块店名横匾,匾的底色是蓝色的,"大有"二字用金箔贴成,金光闪耀。店名为什么取"大有"?据其后人介绍,

❖ 旧时大有南货店门面

"大有"出自《周易》之《象》:"大有,柔得尊位,大中而上下应之,曰大有。"为了彰显大有的经营特色,店堂里挂有一副"大名重宇宙,有美尽东南"的对联,正是这副绝妙的嵌字联,显示了创业者的壮志雄心。

走进石库门,豁然开朗。宽阔的店堂两边设有角尺形高高的柜头,柜头里边各有一排整齐的货架。货架下边有一排整齐的大木桶,木桶里盛的是花色繁多的南北干货,有山西的红枣、黑枣,新疆、宁夏的核桃,福建的桂圆,广东的荔枝干,浙江、福建的笋干等山货,其他有藕粉、黑木耳、白木耳等;还有不少调料,如茴香、桂皮、五香粉、咖喱粉、生粉等,货足量多,一应俱全。

但大有之所以名气大,倒不在于它的南北货买卖,而在于其花色品种众多、富有特色的糕点。在左右两排的玻璃柜里头,那五颜六色的糕点让人目不暇接,品种之多是其他南货店难以企及的。玻璃柜里头整齐地放着一色尺把长、八寸宽、白底蓝边的搪瓷盘子,一只盘子盛一种糕点,一眼望去少说也有二十余种。除了有名的大有枕头蛋糕和梅花形圆蛋糕这两种中西合璧的时尚点心,绝大部分是传统的糕点:粉麻片、千层酥、金钱饼、银钱饼、大吉饼、杏仁饼、花色蛋卷、橘红糕、枣泥糕、油果、黑交切、白交切、大小麻球、各色印糕等等,各有色彩,各具滋味,真正是琳琅满目,直惹得顾客欲罢不能,尤其是小孩,经过大有店门时,总要缠着大人进门去买一些。

  大有长期雇着一帮制作糕点的大师傅。店里所售卖的糕点,有各季节的时令糕点,也有长年供应的点心,还有专门配合各类节日的,制作都十分讲究。如每年清明,就供应上坟供祖宗的点心,有金钱饼、橘红糕、各色印糕,装在硬纸做的盒子里,盒子的盖子上印有色彩丰富的图案,还在显眼处印有"大有南货店"字样,旁边还有地址和电话号码。盒子有两种,一种做得高一些,一种低一些,这是根据顾客所买的货品分量来决定的。当然还有一种是再简便不过了,就是用厚粗草纸来包装的。实在要佩服店员的技术,左一折,右一折,不一会儿就叠成前后呈梯形的一个包,然后在上面放一张印有"大有"字样、红底黑字的招头纸。伙计们熟练地拉出挂在柜台上方粗细有别的麻线的线头,十字交叉一扎,再打个结,结的上头还留好刚刚能拎着走的线头,真是方便又经济。

  到了立夏时,大有会精心制作一种品质较高的绿豆糕。制作绿豆糕的用料十分讲究,糯米粉里拌上绿豆沙,拌料的时候一般都用小车麻油,特别香,还拌有少量的红绿丝和瓜子仁,都是事先细细粉碎好的。拌好后料,用特制的刻有"绿豆糕"字样和花纹的印糕板来成形。最后,把印好的绿豆糕放在油光纸上,一排排整整齐齐地放好,到顾客买时再上秤、装盒。大有制作的绿豆糕,软绵可口,甜度适当,吃起来满嘴生香。尤其特别的是在这一块块似麻将牌大小的绿豆糕中央,还隐隐透些黑,这就是大有绿豆糕制作的精妙之处:原来,这中间淡淡的一抹黑色是黑麻酥,在印糕过程中巧妙地嵌在里边,所以吃起来才会满口溢香。

到立秋时,店里又早早地做好了薄脆饼。过立秋时,除了吃西瓜,还有一个风俗习惯:在院子里摆上一张小桌子,放上四色糕点(其中一样就是薄脆饼),然后点上三支香,一对小拜宗蜡烛,祈求入秋后小孩健健康康。一般大人都会拉着小孩也拜三拜,以表虔诚。拜后,这薄脆饼也就成了孩子们的美食。薄脆饼不是拿来就可以张口吃的,一般的吃法是先把饼掰成一小块一小块,然后拿一个大点的粗碗装起来,再用镬铲柄把小块饼碾成粉末,然后拌上少许在热镬里炒熟的萝卜子小粒子,等拌匀了才可用汤匙舀着吃。

迎合其他各种节日和时令制作的糕点那就更多了。清明有大吉饼,中秋节有花色月饼,重阳节有重阳糕,祭灶夜有祭灶果,春节前后要加工的糕点更是多得不得了。

这里特别要说的是,大有月饼历来是甬上的名点珍品,花色之多是别的南货店拍马难及的,有苔菜、百果、火腿、枣仁、杏仁、桃仁、豆沙(细沙)、松子、蛋黄等等,还有一种需趁热吃、边做边卖的鲜肉月饼。每年到了中秋前一个月,大有店门口两旁的人行道上就会支上一眼炉灶，用生木炭生火。炉子上安一个平底铁锅，好似现在做生煎包子的那种。炉子旁搭一张桌板，月饼师傅就在这桌板上揉粉、包馅，然后一排排整齐地放在平底锅上烤。月饼师傅不时用平底铲拨一拨，以防皮子烤焦，影响卖相，还时不时用平底铲敲打平底锅的锅沿，直敲得"得得得"响，清脆的响声招徕了不少顾客。随着月饼渐渐烤熟，一股股香气直接飘了出来，周围都是这香气。过去宁波人不爱吃广式月饼，不管老人、小孩一色吃的都是我们宁波的宁式月饼，鲜肉月饼正是宁式月饼中的一个品种。因为大有的鲜肉月饼用料讲究，配料精致，所以味道极好，烤月饼时香气满街飘扬；月饼熟时，看起来金黄油润，吃起来皮层酥松，凡是吃过的个个都会啧啧称赞。所以，每当卖鲜肉月饼时，炉灶周围就全是顾客，大家排着长队，等着月饼一锅一锅地烤出来，秩序井然，鲜有插队之人。大有南货店门口这种热闹的场面，自然成了甬上难得的一道风景。

除了上面所讲的这些特色糕点，大有南货店还有不少自家制作的糖果、瓜子，如一粒粒裹着白雪般糖衣的糖花生、各色瓜子，尤其是大有的牛皮糖、酱油瓜子，都属市面上的极品。

由于大有经营的商品品种多、货源足，所以一直是宁波南货店中的头块牌子。二十世纪五十年代，经过社会主义工商业改造，大有成为公私合营的南货店，但仍不失其本色。遗憾的是在药行街拓宽改造时，大有的店面被拆，百年老店就湮没在市面上了。

蘑菇香干与芦稷汤果

说起宁波的小吃来,那是多得数也数不清。现在的小吃店,常常有装修一新的店面,讲究的室内音响效果,以及很有艺术性的店堂装饰,甚至连餐具都要讲究创新和艺术性,以此招徕生意。然而,在过去,卖小吃的小贩往往就挑一副担子,一头是加工点心的炉子锅子,一头是即将要加工成点心的半成品和碗、汤匙、竹筷等必备的杂用品。一入夜,才过初更,大概九十点钟光景,卖各色小吃的小贩挑起担子,一路吆喝着,走街串巷做起生意来,有卖面条、年糕、包子、面结等的,而留给我印象最深的,却是卖蘑菇香干的。一路走来,随着旺旺的炉火,缕缕清香透过铜锅的盖子冒出来。伴随着阵阵清香的是短促有力的吆喝声:"蘑菇香干来,卖蘑菇香干来呵。"这一长一短的吆喝声,常常打破夜的静寂,显得格外清脆。

如今说来,卖蘑菇香干也是五六十年前的事情了。这蘑菇香干应该是大豆制品的一种,它没有现在的嫩豆腐那么嫩,也没有现在能买到的老豆腐这么老、硬,且往往还带有一种卤水渍过的涩味,更不像现在常见的香干。现在能买到的楼茂记香干的滋味很不错,但蘑菇香干的味道其实不知要比这好过多少倍。蘑菇香干的大小比现在瓶装棋方酱豆腐(腐乳)稍大一些,约两厘米不到见方,一厘米厚。这豆腐十分特别,一口咬下去,嫩中却带有韧性,不像老豆腐,一口吃下去就碎了,而豆汁的鲜味更不用说了。方方正正大小一样的香干一排排、一层层整整齐齐地泡在铜锅的汁水里煮着,上面铺有花椒、桂皮、茴香等作料。它的香味没有茴香那般强烈,让人闻着感觉十分惬意。据那些常吃的老宁波人说来,放在锅里的汁水是现在人所称的高汤,由肉汁、鸡汁等调和在一起,但这种散发阵阵香气的汁水却无一滴油花。蘑菇香干不但味美,价也不高,如果拿出五分钱买一碗,就能尝到带汤的六块香干。也可以按块数买,一角钱就能买上十五块之多。一碗蘑菇香干就够当夜宵。卖香干的小贩先在浅浅的印有青花的粗坯平底陶瓷碗里舀上一瓢汁水,然后用他特制的一尺来长的竹筷往铜锅里夹香干,这筷子一头削得细而尖,两指一夹,一筷下去就捞上来两块。喜欢吃辣的买主,还可以在铁锅旁边的瓶子里舀上一汤匙的红辣酱。由于蘑菇香干着实好吃,所以小贩的生意一般很好做,没过午夜,他一担两头所挑的货色就可卖得精光了。

  这种挑着担子卖小吃的在过去着实不少,担子看上去像两把毛竹椅合二为一的模样,每一头都有两格。其中一头上面一格放锅子,下面一格就是小小的炉灶,在炉子下边还留有一些空间,刚好放做夜市用的生炭,有时还夹着一串柴爿(柴火)。另一头上格放的是用淡黄色大白细布间隔着的一层一层的豆腐干,下面一格放的是一沓沓的平底碗、汤匙和二十来双竹筷。灶头上有一个方柱体玻璃柜子,内有一盏煤油灯,不是很亮,但照照锅子里的豆腐干那是足够了。生意好的话,卖上一个晚上,除了成本,也能挣到好几元钱,这对做小本生意的小贩来说也不少了。若天天如此,日积月累,一年下来也是一笔可观的收入,只要他是诚实做生意。当然有时免不了会碰上几个不入流的地痞,那可能就得老老实实给他们吃上一碗,才能相安无事。

旧时,这种以挑着担子卖小吃为生的人为数不少。火热的芦稷汤果也是其中一种夜宵。一个样式的担子,一样的安排,只不过原料不一样,买卖对象也不一样。芦稷也叫高粱。高粱有不少品种,做芦稷汤果的原料是一种糯米芦稷。将这种芦稷磨成粉,然后捏成面团,再搓成细长的一条,然后一一用手指摘成一粒一粒的汤果,最后放在滚烫的开水里煮熟,口感绵软又糯。芦稷汤果的买主一般是做粗生活的,如干了夜班的杂工,肚子饿了,吃上一碗汤果抵饥是再好不过了。一样的平底粗碗,两勺加有糖和桂花的汤果,三分钱一碗,是价廉物美的夜宵,一般做劳工的也消费得起。吃完汤果,饱了肚子,回家一躺直到大天白亮(天亮),再开始新一天的忙碌。

吃夜宵的有钱人吃东西讲究风味,一般平民百姓只是求个温饱,身份两样,消费需求自然就两样。蘑菇香干、芦稷汤果这样的点心,正是平头百姓日常劳作中的小小点缀,倒也别有一番滋味。

"冷悠下卖冰呵"与木莲冻

赤日炎炎似火烧,宁波的六月就像这话说的一样高温、干燥,有时遇上"闷老虎",气温高、气压低,虽然层层阴云不见太阳,却没有一丝凉风,这样的天气真是闷热得难受。为了解暑,人们发明了各色冷饮,发展至今,市场上的冷饮品种之多,令人目不暇接。

话说从前,这样琳琅满目的冷饮简直让老宁波人想也不敢想。那时人们绞尽脑汁想出来的冷饮,只有绿豆汤、地力糕等,有更节俭的,甚至把冬瓜里的瓤留下来洗干净,稍微放点冰糖在饭镬里蒸熟,待冷却后享用。

过去,宁波人最常吃的冷饮是"冰"。那些趁六月夏天做"冰"卖的小贩,手挽一只竹篮,里头是厚厚的棉褥子环裹的一个有盖的桶,桶内盛着大小不一的晶莹透着凉气的冰块。嘴里叫着:"冰要勿,卖冰了。""冷悠下卖冰呵",冒着炎热,走街串巷地叫卖。听到这叫卖声,最高兴的要数小孩子。他们往往兴冲冲地拿着一只碗,手心捏着两枚铜钱,买上一小碗粉碎成一小块一小块的冰。小贩还会在冰上放上一小匙的黄糖（红糖）。不等冰、糖拌和好，小孩子就你一块他一块地来拿冰吃，大人们买上一碗不会马上吃，而是带回家里，放上一点醋后再品尝，这种吃法，既解暑又好吃。小贩卖出的冰一般来自东渡路那的冷藏公司，公司里的职员这个季节里是最忙的。

除了吃冰降温，宁波老底子大户人家往往会在花园或是花坛边上种一种藤类植物，呼"木莲"。这植物一年四季从不落叶，厚实如大鸭蛋的绿叶间，会结出一个个像猕猴桃的果子。在人们未注意到的时候，这果子就长满了枝叶，只待六月时搭把梯子，爬到墙边或屋顶上，把它们一个一个摘下来。心急的，把摘下来的鲜果一劈为二，把果中的籽全都抠下来，放在一个大白细布缝的布袋里，扎紧口袋，用力捏，不一会儿就能把木莲籽中的浆液都挤出来。接着把这浆液放在一个稍大的汤碗里，沥掉渣屑，然后倒入新吊上来的井水拌匀，再倒到金属做的平盘子上。一般约不到一尺长、七寸宽的盘子里，能盛上 1 至 1.5 厘米高的木莲汁液，然后再把盘子平放在一只竹子编的大饭篮里，用一根绳子吊着放到井里。不过半顿饭工夫，就可以把篮子拿上来，只见盘子里的木莲汁液已结成光滑透明的木莲冻了。这时，一家人都会围着桌子，孩子看着大人们把木莲冻一匙一匙分别舀到各自的饭碗里，然后放上点黄糖，就可吃冷悠悠的木莲冻了。考究些的，会在木莲冻上滴上几滴薄荷水，尝起来味道就更好了。说来也怪，做木莲冻非得用井水不可，用了冷开水，或者天落水（雨水）、河水，一概不会结冻，其中的奥妙无人说得清楚。

木莲冻除了自家会做，也有小贩沿路叫卖的，但滋味一般不如自家做的好吃。

除了吃"冰"和"木莲冻",老宁波人还会烧煮绿豆汤、自制西谷米。还有一种是小孩子们最喜欢的——自制"荷兰水",这"荷兰水"就是现在的"汽水",也有叫"柠檬汽水"。过去大户人家往往都有专做"荷兰水"的玻璃瓶,这玻璃瓶内部结构很特别,在瓶口往下大概10厘米地方,突然收束起来,只留下一个比如今玩的弹子跳棋小些的圆孔,再下面就有一个玻璃弹子,在瓶底滚来滚去。这种玻璃瓶过去在玻璃店和有些食品店有卖。小孩做柠檬汽水的本领都很高,他们会在瓶里放适量的柠檬酸颗粒(药房里有卖)和小苏打,再放上适量的绵白糖(经济条件差的放上几粒糖精),然后往瓶里飞速倒入早已准备好的冷开水,放完迅速把瓶倒置过来,此时玻璃弹子被紧紧地倒扣在瓶里的圆孔上,把瓶口堵上了。只见瓶中水急速"沸腾"起来,不久就平息了。再把玻璃瓶倒过来,心急的小孩,熟练地拿来白竹筷,把粗的一头使劲往瓶颈中的玻璃弹子压去,直到玻璃弹子被压下去的一刹那,汽水就立即喷出来,只见一整个玻璃瓶的水都在冒气泡。此时就可往早已准备好的玻璃杯里倒,一般只能倒半杯,倒太多了反而会喷出杯口,只剩下一小杯了。熟门熟路的小孩,一边倒水,一边凑上嘴去喝,此时,真是孩子们最开心的时候。这样做汽水的办法,至二十世纪五六十年代还相当流行。后来听说吃糖精有害健康,加之各色饮料上市,自家做汽水的风气也就慢慢消失了。

而宁波人最简便又省钱的解暑饮料,就是一角钱一大包的炙大麦,放在茶壶里能烧一大壶,然后盛在茶缸里,够一大户人家吃了。

享有盛名的陈万兴包子馄饨店

过去,在中山路上西太平巷口有家面食店,专营馄饨包子、生煎馒头等各色面点。春夏秋冬一年四季,不管是在这家店的门口,还是在店堂里,顾客都挤得水泄不通,跑堂伙计在搬点心时,不是在走,简直是在小跑。这家如此受欢迎的面食店,就叫陈万兴包子馄饨店,平时人们一般都称它为陈万兴点心店,或干脆就直呼"陈万兴"。

陈万兴,临街约有三间店面宽,店堂是一层楼面,不过二十来平方米,只容得下八九张八仙桌。面北的店门倚东一边大约有两三米宽的地方是灶台,过去把这种灶台称为老虎灶,生了火后,除了塞在灶膛里的柴爿,还常常能见到不断向灶门外吐着的金黄色火焰。灶面上依次排着四口大锅,其中两口大锅上各有一幢四五格叠在一起的蒸笼。四口大锅之间靠前的空隙处安有三个配有木盖的汤锅。这样的安排倒是很有点节能的味道。其实,过去大户人家都有三眼大灶,三口铁镬之间也会安两个汤锅,不管是烧饭或是做菜,这两个汤锅里的水始终是滚烫的。当然,陈万兴灶台上的汤锅除了蒸小笼包子,还是下馄饨的地方。一般按一客十只馄饨来计,放在用铁丝编织的网勺里,放到汤锅里烫熟。当然如果客人多了,也会在大锅里下馄饨。灶台里边靠东南墙边的是一张大桌板,一头是师傅们在包包子、馄饨,另一头则放着轧面条的机器。与店堂相隔的也是一张长板桌。店面有一排由三尺高的砖墙支起的十扇玻璃窗,随着季节的变化,能朝任意方向开启。顾客一进店门便是店堂,靠三边的是六张木阿树做主体的八仙桌,桌面倒都是红花梨木。桌子四边一式摆着四根长凳。地面是由青石板铺就的,上头沾有些许油腻的痕迹。店堂里仅有的两面粉刷得雪白的墙壁上,分别贴有两张印有旧式美女的月份牌。虽说整个店堂并不起眼,但来往的顾客却总是熙熙攘攘的,而且不少还是老常客。

真正让陈万兴享有盛名的是始终保持的经营特色和优质服务。他们经营的面食点心在全市同行中可以说是以质优取胜,尤其是小笼和生煎包子,称得上甬上面食一绝。大家都知道天津有狗不理,上海有南翔包子,陈万兴的小笼和生煎包子从皮子加工到肉馅配料以及制作手艺也都有自家的特色。其生煎的制作过程细致到了极致,所以做出的生煎皮薄而底脆,肉多而汁鲜,色泽金黄,葱香四溢,一口咬下,浓郁的汤汁、鲜嫩的肉团,让你吃完很久仍口留余香。小笼包子的配料与生煎的一样,只是换了一种加工方式。他们的小笼包子上笼蒸的时间把握得恰到好处。一幢幢小包子出笼以后,皮面又细又白,一口咬下去,满包的汤汁,还有一团鲜嫩的肉馅。一不小心,滚烫的汁水可能会烫得你马上想要吐出来,但又舍不得吐,这样矛盾的境地，实在是因为小笼包的味道太好了。

除了小笼和生煎包，陈万兴出名的面点还有小馄饨。说到小馄饨，这是甬上各家面食店最常见的一种点心。然而凡尝过陈万兴小馄饨的顾客，那都是赞不绝口。不少顾客常常是吃了一客（十只）后觉得不过瘾，还会又要一客，有的胃口好的体壮力强的年轻人，甚至会一口气吃三客才罢休。陈万兴的小馄饨是自己擀的皮子，自己配的馅子。皮子几乎是透明的，薄如绉纱，中间透出一点粉红色的肉馅，盛在最普通不过的白瓷汤碗里，清澈的汤里撒着一层碧绿生青的葱花，还有嫩黄的蛋皮丝，又或再添少许紫菜虾皮，汤鲜味美，总能让人吃完后意犹未尽。

陈万兴的面条更有诱惑力，除了大众需求最高的八分钱一碗的阳春面，还有大排面、小排面、熏鱼面、素食面、香菇面等等，花色品种有十几种之多。有些名称还特别有意思，譬如有一种鸳鸯面，听起来十分吸引人，其实这种面是在光面上铺上五只小馄饨，上面撒一把葱花、蛋皮丝，青绿中有淡黄，犹如在清明过后，飘拂着柳丝的水塘里，真的有一对对鸳鸯在嬉戏，真是富有诗情画意。

陈万兴除了所经营的包子面条有特色，让人一等满意的服务态度更令顾客赞不绝口。不管你是新客还是老客，当你一脚踏进门，那些侍立在门边的伙计就一律九十度鞠躬，然后亲自把你引至座位上，立马拉下披在肩上的白抹布，在桌子上揩一遍，然后微笑等你点上点心，态度是一等的热情。不仅如此，这些堂倌还练就一身为不同顾客提供不同服务的好本领。过去凡生意好的点心店，南来北往的顾客本就不少，更不要说宁波原本就是一个商埠，中山路又是甬上最热闹、商业也最发达的一条街,陈万兴处在这条街上,着实占了不少彩头。陈万兴老板很懂得这个道理,生意好了,顾客服务也要周到。比如,从广东来的客人是不喜欢紫菜虾皮的,而西北来的客人要的分量就多些;再比如有些人是不喜欢葱蒜的,那就要这些伙计们察言观色,见机而行,如此才能提供周到的服务。仅举一例来说,有位客人要了一碗小馄饨,对跑堂的伙计说"免香",其实他的意思是不要在汤里放上葱,有的也指葱蒜,本来很简单的一句"不要放葱"的话,用这文绉绉的说法,有时也会难为了这些小伙计。

陈万兴生意好还有一个原因,就是一年四季坚持外卖。整条中山路上有多少商家啊,本身就需求量就大。中山路南北两边还有不少小弄堂。莫小看这些小弄堂,里边可有不少好房子,五间两弄的大宅不说,中西式洋房也不在少数,小弄堂里住的很多都是做生意的老板,当然更多的是普通居民。这些人家都是陈万兴的老客户。一个电话打到陈万兴店里,要上几样点心,店里的伙计就会如数送过去。过去有一种椭圆形双层的竹编篮子,长直径约五十厘米,短直径约三十厘米,最上层也是竹编的盖子,送点心时盖上盖子,外加一层厚厚的毛巾布,大概是为了保暖。送点心的伙计,就凭一双勤劳的脚,快快送去,快快回店,这档子服务,使陈万兴有了一大群老买主。

陈万兴包子馄饨店从早晨四点钟就开门营业,过了晚上十二点后常常还是顾客盈门,一般都要营业到深夜两点钟才关门歇业,一年三百六十五天,天天如此。只要店门、店堂里还有明亮的电灯光,那几口蒸包子、下面条馄饨的大锅还在冒热气,你就还可以在陈万

饮食文化

兴尝到美味的各色点心。在冬日严寒的天气里，店面外是缕缕的寒雾，一跑进店里，会有一阵温暖的气浪扑面而来，顿时感受到店堂里的温馨，再点上自己喜好的面点，一种心满意足的幸福感就会油然而生，这就是陈万兴包子馄饨店的魅力所在。只可惜，二十世纪八十年代中山路拓宽改造之后，那令人难以忘怀的陈万兴就销声匿迹了。但老宁波人，一想起曾经品尝过的那些富有特色的小笼、生煎、馄饨、面条，眼前又会浮现出满屋洋溢着葱香和弥漫着阵阵白色雾气的陈万兴包子馄饨店。

"小王糕"和著名老字号孟大茂

说到老宁波的食品,有一种老宁波人常见常吃、价廉物美的点心,人们称之为"小王糕"。"小王糕"长约一寸,宽约三分之一寸,色略焦黄,表面看来不怎么惹人眼,但入口酥脆,香甜宜人,是大人小孩都爱吃的点心。

说到小王糕,它还是香糕大家族里的一位小弟弟,宁波原来没有这种点心,它是由绍兴糕点师傅带到宁波来的,估算起来已有两百余年的历史。随着小王糕成为人人爱吃的点心,又派生出不少类似的糕点,如形似鸡腿的鸡骨糕,像古代朝廷上官员手执的朝笏一样的朝笏糕,形似七弦琴的火灼砂仁糕,口味甜中带咸的椒盐香糕,还有香甜松脆的桂花香糕、玫瑰香糕、松花香糕等等,形成了系列茶食糕点,民间统称为"绍兴香糕"。这种颇具特色的糕点很受宁波人欢迎,渐渐地,绍兴香糕逐渐成了宁波人老少皆食、不可或缺的茶饮糕点。直至现在,不少食品店、超市里仍能觅得踪影。

说到绍兴香糕的问世以及历史渊源,不得不提到香糕创始人孟

✧ 孟大茂香糕

宪正先生。清嘉庆初年,孟宪正先生在绍兴城内水澄巷(现绍兴城内胜利路)一家经营年糕、软糕的小作坊"王金四房"做糕点师傅。这家作坊专为附近几家茶坊提供茶饮糕点。小作坊做的是小生意,孟师傅一家老少也借此生活。

嘉庆十二年(1807)春夏之交,连日阴雨,小作坊生产的年糕、软糕一时卖不出去,堆在作坊里,老板看在眼里,急在心里。如果这批年糕、软糕不及时卖掉就会发霉变质。这么几天得损失不少本钱。本来就是小本经营,哪里经得起这样的损失。但作坊不做糕点,又如何赚钱?到了晚上,看着一堆堆的年糕、软糕,孟师傅急得团团转。正低头发愁,忽见炉膛里的炭火还旺着,他猛地冒出一个想法:何不把这些没有卖掉的软糕在炭火上烤干了,待以后再做打算?于是他就召集伙计们动起手来,把一堆堆年糕、软糕分批放在铁丝罩上用炭火烘烤起来。这时,奇迹发生了,只见那些逐渐被炭火烘干的软糕散发出阵阵稻米香气,待到那些被烤干的淡黄色年糕、软糕慢慢冷了后,不知哪位伙计拿了块塞到嘴里,直叫好吃。孟师傅也尝了尝,觉得酥脆可口,滋味确实要比原来的软糕好得多,顿时喜出望外。从此,小作坊推出一个新的糕点品种,伙计们都叫它"糕干"。这种糕干人们究竟喜不喜欢吃呢?孟师傅想了一个办法,把糕干包成一小包一小包,带到船埠头,上航船,把糕干分送给船上的人品尝。结果人们都说好吃,孟师傅心里总算有点踏实了。但是要让这新产品得到更多人的喜欢,孟师傅觉得光是在绍兴试还不够。为了推销糕干,孟师傅来到绍兴城内各条水路的航船上,把糕干送给客人们品尝,甚至还特意坐航船到上虞、百官、曹娥等地推销。船上的客人都称赞糕干好吃。这样一来,绍兴、上虞、百官、诸暨一带人都知道了绍兴"王金四房"制作的糕干好吃,而且有一种特殊的香气,所以后来人们也称之为"香糕"。从此以后,"王金四房"糕店里常有新糕品面世,生意越做越大。

　　孟师傅与伙计们不断改进工艺,调整配方,糕干的品质进一步提升,"香糕"的称呼正式取代了"糕干"。原"王金四房"老板王大茂年龄渐大,体力不支,孟师傅就从店主手里以优惠的价格盘下店面,改名为"孟大茂香糕店"。孟师傅又别出心裁在店门旁挂上一串葫芦,作为香糕的牌子。这样算来,孟大茂香糕至今已有两百多年历史。由于孟大茂葫芦牌香糕一上市就受广大市民喜欢,生意越做越大。后来,葫芦牌香糕被列为绍兴八大贡品之一,被本地人称为

* 孟大茂香糕 1943 年 3 月 5 日在《时事公报》上投放的广告
* 孟大茂香糕 1943 年 8 月 27 日在《时事公报》上投放的广告

"进京香糕"。1930 年,在杭州举办的西湖博览会和浙江、江西土特产展销会上,绍兴香糕还获得食品类优质奖。

二十世纪三四十年代,为了扩大绍兴香糕的销售市场,孟宪正先生的侄子孟繁翔先生(1908—1969),在宁波东门口北悦来浴室旁开了一家孟大茂绍兴香糕店,生产经营绍兴香糕。

由于宁波孟大茂所生产的香糕出自绍兴孟大茂香糕店里糕点名师之手,传承了长期实践所积累的技艺,对做糕坯时的划形、切片的大小厚薄等每一道工序都严格把关,粉蒸时是选用柴火还是炭火等都不容有失,孟大茂香糕很快在宁波火了起来,成为家喻户晓的招牌。

孟繁翔先生并没有满足于眼前所取得的成绩,而是把目光放在了长远发展上。为了拓宽市场,加快资金周转,激发职工的工作热情,孟先生开始尝试股份制经营模式,允许有技术的职工凭技术入股,有资金的职工以资金入股,有管理能力的以管理入股。这样的入股形式,激活了旧有的管理体系,整个店的经营在短时间内飞速发展起来,孟大茂开创了宁波糕点企业股份制经营的先河。

为了把孟大茂香糕这块牌子传承下去,孟繁翔先生采取了三个有力的措施。

第一,为保证产品的基本原料新鲜、纯正,辅料、配料正宗优质,要求材料必须到可靠的正规商行定点采购。如白糖、红糖等,要去新江桥南岸桥脚福建人开的鼎泰南货店采购;蒸糕用的柴枝、柴爿,烘烤用的黑炭、白炭等都有指定的供货商,如开设在药行街与车轿街交叉口的徐志记柴行就是孟大茂的指定供货商行。木柴送到工坊时,必须验货,要检查柴枝的干燥度,因为柴枝如果内含水分过多,在燃烧时会冒出许多青烟,影响香糕质量。加工香糕尤其要把牢稻米质量关,香糕的主料是晚稻粳米,品种、产地都有讲究。孟大茂采购的晚稻粳米,是由定点的米行老板从宁波东乡邱隘、东钱湖一带收购来的。孟繁翔先生又在老家绍兴、上虞蒿土县、宁波庄桥等地购买农田,并租给当地农民,让他们种优质晚稻粳米,收获的稻米全部由孟大茂收购,再直运到宁波仓库,这样,稻米的质量就得到了保证。孟先生采取的这些措施,虽然投入巨大,但保证了原材料的质量,且降低了香糕生产的成本,提高了市场竞争力,可谓用心良苦。

第二,为促进孟大茂的进一步发展,孟先生调集资金,开设连锁店。在中山东路开明街口开设了孟鸿茂香糕店,在中山东路(现宁波大酒店位置)开设了孟天茂香糕店,在西门口板桥边开设了孟天茂分店。分店在开设时租用了比较大的场地，既有可作店面的店堂，也有可作工场的宽敞的民房。后来，这里成了孟天茂的总店。除此之外，在灵桥路濠河头、药行街等地也开设了几家新店。那么多家连锁店中，名声最大的还是地处药行街的孟大茂香糕店。药行街长年累月人流不断，为这里的孟大茂香糕店带来很多生意。

　　一家来自绍兴、创业于1943年的宁波孟大茂香糕店，用不到十年的时间，便成为宁波人心中过硬的招牌，而且久销不衰，长期占领市场，不能不佩服孟繁翔先生的经销策略和对市场供需关系的熟谙。新中国成立后至1956年，私营工商业社会主义改造，孟大茂在宁波的九家连锁店都并入宁波糖果饼干厂。尽管宁波商业经营网络调整了，孟大茂这块招牌还是保留了下来。以"孟大茂"为名的商场在灵桥斜对面的四层大楼里（现红光罗浮宫位置）重新开张了，从一楼至三楼主要经营食品糕点、南北干货。"文革"开始，店名改为"红卫食品商场"，"孟大茂"这块招牌从此完成了它在宁波的使命。在此后的二十余年里，专门从事糕点制作的绍兴师傅也先后回到绍兴老家。

　　而今，老一辈宁波人还是管从食品店里买到的"小王糕""香糕""桂花香糕""火灼糕"等糕点叫"孟大茂绍兴香糕"，足见宁波人对孟大茂印象之深刻。

大众菜馆阿毛饭店

老宁波人几乎都知道,有一家大众口味的饭店,老板叫施阿毛,饭店就拿他的名字命名,这就是在民间很有人缘的施毛记饭店。然而真正叫施毛记饭店的人不多,市民大多直呼其"阿毛饭店"。

阿毛饭店地处灵桥路濠河头船埠头对面,大沙泥街东头靠南边。四间开面三层楼房,在濠河头算是很气派了。店面全由杉木板子钉成,在二楼窗下,有五个直径一尺半大的圆形标志,白色的底子,上面是用正楷书写的黑字——"施毛记饭店"。四间开面靠西的一头是饭店的柜头,柜头成"L"形,靠东一头柜头,有一纱丝编的大食罩,食罩下的几个白色搪瓷大盘里盛的是利市头、白鹅、白鸡、熏鱼、白切牛肉等,鹅肝、鹅肫则是混放在一个盘里,每一个盘里都放得满满当当的。在食罩边上有一个厚厚的大砧板,一把宽阔又锋利的白刀上满是油腻。在靠南一边的柜头西,放着一叠粗碗粗盆和酱油醋盏。在柜头后边靠墙的上边是一排货架,整整齐齐放着瓶装酒,下边则是老酒瓮。每瓮老酒上各插有一根竹子做的标签,上端

✧ 1962年1月20日《宁波大众》报上关于阿毛饭店的报道

写有各种老酒的名称。这些老酒等级分明,价格各异,花雕、善酿算是上品,一般顾客喝的是一到两年陈的普通老酒,也有只供船老大喝的最低档的一种黄酒,叫糟黄酒,一个铜板就能斟上一大碗。喜喝白酒的,也能喝到甬上自酿的高粱酒,有五十四、五十五的酒精度,打开酒瓶就直冒出一股酒香,对大众劳力来说,是够上劲的了。濠河头是宁波城区中最大的一个船埠头,尽管已到了濠河的一个终端,但靠在这个埠头的却是自四方各乡来甬上的客人;也有从外海经甬江、奉化江而来,然后经澄浪堰车坝进到南塘河,再到濠河的,这么一来,濠河也称得上是通四海了。从四面八方来的船,载客为主,同时也有载货的航船,小的有脚划船乃至田庄船,大至百官船,可谓形形色色。各有千秋的船只,成为濠河头一道独特的风景。

船多、船货多,人自然多。这里有通往南乡、西乡的客船,南可直达奉化大桥,西可经西塘河直达山河庄。每天有记不清的航船班头,更有数不清的客人,船来人往热闹非凡。乘客多,更有不少专等船到后抬轿、挑货的劳力。这些劳力,夏天时常是脖子上挂一条毛巾,光着上身,只穿一条裤衩,脚大多是光着的,最多穿着草鞋,忙着帮上船下船的客人挑担、背货。当然,有时也有不少财主、丫头、小姐一类人,船埠头边上的几顶轿子就是专门为他们服务的。总之,一年四季濠河头来来往往的人有一大串,其中也有成了阿毛饭店的常客的。不少客人跟饭店老板交往的日子长了,混得相当热络,船还未靠上埠头,人就站在船头,两手罩住张大嘴,直呼:"老板,弄一斤利市头,三斤老酒。"伙计也高声呼应:"好喽!"此起彼伏,好不热闹。为此,阿毛饭店的生意长年到头都是忙得不可开交。

阿毛饭店的客人绝大多数是平头百姓,除了船埠头这批你来我往的客人,也有不少住在灵桥路、大沙泥街、小沙泥街、狮子街一带的百姓,还有的是沿街商铺的老板们请的客人。阿毛饭店做的是百姓口味,大众菜肴,价廉物美,这就聚拢了一大帮常客。

当然,饭店没有自己的经营特色,那是万万不可的。阿毛饭店生意兴隆,就是有它自己经营上的一套。大碗的肉,大盆的鱼,大碗的酒和饭。你看柜头上堆着的一幢幢碗、盆子,全是一个大字。客人来了也是大口喝酒、大口吃肉,一边还大声讲话。这些干船帮活的不喝足不吃饱,怎么会有力气。

店堂里放着十来张八仙桌,每张桌子四边各放一根长凳。坐着堂吃的客人,有光着膀子的,也有披着衣服大声吆喝的,猜拳的猜拳,瞪大眼珠子争论的争论,整个店堂就是这样喧喧闹闹,人气极足。顾客们吃得开心,讲得高兴,真正是一爿满足大众消费的大众菜馆。

店堂靠西边的是架木头楼梯,旁边有一根扶手。爬楼梯上到二楼,也是这般忙碌,不同的是靠北边一排有三间雅座,照现在的说法是包厢。包厢里有一张够十人围坐的大圆台子,依台面放着十把木椅子,台子和椅子说不上是上品,但比起店堂里的,要干净得多。每间雅座角落边的茶几上还放着一只电风扇,条件要比楼下好得多,算是最好的待遇了。

阿毛饭店的菜肴,除了量足,口味也比较重。一楼靠南边墙上挂的菜牌上,一水宁波大菜。大红烤(红烧猪肉)、红焖牛肉、芋艿鸭子、黄鳝糊辣、韭菜炒鳝丝、清炒鱼块、醋熘鹅块、糖醋排骨、熏鱼、青鱼头尾、咸菜黄鱼(当时黄鱼不算贵,是一种大众菜,而且都是野生的)。当然,十分便宜的菜,如油渣豆腐、大白菜肉糊辣,一毛钱就是一大碗。更简单的就是油氽花生米、油氽豆瓣,堂客拿个盆子,手一抓就是一大把,足够过酒(下酒)的了。阿毛饭店来的是大众客,吃的是大众菜,与宁波当时的东福园、状元楼、梅龙镇、唯一家相比,顾客们吃的就是一个热闹,一个实惠。

新中国成立后,阿毛饭店的生意照样是红红火火的。就是到了六十年代,遇上三年困难时期,货源紧张了,生意照样很旺。然而,到了八十年代,随着现代交通工具的发达,老式航船被淘汰,机动船代替了人工摇、背纤的航船,不少船都不再靠在濠河头这个传统的埠头边,濠河头从此变得冷冷清清了。最终因为城市改造,自灵桥门至永宁桥一带的濠河被填埋成马路,客人少了,阿毛饭店的生意也逐渐冷清了。直至灵桥路拓宽改造，经历公私合营后的阿毛饭店就此退出了历史舞台。施阿毛至今也杳无音信。然而，当年曾经住在濠河头一带的老宁波人，一说起那时的阿毛饭店，准是一番眉飞色舞。

老底子宁波人饮茶的门道

"柴米油盐酱醋茶",这是宁波人生活中的必需品。至于"以茶代酒",以茶会友,互为敬茶,早就成为人们交往中的礼俗。然而,人以群分,不同阶层的人对茶的享用有不同的习惯。

生活比较艰辛的农民和山民,他们对茶的认识很简单。尤其是山民,每年清明前后,他们就会在山里采摘遍地的野生茶,然后用最简单的方法进行加工,加工后的茶,人们称为"土茶"。这种"土茶",一是因为采摘早,二是通过传统的土法加工,保持了茶叶清香、醇厚的本色。山民们自采自制的茶叶,除了自家享用,一般很快就会被山区附近的农家收购,当然价格是再便宜也没有了。至于专门从事茶叶生意的商人,每年收购长期供货的茶农们批量种植、加工的茶叶,然后进行分档标价,再销往全国各地。宋时,宁波城里的茶叶铺只有十余家。至清末民初,已达一百多家,由此可见,茶叶在宁波人生活中占据了日益重要的位置。

宁波城里茶叶店经常供应的茶叶,除本地或附近地区的"手炒青"外,还有加工成一粒粒圆珠似的"珠茶"。珠茶大多来自新昌、天台等地,价格便宜,味道醇厚,是平常百姓享用的首选。而绿茶中属上品的非"龙井茶"不可。但龙井按质量价格相差非常大。低档的龙井,比特等的珠茶价稍高些,普通人咬咬牙也能买;而特等的龙井,尤其是特一级龙井,价格之高非一般市民所能想象。二十世纪六十年代初,特一级龙井属特供商品,要由土特产公司经理特批才能买到半两,且得凭批条去指定商店购买,半两茶叶就要两百多元。两百元在那时期,比当时地市级领导月工资还要高许多。

宁波人一般喜欢喝绿茶,但也喜欢在绿茶中掺入适量的茉莉花瓣,做成茉莉花茶。除绿茶外,也有喝红茶的,当时最出名的就是祁门红茶。绿茶中的上品还有产于江苏太湖的碧螺春,这也属于高档茶。茶叶店也卖白菊花、玫瑰花,这在过去都属茶饮中的品种。

宁波是历史文化名城,礼仪之邦,十分重视亲友之间来往的礼节,来了客人,沏茶、敬茶是必不可少的。宋时郑清之"一杯春露暂留客,两腋清风几欲仙"的诗句,说的就是宁波人民自古好客,不仅客来敬茶,还要以茶留客。可见,客来敬茶是宁波人早就形成的习俗。

茶叶进入文人视野时,那就复杂了。茶,不仅是普通解暑、清凉的饮品,更成为与"琴棋书画"一样的"精神食粮",于是有饮茶、品茶、酬茶诗种种。古典名著《红楼梦》里写到的品茶之道就更复杂了,甚至复杂到能品尝出是用什么水泡的茶。

说起来,在老底子宁波的高档茶馆里倒是有一套饮茶的规矩。

茶馆里饮茶的茶具一律是细瓷质地的"闷盖壶",由"碗、盖、船"这三件构成,造型独特,制作精巧。

茶碗造型上大下小，由大逐渐缩小，成漂亮的弧线形。碗盖口径略小于碗口径，可盖入碗内。茶船其实就是盛茶碗的托盘，盘圆形，中间凹下去一个圆，口径比茶碗下部的凸出小圆形的坐脚口径略大些。这三件构成了"闷盖壶"。

喝茶时，盖不易滑落，有茶船为托也不烫手。喝茶人用左手端着茶船，右手不必揭起全盖，只用大拇指与中指捏住盖上圆形的顶，食指与小指翘起如兰花，好似戏文里小姐拿东西时的美姿。这样喝茶，只需半张半合，茶叶既不入口，茶汤又可徐徐沁出，甚是惬意。这种喝茶的习惯慢慢地延伸到大户人家，包括经商人士交易时，都属于必备的礼仪，不久就成为一种习俗。

不仅如此，在高档的茶馆喝茶还有不少规矩，不仅茶客要懂，而且跑堂的堂倌也要熟练掌握，时时要眼明心亮，见机行事。凡看到茶盖朝下靠茶船，便是示意堂倌要添水了。一般茶馆里喝茶，只能添两次茶水。如果还要添第三次水，须等到茶馆所有茶客都添足水了才行。

如果喝茶时，遇有事情要暂时离开，那就要在茶盖顶上放一片树叶，表示茶客暂时离开，切莫收走了盖碗。为此，在桌上放有一个小盆子，内放几片新鲜的树叶。如果一时没有树叶，在盖上放一个小东西，火柴、好看的小石子都行。

茶客喝茶时，若遇上困难，需堂倌帮忙，那就要把碗盖放在离茶碗稍远的地方，而且要把碗盖掀过来，朝天放，堂倌看到了就会过来问你有什么事相帮。据传，这还是社会上外地帮会里的人寻求本地帮会帮忙的一种暗语。

到茶馆里喝茶多的是常客,一时忘了带钱包也可用一种方式来表示,只要把茶碗盖立起,放在茶碗旁,就表示钱没带够,要赊账,待以后结账补上,茶馆老板见状也心知肚明,给客人留足面子。

当堂倌看到茶壶盖倒插入茶碗中,这表示堂倌可以收茶具了。

以上所讲,当然是高档茶馆里含蓄的茶文化,有些官宦人家或做大生意的商人们也会选择适合家中待客喝茶的礼仪,要求家人们都懂得。

一杯盖碗茶,竟然喝出这么多的门道。回首老底子传承了多少辈的茶文化,其含蓄的形式、内蕴的机智,真是让现代人自叹不如。

离不开的下饭"蟹"

老宁波人吃饭离不开一道下饭——蟹。

宁波人吃蟹是很有讲究的,一年四季的饭桌上总少不了蟹的身影。在吃饭时先要看看桌子上有没有蟹,然后才说吃什么蟹。

老底子宁波人吃的蟹,一年四季都有不同。但人们心中钟爱的还是江河湖里长大的河蟹,宁波人也叫大闸蟹,其次才是青蟹。至于沙蟹、红钳蟹之类的小蟹,一般都要加工后才吃。如红钳蟹,个小,钳红又大,待长得丰满时,倒也是膏红肉丰,滋味也不亚于青蟹。但这类蟹毕竟个头小,吃起来不像吃大螃蟹那样惬意。经盐腌过的红钳蟹,一年四季都看得到,也叫"抱软蟹"。这种加工过的"抱软蟹"十分受大众的欢迎,"一口燥靠饭,半只红钳蟹",咸中带鲜,十分下饭。

海螃蟹一般叫作"白蟹",老底子是不能上酒水台面的。宁波离海边很近,海螃蟹十分多,价格也很便宜,不说民国时,就是在二十世纪五六十年代也不过几分钱一斤,因其便宜,上了酒桌就不太好看了,显得主人家没待客的诚意。

在这么多种蟹中,最被看重的就是大闸蟹,也有叫"毛蟹"的。俗话说,"稻谷黄,蟹肥壮",在文人眼中吃蟹则多了些风雅,说是"又到赏菊吃蟹时"。不管怎么说,吃大闸蟹的最佳时节是在秋季,农民们讲得直白:"晚稻割进,毛蟹抲进。"这里还能看到一点,过去稻田里也出产毛蟹。

宁波人喜欢吃蟹,到南宋时,一个叫高似孙的宁波人还写了一本专门吃蟹的书,叫作《蟹略》。高似孙(1158—1231),字续古,号疏寮,他的《蟹略》可算是历史上最早论吃蟹的专著。此外,南宋时的朱之谦写了一本《鲜谱》,这本书除了江湖河鲜,还介绍了众多海鲜,如蛤、柱(鲜贝)、蟹等。《鲜谱》这本书大概是南宋时唯一一部有关菜肴加工的菜谱,很可惜没有流传下来。

著名作家、书画家丰子恺是丰坊的后裔,有丰氏家谱为证。丰子恺对螃蟹也有特殊的爱好,这一点可以说是遗传自他的父亲。其父名丰鐄,为清末最后一届举人,科举被废后便赋闲在家,每日只是吃酒看书。他不爱吃猪、牛、羊之类,独爱吃鱼、虾、蟹,每晚吃酒时都要吃一只蟹,并认为蟹是"至味",同时再吃别的菜肴就觉得没有味道了。因此丰子恺家中常备有一口缸,里面总是养着十多只蟹,以供食用。每当快吃完了,就去市上选购许多上好硕大的养在缸里。每日在缸里稍洒点水,喂以面粉、鸡蛋糊,养得螃蟹只只肉丰膏厚,滋鲜味美。

丰鐄吃蟹还特有讲究,如何折蟹脚、开蟹斗,关节里的肉怎样剔净,如何把螃蟹脚当成剔肉的针使用……技巧十分熟练,吃过的螃

饮食文化

蟹真正只留下蟹壳，还能把两只蟹螯的壳拼成一只好看的蝴蝶。年幼的丰子恺深受父亲的耳濡目染，从父亲身上学到了这一整套吃蟹的本领。在吃蟹的时候，丰子恺也是极尽精细，将剥出的蟹肉全都放在蟹斗上，半个蟹斗的肉可以就两碗饭还有多。

成年之后，丰子恺受其老师弘一大师影响，倾向于信仰佛教，并于 1927 年 11 月皈依佛门，起法名婴行，成为居士。同年，丰子恺开始创作《护生画集》，采用以诗配画的形式，宣传戒杀护生。在丰子恺这些作品中也有一幅以螃蟹为主题的画作，名为《生的扶持》，画的是两只螃蟹共同扶持着一只受伤的螃蟹艰难行走的情景，以表现幼小生灵面对困难时的互助精神，引发人对生命的爱护之情。

宁波不仅靠海，市内也多江河湖泊，因此河蟹资源十分丰富。除此之外，宁波农村大多种水稻，一年两季稻作所产稻米也够自给自足，而稻田也可养殖螃蟹，宁波人称之为"稻蟹"。宁波质量最好的稻蟹产自慈溪棉花田，这些蟹只只都是精品，味道比起一般长在河、湖里及稻田里的蟹要好得多。这种大闸蟹老底子宁波人称为"花田蟹"，蟹体近方形，长宽五六厘米，甲壳坚硬，背部呈青灰色，蟹肚呈乳白色，红得似酱紫色的蟹黄，一打开蟹盖是满包的肥腴的软膏和玉白色的蟹肉，看得人垂涎欲滴。当然，花田蟹因其稀少，比一般大闸蟹贵得多。

到了秋季螃蟹上市时，宁波人的餐桌也丰富起来。真正的食客不只会吃，眼光也相当好，只要看一眼螃蟹就能判断出蟹的肥瘦。更有甚者，发明了蟹的各种吃法。大闸蟹清蒸是一般人的吃法，另有配时鲜蔬菜的，如菠菜炒毛蟹，一般是把毛蟹切成两半，在切口处沾上干面粉,然后用热油清炒,炒前在油锅中要放入姜片以解腥气,至蟹壳变成红色时,先将蟹取出放在盆子上,然后炒菠菜,待菠菜快熟之时,再倒入大闸蟹,放入些许老酒、酱油、盐,然后勾芡即可盛盆。绿里衬红的菠菜炒毛蟹,还透着一股酒香,真的是秋季里特有的佳肴。

乡情最浓是"春卷"

宁波人爱吃春卷,不但爱吃,而且善于自己包。宁波人家,一年到头阖家吃年夜饭时绝对少不了这道菜。

春卷,始于东晋,叫"春盘",盛于唐宋,叫"五辛盘",北方人叫春饼,南方人称作春卷,各地因为饮食习惯不同,包春卷时选择的馅子有不同,春卷皮子大小厚薄有不同,春卷的包法与外形也有区别。各家各味,不管春卷如何变化,宁波人在吃年夜饭时吃春卷的习惯始终不曾改变。

包春卷的皮子可不好做,首先要把面粉混合着水揉成又黏稠又有韧性的面团,这其中的窍门可不少,然后用手把这黏糊糊的面团抓起,在烧热的平底铁锅上迅速一抹,一下子,一张薄薄的春卷皮子就"烫"成了。由于春卷一年到头才吃几回,而且做皮子还要有一定经验,一般人家都不自己做,到菜场买个现成的,岂不十分方便。春卷的主角是馅子,馅以蔬菜为主,如荠菜碎、笋丁、蘑菇丁、木耳碎等,也有荤素相搭的,那就是在以上的素菜中加上猪肉丁,在热锅上炒匀，再加上一勺热猪油，待冷却后，馅子就凝结在了一块，待包春卷时就不容易散。而馅子加了肉丁、猪油的春卷，在油锅里炸熟后，一口咬下去，就有一股荠菜之外的肉香，味道就更美了。

春卷一般长三寸左右，圆圆的长条形，由于皮子薄，那青翠的荠菜透过皮子露出春的颜色，煞是好看。春卷一般用油炸。油烧热后，把春卷逐个小心地放入油锅内，用竹筷子把油锅里的春卷不停地翻动，关小火，直至炸至金黄色捞出。刚出锅的春卷在金黄色的外表上仍透露出一点点翠绿，瘦瘦长长、小小巧巧，盛在盘子里，如一阕宋词小令。

一盘油润亮泽的油炸春卷，虽经人们细致的加工而成，但仍不掩其山野的馥郁本色，乡野的气息，几经咀嚼，直击味蕾。鲜嫩爽脆的春卷令人想起田野中的片片绿色。清人林兰痴写道："调羹汤饼佐春色，春到人间一卷之。"这是对春卷最简约、最形象的描绘。一家子围坐在一起，吃着溢满春的香气又松脆的春卷，春天赏赐给人们的美味佳肴，在口齿间散逸，恰如窗外春暖花开，草长莺飞。小小的春卷里，不仅包含了融融春光，更蕴藏着浓浓乡情。

除了乡情，每到年终，一家子围坐在一起吃起春卷来，更有一种浓浓的亲情。此时，经过长达三百六十五天的日子，四处奔波求生活的亲人们能团团坐在一起享受天伦之乐，享受这满室溢出的春的情怀，和对新一年的期盼。

市井名店

23

药行街上的大户 —— 元利药行

海内外宁波人都知道宁波有条药行街。一条街以行业定名,在中国大江南北,应该说并不多见。药行街东起灵桥,西至开明街,不过短短千把米之路,至于其何时成名,无从考究,但总觉得街史深厚,行业情结浓重。自清代至今,虽经时代变迁,多次拆迁,但街名依旧,而且还是宁波繁华市区中的通衢之一。

清末民初,药行街中区聚集了多家著名的药行、药号、药堂和参茸店等,其中在药行街150号有一家称得上是甬城第二大的药行——元利药行。药行坐北面南,临街门面倒是不大,只有八九米宽,但一进入店堂,宽敞明亮的二层楼房布局,就给人耳目一新的感觉。阳光毫不吝啬地从宽阔的玻璃天棚一泻而下,使整个店堂显得格外宽敞。店堂的西边放置了一排单背椅和茶几,是供顾客憩息的。靠东一边是高过一米的柜台,柜台里边则是八九层的药柜,药柜之上是一排青花瓷瓶和盛药的大锡瓶。二楼是一排四间一样装饰的客房,专门接待外地来店的客商。元利药行因临街,除了做大宗药品批发，也接待一些小宗买卖，即批发与零售兼而有之。

与当时甬上几家药行相比，元利药行的营业面积算得上是老大哥了，包括店堂、二楼房间以及店后靠泥桥街的晒场和晒场边上的货栈在内，少说也在五千平方米以上。在偌大的晒场边上，还设有养鹿场，每年春秋之际会割下珍贵的鹿茸。晒场朝北，隔泥桥街正门是许多家眷们住的房舍，为旧式正宗的五间二弄大房，但1949年国民党军队的飞机轰炸灵桥时不幸被炸毁。之后，家眷都住到离店不远的药行街中段的石板巷1号。面南是一排十余间平房，作为制药工场，是在原来甬上著名藏书楼抱经楼失火后的平地上建起来的。

民国中期，元利药行的掌门人是甬上药业同行中名声显赫的余楚生先生，他也是当时宁波药行、药业同业公会（也有称"药业公会"，会址在君子街14号）的会长。在余先生的致力经营下，元利药行无论堂卖、批发，都生意兴隆，在甬上国药界独占鳌头，而且还

❖ 元利药行余楚生先生的女儿和女婿

享誉长三角一带,并在四川、重庆、江西、山西、广东等地都设有办事处。当时余先生拥有绍兴震元堂(现内地上市公司)百分之五十九以上股份,也有上海康余堂、天德堂、镇海大生堂等企业的股份。余楚生先生善识人才、善用人才,他的第一个弟子毛培卿是一位精通业务、管理有方的才子,被余楚生先生任命为绍兴震元堂总经理。直至新中国成立前后,从元利药行出来到上海从业的伙计都成为上海中药制剂一厂、二厂中的业务骨干。

余楚生先生不仅精通业务,管理得法,还热心社会公益事业。药行街全生堂中药店斜对面有一临安消防会,就是由余先生发动宁波药业公会诸家头面人物一起商议,然后由各街坊自愿捐款办起来的。消防会筹建后,从购置消防设备到培训消防人员,事无大小,余先生悉数都要过问,可见其用心之周到。消防会虽占地不大,但备有摇臂式消防车三架。消防人员都是各店里分派的,不像现在的专业人员,但却一律头戴竹斗笠,身披蓑衣,蓑衣的背面还有一个白色的"勇"字。为了保证消防用水,在元利药行的后街泥桥街边搭建了一个大型水池,以备急用。

余楚生先生不仅为人耿直、厚道,而且富有爱国之心。宁波沦陷后,日本侵略军驻甬长官为了维持城市经济的正常运行,网罗了不少丧失民族气节的无耻之徒。当时宁波的中药业经济收入十分可观,日本人为了控制甬上中药业的经营,邀请曾担任药业公会会长之职的余先生来担任唐塔镇(相当于现在海曙区一部分)镇长(也叫维持会会长)。在这个节骨眼上,余先生深明大义,坚决不任镇长之职,并借口身患疾病,到东钱湖陶公山休养病体。虽然日本人使了百般手段，几次三番通过余先生往昔好友来诱劝，但他始终不就，保持了中华儿女的铮铮气节。他在日寇面前坚持民族大义的凛然正气，获得中药业同人的一致称赞。

元利药行的衰落是在余先生病故之后。据说当时余先生得感冒，一时高烧不退，其挚友时任宁波葆贞医院院长，派本院护士为余先生注射新进口的盘尼西林（现叫青霉素，当时该西药十分昂贵，一支盘尼西林就相当于一两黄金价）。新中国成立前注射盘尼西林，并不像现在这样必须做皮试，然后根据皮试反映的情况来判断病人能否用这种药。最终，余先生因药物过敏，抢救无效而亡。余先生为人豁达，在其抢救期间，有家人提出要去葆贞医院理论，病危中的余先生听了后，连忙规劝家人要以朋友友情为重，不要去责怪人家。余先生的为人一时在药行业界传为美谈。在其出殡那天，据笔者孩时的记忆，送丧队伍整整挤满了一条药行街，许许多多亲朋好友、同业人士都来送行，可见余先生生前良好的人缘。

在余先生亡故之后，余家众多后人一起分了家产。其几位儿子得了家产后就去沪上发展。只有长子承继父业，到杭州从事中药材生意。没过多久又回宁波，以行商形式继续做中药生意。此时，元利药行聘用了才能出色的洪先生担任阿大（类似现在的经理）。洪先生年轻有为，风流倜傥，也是甬上中药界一位难得的能人。在担任元利药行阿大以后，洪先生总揽内外大小事务，没过多久，元利药行便恢复元气，又现振兴之象。

1956年，私有工商业社会主义改造后，元利药行同诸多药行、药店一起并入宁波中药材公司。

至今，余先生的后人散落在宁波、上海和安徽等地，但已无一人从事中药业了，只惜甬上如此显赫一大户，就此在药业界销声匿迹。然而，现在尚在的宁波老人，一说起元利药行，仍记忆犹新，往事历历在目，可见其昔日之辉煌。

（本文根据部分余氏后人及原元利药行经理生前所述撰写）

小巷有名行 —— 恒茂药行

✢ 周咏宸先生

在药行街中段有一条小巷,叫沙井巷。沙井巷的南端有一水井,井水清澈见底,常年不枯,大家都叫它沙井,这条小巷也就随之被称为沙井巷。沙井巷由南往北,长不过百米,宽仅四五尺罢了,但它是贯通药行街与君子街的必经小路。整条小巷的路由石板铺就,大约是年代久了,人、车经过,难免碰出响声。到了晚上,这声音尤其响亮、清脆,所以,每当有人经过这条小巷,由这石板碰撞发出的声响,就告诉人们这条小巷并不寂寞。

沙井巷边上的建筑均为江南典型的石库门风格,一共有五个门牌号:1号是宁波药行大户懋昌的老板蒋耙卿先生的寓所,2号是一家木器店的库房，3号、5号是宁波四大药行之一的恒茂，4号是宁波很有名气的木器家具店祥泰的家眷住宅，还有几间偏屋兼做了工场。可以说，这五个中有三个是与药行有关的。

要说这3号、5号的恒茂药行，还得从其祖辈周咏（原为繁体字"詠"）宸先生说起。周氏系河南人氏，按其家谱所说，周咏宸先祖为汉朝名将，其后祖上又曾任凉州节度使，自此一脉延续至宋。后周氏一族大多从河南迁居至浙东，其中周芝荪一脉迁至鄞州石碶雅渡桥（至今尚有新旧祠堂各一所，然已作为外姓所办的工厂）。周咏宸先生年少时就在甬上最大的药行宝和药行学中药材业务，至光绪七年（1881），自己创办恒茂药行，专营中药材批发业务。然而好景不长，正当药行经营渐趋兴旺之时，不幸遭歹人陷害，称其偷税漏税，被罚去大半家产。初次创业的周咏宸先生急火攻心，一病不起，不久，便抛下了妻子冯氏及三个儿子，与世长辞。

到了民国初，周氏第三个儿子继承父业，创办了专营参茸、燕窝等高档滋补品零售兼批发业务的恒利参行。该参行会同甬上天生（陈氏）、大生（张氏）两家，并称宁波三大参行，相比之下尤以恒利经营业务为大，影响也大。然而树大招风，周氏所经营的参行因受当时的税务老爷多次敲诈勒索，损失颇大，无奈之下，听从了懋昌药行老板蒋先生之劝，又经朋友帮忙，让恒利参行宣布倒闭。过了月余，重新开张的就是继承祖业的恒茂药行。周咏宸与懋昌老板蒋先生都是光绪年间（1875—1908）宁波最大药行宝和药行老板张氏的弟子，因周咏宸年长蒋先生八岁，平时两人就以兄弟相称，相交甚厚。周氏长子也曾从事中药业，后因经营不善而歇业。第二个儿子去了沪上发展。

恒茂药行自从周氏三子继承后,在继续经营参茸业务之外,逐步扩大了中药材的批发生意,而且由小做大,渐渐成为宁波药行业的老四。恒茂药行得以迅速发展,主要是因为瞄准了当时宁波国药市场所需,敢于用大资本采购南北地道药材,其中不乏东北三宝,宁夏、山西的枸杞、党参,甘肃的当归,还进购了大量川广药材。一时药行栈房里积起大批货真价实、质地上乘的各档药材,有了满足市场大宗批发业务所需的货源。由于药行经营循规蹈矩,服务周到,业务量很快攀升,不久就跻身宁波中药批发业中的大户行列。

然而,过去做药业生意的如果没有自己的经营特色,光是人云亦云做些进出生意,在同行中要一下子提升名气也很不容易。恒茂药行能看准市场所需,自立品牌,主要是因为在扩大经营范围方面下足了功夫。首先是树起了有恒茂特色的"膏滋药"这个品牌。宁波这个地方有个习惯,每当入冬,人们一般都要进补。恒茂药行看准市民尤其是乡下农民进补的需求,根据大多数人的经济收入情况,配制了具有自家特色的成药膏滋药,其中尤以"十全大补膏"最具特色。

十全大补膏为十全大补汤的改良剂型。该方出自宋代《太平惠民和剂局方》,由人参、茯苓、白术、炙甘草、熟地黄、当归、川芎、白芍、黄芪、肉桂等组成。方中有补气的四君子汤(人参、茯苓、白术、甘草)、补血的四物汤(熟地黄、当归、川芎、白芍),合称"八珍汤",再加上益气升阳、温中散寒的黄芪、肉桂,更具有鼓舞气血生长之功,非常适用于气血不足、身疲体倦、乏力、心悸、四肢寒冷以及月经不调之人。十全大补膏加工复杂精细，一般工序为：首先选上等药材洗净切片，置于锅中（不能用铁锅，当时常用紫铜锅）加一定比例的水煎煮，一般需煮两至三个小时，且反复熬两到三次。处方中的人参因为贵重，为保持药性需单独煎取。经压榨过滤取汁，与其他药饵一起煎，到了一定程度后再浓缩。浓缩后收膏，然后加入一定比例的饴糖，以小火熬煮并不断搅拌到一定程度，即成膏滋，冷却后装于干净大口玻璃瓶中，盖严，置阴凉干燥处储存。

恒茂煎制的膏滋药特别注重火候、膏汁浓度等方面的控制，因为一旦火候掌握不好，将药汁煮煳焦，这一料药就会全部报废，浓度掌握不好，也会影响膏滋药的质量。所以，恒茂药行聘用的都是有多年煎制经验的老药工，并由内当家严氏亲自监督。据说恒茂煎制的膏滋药在配方上还做了特殊的处理，有别于别家的膏滋药。由于用药道地，选材优良，药膏浓度高、口味好，还有很长的保存期，服用又方便，产品深受消费者欢迎，十分畅销，经常供不应求，在宁波地区很快就有了名气。在每年的冬至前后，恒茂药行把自制的膏滋药推向市场，边卖边制，零售批发兼做，销售量很大，当然收入也很可观。

恒茂药行的另一个经营特色就在于他们有一项令药业界十分惊慕的高档药材切片加工技术，在诸多同行中独树一帜。经营传统珍贵药材，把原始药材加工成易于入药的药饵是一项十分讲究的工艺，尤其是对鹿茸、羚羊角、犀牛角的加工，要求都很高。鹿茸、犀牛角等用铰刀来切，事先都要把整块的鹿茸、犀牛角等进行特殊处理，使其变得软中带韧。加工时，切片技术高超的药工，能准确把握下刀的角度和力度，切下来的片子，薄如蝉翼，近乎透明。一般来说，切成片的犀牛角近乎透明，略带淡淡的乳白色，而好的鹿茸切片则带有淡血红色。至于羚羊角切片，除了要达到薄的要求，还应带有羚羊角本身独具的奶黄色。恒茂药行雇有技术精湛的药材切片能手，所加工的珍贵药材切片经过精心包装，除供应市内各药店外，还直接供给上海、杭州、绍兴等地的药业大户，如上海的童涵春、雷允上，杭州的胡庆余堂，绍兴的震元堂等。

恒茂药行不但对珍贵的药材加工细致，对一般常用药品的加工也做得一丝不苟。如茯苓是一种比较普通的药材，只不过是茂密的松林里附着在松树根部的一种真菌，但它有健脾和胃、宁心安神的作用，可治脾湿、糖尿病、失眠多梦，常服还有养颜抗衰的作用。它

❖ 作者采访三位高龄的周氏后人

的外皮粗糙,呈黑褐色,但一剥开外皮,里边却白如冰雪,如在雪白的内囊中还包裹有黄色的松树根,那就得叫茯神了,是茯苓中的上品。同一种其貌不扬的巨大的茯苓,经加工后分成的茯苓皮、茯苓和茯神的价格相差很大。在加工时,那些药工能很准确地把包有松根的茯神切成很整齐的薄片,厚七八毫米,每片中都会有一颗椭圆形的松根切片,每一片茯神切片犹如茫茫雪原上挂着一轮明月,煞是好看。一般加工成上品的茯神切片,店里都会精心包扎,重约半斤(当时用的是十六两制的秤)为一包,各小包整整齐齐叠在一起,装在箱子里,然后送去给各药店。普通的茯苓,其包装就简单多了,茯苓皮则是在加工前被削去的外皮。整个加工过程,正是去粗存精的过程,无论茯神、茯苓皮都各有所用,一点也不浪费。

恒茂药行在经营管理上也很有一套办法。药材进货后,通常都要经过分拣,区别质量档次,然后按质论价。这样做不仅能满足不同层次的客户需要,还能按不同质量发挥药材的不同药效,同时又能产生较高的利润。如分拣从宁夏进来的枸杞(宁波人一般叫杞子),别的药行只分上、中、下三档,但恒茂药行则要求分拣为五档。当时的枸杞都是野生的,果形大的足有小手指那么粗壮,而小的只比米粒大一点点,同现在装在塑料袋中人工培植的枸杞大小差不多。分成五档的枸杞,自然有五档价钱,平时一些小药店用不上高档的枸杞,常常用中档以下的货配药。而最高档的枸杞自然价格不菲。五个档次的分拣,能比分三个档次的多赚不少钱,按现在人的说法,这叫按质论价。那些高档的枸杞自然由财大气粗的大药店要去了。上海、杭州的大户就成为恒茂药行供货的长客。恒茂还有一套高档药材加工的自有标准,从外观包装到内在质量上都做足了功夫,因此,宁波中药界一时无人能与其匹敌,恒茂也由此独占甬、绍、杭、沪高档药材批发市场鳌头多年。

恒茂药行在聘用职工时,十分注意用多面手人才。如在聘用店堂管理人员时,经朋友、亲戚多方举荐,周先生亲自考测,在众多应聘者中选择了一位骆先生。他不仅深谙中药业务,且在本地、省内外有很广的人脉,是一位不可多得的营销人才。同时,他还是一位曾经在多家中医诊所坐过堂、深通脉理的中医师。周先生就用高薪聘用,骆先生自然也十分高兴,结果是在药材生意繁忙时,他能独自承担起店堂里的事务,做到井然有序,在相对空闲时,他还能正式挂牌就诊,真正地坐堂诊脉。由于骆先生把脉准确,也招徕了不少就医的人。恒茂老板还有一点也处理得十分好,凡是骆先生坐堂把脉的收入,一律归他所有,从不从中抽取份额。因此,骆先生心里也特别感动,一心一意为恒茂干事。

恒茂药行经营业务的发展,还少不了内当家严氏的经营管理,她虽然是一个妇道人家,却擅于经营。在药行生意忙碌需要众多人手的时候,她对各类人员都能做出合理安排,有条不紊。药材分拣时临时雇用的小工常多达数十人,再加上原来的伙计、打杂职工等,她都能一一妥当处之,从不忙乱。在药材的堆放、贵重药饵的贮藏上,也都会清清楚楚地安排好。因此,虽然整个药行所备货物多达上千种,但从来不会出现找不到的情况。店堂后有宽大的明堂作为晒场,在晒场两端另建有两间二层楼的货栈,主要存放加工后的中低档药材和原材料,而高档药材一般放在5号也叫后进的库房内

❖ 周冯氏六十寿诞时合照

（3号与5号内部是相通的，3号叫前进，5号叫后进）。严氏在管理上既细心又大胆，如在抗日战争时期，由于战火遍地，时局混乱，宁波各家药行的进货受到了直接影响，尤其是山西的党参、黄芪，宁夏的杞子，市面上都严重缺货，这不仅影响了经营，也影响了病人的治疗。周先生为人谨慎，不敢贸然派人北上办货，然而，严氏却自有办法，她通过亲戚朋友诸多关系，办好一路上所需要的通行证件，就派骆先生带上一个伙计北上办货。经过近三个月的周折，骆先生终于办来了市面上严重缺少的货物，不仅给宁波各中小药店补充了货源，就是甬上几家大药店如元利、冯存仁堂、香山堂、寿全斋等，也纷纷来要货，解了他们的燃眉之急。同时，他们还为周边地区，如温州、金华甚至福州都运去了货物，光给温州一地就发去党参百余箱，

❖ 周康甫和内当家严爱月旧照

可见其营业额之大。

严氏虽育有多个子女,但从不为养育子女所累,除长年雇用两位保姆和两位奶妈外,还请了多名厨工、帮工,因此,她能摆脱所有烦琐的家务事,一心扑在药行的经营管理上。

严氏不仅擅于经营管理,而且还十分重视对子女的培养。孩子不分男女,凡是到了上学年纪,她就一律送他们到学校读书。在其十个子女中,除了两个子女因时势影响只上完初中,其他的都上完高中,还有四位上了高校。

过去中药业界在经营过程中同行之间常合作,在进货时能互通有无,在缺货时能互相垫充,尤其是做大宗批发业务的,都十分注意这些细节,决不搞独门独户,互相刁难。这成了宁波中药界一种良好的经营风气。进而,大户之间还讲究联姻,亲上加亲,更加深了相互之间的沟通和合作。如当时元利药行老板余楚生的女儿嫁给了恒茂药行老板的长子,还是懋昌药行老板蒋羲卿先生和冯存仁堂的经理做的大媒。于是药行街、沙井巷和石板巷三家大药行之间形成了一个十分强劲的经营圈。余楚生先生当时是宁波药业公会的会长,恒茂、懋昌两家都是理事单位,懋昌的蒋先生又是甬上著名的采购办货高手,在宁波最大的宝和药行衰败后,这三家药行自然而然成为甬上中药批发经营的大户。

  中药行业是一个很讲究中华传统文化传承的行业。甬上几家药业大户不仅生意做得好,而且还广交好友,交流频繁,在经营中十分讲究和气生财。做到这些,与他们各家在传统文化上的修炼大有关系。药业文化中最核心的是修身养性,这在各家药行、药店的客厅里已体现得淋漓尽致。如每家药行的客厅必不可少的就是五尺中堂的国画,画面多为无量寿佛、不老松柏,丰富一些的还做了适当延伸,在苍虬的松树下配上各具姿态的仙鹤或梅花鹿,在中堂画两边挂的对联与画面珠联璧合,客人一进入这种环境,就会有一种心旷神怡的感觉。久而久之,大多中药业的大户、名行,都有收藏书画、文物的喜好,恒茂药行在这一方面做得更好。他们不仅与宁波的书画名家多有交往,与上海各位大家的交流也很频繁。从中还得说到一个人,这就是药行街上经营传统家具的益康木器店老板史老先生,经他的引荐,周氏的收藏做得更深入。由于收藏品较多,每年夏天入二伏头三天都要把所藏字画搬到院子里晒晒太阳,时间不长,不过一两个钟头,然后再小心地收好放到堂前间,待凉了后就按图归整放回原来的箱、橱、屉里。这是恒茂药行每年必做的一件大事。

初听起来,书画艺术与中药买卖完全是两个不搭界的行业,但是从艺术的鉴赏和修身养性方面来看,两者关系就近多了。周氏的书画收藏在甬上颇有名气。1965年初夏,著名国画大师潘天寿先生来甬期间,还为周氏所收藏的山阴三任的五幅中堂杰作做了鉴定,其中两幅还曾挂在宁波工艺美术研究所一年有余。只叹惜周氏收藏的珍贵名家作品大多在"文化大革命"中化为灰烬,虽有所留存,但不过百分之一二而已,可谓损失惨重。

京剧也是恒茂药行文化追求的主要内容之一,周老先生本人就是旧时宁波著名的票友之一,凡有京沪著名京剧大家来甬上演出,他场场到位,从不落下一场。不仅如此,他还与在甬京剧名伶,以及金融界、药业界著名票友都有十分密切的交往,平时少不了聚在一起唱上几段。如逢寿辰、迎亲等大喜事,还会请上几位名伶唱几曲(当时叫堂会),大家欢聚一堂,共乐一番。

药行街整条街上有许多家的药店、药行,每当夕阳西下,店里歇业打烊之时,随着西皮流水、二黄的京胡声响起,不时会有人唱上几段高腔,一时整条药行街上飘荡着悠然婉转的京韵,久久不息。

然而,天有不测风云,正当恒茂药行经营十分兴旺之时,日寇入侵,不久宁波就沦陷了。为避战火,严氏带领一家老小几十口人逃难至鄞西建岙。然而,要维持生计,就还得冒风险,入城做生意。要做生意还得进货。1941年,恒茂药行从云贵川那边置办了不少药材,经由上海,委托当时来往于沪甬的宁绍轮托运。殊不知此货轮驶出海时，就遇上了日本飞机轰炸。船长为躲避轰炸，把船往海岸边航行，结果触礁沉没，恒茂药行所托运的大宗货物损失殆尽。

恒茂药行连遭这两次灾难后，已伤了元气。不料在1948年，又遇上了谁也没有想到的灭顶之灾，这就是老一辈宁波人都知道的江亚轮沉没这一大海难。在江亚轮这班航次的货仓里，有恒茂药行托运的从各地采办来的大宗高档药材，所耗资金特别巨大，几乎占其整个家产的一大半，除此之外，还有从上海童涵春贷资几十余两黄金办来的货物。江亚轮沉没使恒茂药行损失惨重，从此，恒茂药行一蹶不振。

新中国成立后，虽然通过变卖旧时所积存的高档药品，遭受过大难的恒茂药行苦苦支撑了一年有余，但要恢复往日的兴旺又谈何容易。第二年，恒茂药行渐渐退出了甬上中药批发界。过了不久，就正式宣布歇业。从此，一时享誉甬上的著名药行恒茂就消失在宁波的中药界了。其后人逐步再兴家业，便属后事。

（根据周氏后代多人口述，整理时遵照他们要求隐去姓名）

懋昌药行与峩卿先生

说到药行街上的药行、药店,不得不说藏在小小石板巷里的著名药行懋昌。这条小巷共有4个门牌,靠西的一边是1号、3号,靠东的一边是2号、4号,除了小巷巷头的一个小庙,其余的都属懋昌药行。懋昌的正门不大,一扇四尺来宽的石库门,一进门便是一条窄窄的走廊,没走两丈,正面就是药行的账房间。走廊左边是库房,右边除了几间会客谈生意的平房,其余全是晒场和仓库,一眼望去,倒也十分有气势,是名副其实又老又大的药行底子。靠南一边的山墙是临君子街而砌上来的,高墙中间还有两扇铁皮包的大门,打开门迈过石坎就是东西走向的君子街。原来这大门就是药行进出货物的边门。过去中药材大多是走水路,这君子街穿过狮子街便是九如里,一出九如里就是灵桥路,灵桥路往南走百把米就是宁波市中心十分重要的一个船埠头——濠河头,这是内河和外海通往市内的终端。

懋昌药行经营的药材来路甚广,有来自东三省大小兴安岭的人参、鹿茸、鹿角等珍贵药材,还有来自宁夏的枸杞,山西的党参、黄芪,这些重要药材大多经水路运输而来。从福建、广东、江西、湖南来的药材也大多由水路来运输。这大包小包的药材,内行人一看就知道来路:凡是用芦席包的,是北边来的货;凡是麻袋布包的或是竹篾包的,就是来自南边的货;来自云贵川的,多数也是用篾席包装的。当然,珍贵药材也有用木板箱包装的,更有甚者是用白铁皮箱装的,如虫草、雪莲、红花、羚羊角、牛黄等等。懋昌药行做的是大宗批发业务,进出的药材数量都比较大,所以选石板巷做正门,在君子街再开个进出货的边门,是很有道理的。

据相关资料记载,仅民国十三年(1924)一年,懋昌留在账本上的营业额就达三十万两银子,从这一惊人的数字,足见其药材批发量之大。

说到懋昌药行,就不得不说一说在甬上享有盛名的羲卿先生。羲卿先生姓蒋,与恒茂药行的创始人周咏宸先生是师兄弟,同是原宁波最大药行宝和药行老板的高徒。清末民初,由于子女不擅管理,且诸多子女间多有矛盾纷争,宝和药行这个曾经甬上最著名的第一大药行就衰落下去,不久就倒闭了。其时,蒋先生就在石板巷办起了懋昌药行。

羲卿先生不仅在甬上中药业享有盛誉,就绍兴、杭州、上海一带,业内人士一提起他也都会竖起大拇指,啧啧称赞一番。要问他为何有那么大的名气?完全是因为他有一双识别各档药材的火眼金睛。多达上千种的中药材中,随便哪种,只要取一小撮放在手心里一掂量,或用眼一看,或在嘴里微尝,他就能分辨出货色质量的高低。拿再普通不过的白菊花来说,他一眼就能辨别出是产自安徽滁州的滁菊,还是产自省内桐乡的杭菊。更有奇者,同是杭菊,他还能区分出是长在路边的,还是长在山脚边的。个中奥妙只有他自己明白。在辨别高档药材时,他照样有这个本事。譬如说牛黄,他只要放在手心一掂量,再看看颜色,就能区分出是牦牛的牛黄、水牛的牛黄,还是黄牛的牛黄。论质量和药效,黄牛牛黄为上,水牛牛黄次之,牦牛牛黄则属下货。就凭这身本事,在中药业界几乎无人可与蒋先生匹敌。当然,这么一身本事的背后,则是一辈子的奔波和劳累。

初次见到蒋先生,一般人根本想不到这样一个人物能有这么高的水平。蒋先生身高八尺,体态细长,偏瘦,背微驼,鼻子略挺,有一双灼灼有神的眼睛,微凹的眼眶里深藏着两道能看透世事的目光,乌亮有神。他说起话来微喘,这是由于年轻时长年累月、天南地北地采办药材劳累所致。他一年四季跑东北,下两广,去青海、宁夏,还进云贵川等高原地区,到各个中药产地看货办货,风餐露宿,忍冻挨饿,时常还会遇上毒蛇野兽,经历之艰辛,非常人所能承受。但就是经过这样长期的实地采办,他才学得一手好本领,磨炼成为熟谙药道的高手,从此在甬上中药界占得一席之地。

后来虽然已成为大药行老板,但羲卿先生还是常常南来北往,亲自料理药材采办的事情,既要到东北深山老林去办货,也到大西南瘴气弥漫的地方去看货,一出门就是一两个月,一年到头着实辛苦,为此他得了终生没法根治的哮喘病。原来高挑的几乎有一米八九的人,由于长期受哮喘折磨,早早驼上了背,两边脸颊常常是暗红色的,平时与人说话,也显得很吃力。到了老年,连一句话也说不全,中间总要歇一歇,换一口气再接着说。

因为有这一手识药辨药的好本事,新中国成立后公私合营,蒋先生成为宁波中药材公司资深的供销人员,一直忙到八十六岁才真正退休。1956年,懋昌药行与别的中药店一样经历了私营工商业社会主义改造。整改后的第三年,懋昌药行所在地进行了彻底改造,原来的房子全都被拆除,办起了宁波市第一家中药制剂厂,蒋羕卿先生又成为药厂供销科的主将,直至九十三岁过世。

蒋先生的过世使甬上中药界失去了一个十分难得的人才。此后几十年至今,还未听说过有谁在辨识药材质量方面能出其右的。

甬上名药号赵翰香居

赵翰香居中药店是甬上一家著名的百年老店,坐落在海曙区东渡路。

赵翰香居是赵家薰先生在清光绪七年(1881)创办的。赵家薰(1841—1890),字瑾伯,慈溪人,赵家洋赵氏二十五世。为赵家蕃、赵家荪、赵家艺之长兄。年少聪慧、善读书,书法尤佳。是同治四年(1865)举人,官至户部山东司员外郎。在外任职时,因父亲年老多病,辞官返乡服侍老父。不久,父亲病故,其时三个庶弟正年少,就担起一家之主的责任,扶持几位弟弟读书直至成家立业。因其生父多病,曾嘱告家薰,可设法去办一家中药铺子,好方便家乡人民治病。父亡故后,他即筹办了一家中药铺子,后在宁波奉化江畔选地建房,并命名为"赵翰香居"。传到他儿子赵文通先生手上时,药店已颇具规模。赵文通先生除经营外还研究中药制剂、药方。日积月累,编印了《赵翰香居验方类编》(民国石印版,现藏市图书馆)等。传至第三代赵世箴时,药店的经营更上了一层楼,与当时香山堂、寿全斋、冯存仁堂相比,有过之而无不及,成为宁波四大中药名店之一。创业初期,赵翰香居的经营规模不大,但有一点与众不同,就是药店老板对贫困的病人一律赊药治疗,有行善积德的好名声。传到赵世箴先生这一代时,其经营规模逐步扩大,经营办法也不断改善,创立了自家品牌的丸丹膏散,一时声名鹊起,享誉江浙一带。

当时,赵翰香居自家配制的许多丸药,都由高薪聘请的著名药师胡谓川老先生亲自监督调制,且用料上等,配制精工。赵世箴先生的长子现在回忆儿时生活时,还清楚地记得他家自制的雪梨膏,只取上等的雪梨肉入药,梨子的芯都弃而不用,他还说起儿时诸多小孩吃梨头芯这一富有童趣的情景。仅此一例,足可见赵氏制药用料的讲究,对自制丸药的品质及声誉的追求。由于赵氏所煎制的丸药质量上乘,药效显著,不但在宁波市场树立起了好名声,而且在苏

❖ 20世纪50年代赵翰香居门面(现为冯存仁堂药店)

✧ 1950年12月1日《宁波时报》上的赵翰香居广告

浙沪一带都享有盛誉,许多外地顾客慕名而来,故赵翰香居的生意十分兴旺。

赵翰香居自制的丸丹膏散品种有百余个,一律自己销售,品种有:丸药中的人参再造丸、六味地黄丸、六神丸等;丹药中专门治疗中暑的人丹、治疗高热腹泻的辟瘟丹;膏药中的虎骨膏、鹿角膏,专治感冒咳嗽的枇杷膏、雪梨膏等;另有治疗喉痛的锡类散、护肝的乌肝散等。生意兴旺时,药店所雇用的采购、药工就有三十余人。赵翰香居在鄞县(现鄞州区)王隘的库房晒场和工场规模较大,所用场地约占五亩,丸药都是在这个王隘工场里加工煎制的。赵世箴先生的长子回忆说,当时自制成药时采用的都是祖上沿袭下来的秘方。只可惜,在公私合营的时候,这些秘方下落不明,再寻不得。当时,王隘地处鄞县,公私合营后,赵家在王隘的工场、晒场和所有房屋都被当地居民会无偿改造为敬老院,众多家眷搬迁至演武街新宅,直至旧城改造。

在赵翰香居自制的诸多成药中,赵氏祖母俞氏亲自配制的淡竹盐在同类药中堪称上品,并在甬上药市享有盛誉。俞氏亲自操持淡竹盐的煅制,占地一亩有余的工场,四周围筑有矮墙,墙内周边地面上都半埋灰缸。灰缸口径一律四尺光景,用来煅煨淡竹。其工序是先取带节淡竹一段,在竹筒中放入食盐,然后封上口,放在灰缸里煅煨,直至竹筒煨成竹炭后再取出其中煨好的盐,此盐就是淡竹盐。待煅煨好的淡竹盐冷透后装箱备用。煅煨过程要严格把握火候,不宜采用明火,尤其要不露火苗,待淡竹中的有效浆汁完全渗透到塞在竹筒中的盐中为宜。煅煨好的成品,外表看是一段段乌黑的淡竹筒,一打开,里面露出的却是晶莹洁白的淡竹盐。由于加工细致,赵俞氏配制的淡竹盐质高效好。

当时在王隘工场每天加工的膏药中,驴皮膏的质量也属上乘。他们特地从山东东阿县请来高手指导,赵俞氏亲自督理店员采办上等驴皮,经水泡、去毛、烊皮、煎膏、定型及至上印等步骤,一丝不苟,精心操持,所煎的驴皮膏能与山东东阿县所制的阿胶媲美。但赵世篯先生在事业上有一股不断求新求进的精神,他深知阿胶在我国有着两千多年历史,与人参、鹿茸并称为"中药三宝",要真正做好这笔生意,就他们自家煎煮的驴皮膏,从质量上来说还是有差距。于是赵先生在请来的煎胶师傅陪同下,亲自前往山东东阿县督理驴皮煎胶的熬制。他在当地聘用了富有经验的药工,他们把采购来的一张张新鲜驴皮用当地的井水,熬制整整九天九夜,然后把冷凝而成的胶块分切成一两重的胶片,再经过三个月左右的晾晒,最终成为质地细腻、色如琥珀的成胶,并盖上"赵翰香居阿县精制"字样。赵先生的这一举措,不仅大大提升了赵翰香居自制驴皮煎胶的质量,而且还有力促进了成品的销量,不少成品在东阿县当地就由各地来购货的客商直接买走。从此,赵翰香居这一店名走出了宁波,名扬大江南北。

自家精工配制的丸散膏丹,赵翰香居一律把住四个关。首先把好进货关,所进的货的质量,直接影响成药的质量,为此赵翰香居出足工资聘用当时甬上著名的进货先生,亲自到产地选择高质量的原料。第二是材料关,选择各种上档药材决不含糊,质次材料一律不准入药。第三是加工关,根据不同成药的加工要求严格把关、一丝不苟。第四个关是成药的包装,俗话说人美还要衣来装,赵翰香居自制的中成药包装考究,十分引人眼球。只可惜原来精致的包装材料,已杳无踪影。

为扩大经营业务,赵世箴先生之兄赵世芳在上海盆荡路上另辟一家同名药店,营业情况也十分不错。

赵氏经营中药业,业务精,管理到位,至今其后人还保留着一些当时为培训药店从业人员所编印的材料,所编内容条分缕析,十分严谨。由于店员的业务水平高,经营管理又得当,在新中国成立后,赵翰香居的业务仍十分兴旺。可惜在 1949 年国民党轰炸灵桥时,江厦街一带被炸为瓦砾堆,赵翰香居的店铺也全部被炸毁。在轰炸期间,从灵桥西堍直至大道头一带沿奉化江废墟上,常设有夜市,连成一片的汽油灯或乙炔灯,把本来漆黑的江边照得如白昼一样,沿江摆有市民日用消费品和简单的生产资料摊,交易也十分忙碌。原先在赵翰香居工作的职员也常挑担挟箩带上中药材,设地摊营业,以度过艰难岁月。一年后,赵先生又出资重建二层店房(现在重新装修过的冯存仁堂,就是原来的赵翰香居店面),恢复旧业,经营规模不输当年。1956年,赵翰香居同所有私营企业一样,经历了个体工商业的社会主义改造,从此不复存在,赵先生便成为宁波中药界的一名资深从业人员,在药材公司工作至退休。

(本文有关材料根据赵氏长子和小女儿口述整理而成)

独具一格的大乙斋中药店

在药行街石板巷与沙井巷之间的街面上,有一家独具一格的中药店"大乙斋"。在当时全市六七十家中药店、药行中,以"斋"取店名的仅此一家。

大乙斋的老板叫杨水木,鄞县鄞江桥(现海曙区鄞江镇)人。个子不高,不胖也不瘦,一年到头理的是光头,脸色亮堂,说话底气十足,很有精神。夏天,他穿中式对襟白纺绸衫,配上白色的纺绸裤,常摇着一把黑色的折扇,一见其走路架势,人们会误把他当作一位做京戏的戏子,一听其言,又分明让人感觉是一个唱大花脸的角色。然而,他实实在在是一位精通中药生意的老板,京剧只是他一生的爱好罢了。也是他的这种爱好,给药行街带来了不少京韵。

要说大乙斋的独具一格,首先要看一看它的宽阔店门。两扇黑色实木门,厚实而宽大,上面钉有不少圆头铁钉,每一扇分别有一个铁制的大门环,开门关门时,这对铁门环就会碰撞发出铮铮的响声。石库门框镶嵌在一道足有50米宽,20米高的粉色大墙间。大墙的东西两边墙面上分别写有两个黑色大字:"道地""药材",颜体楷书,显得十分气派。石库门上有一个精致的横匾,匾上有"大乙斋"三个大字,据说是杨先生爷爷的朋友、时在甬上大有名气的书法家所书。凡进城慕名要到大乙斋买中药的,问路时常常得到这样的回答:"你只要看到哪一家有最大的门面,那便是大乙斋中药店了。"不仅门面大,杨先生还别出心裁,在其店面旁边挂出一面三角形的白绸布大旗来招徕过往路人,上面有黑丝线绣的"大乙斋"三个字。这在一条街上也足够醒目了。

进了石库门,沿着北面的高墙搭建有一架玻璃天棚,透过天棚的阳光照亮了整个店堂。店堂的布局和摆设都与其他中药店雷同。靠东、西两边分别是两个"L"形黑色柜台,约有一米二高。两个柜台中间,留有一个约二十平方米的空间。靠北边中间用木板隔出的墙类似屏风,上面挂有一幅以松树为背景、绘有两头梅花鹿的国画,算得上是一幅大中堂了。画的两边挂有一副对联。两边还留有两道边门。伙计由这两道门进入内宅,也可直达店堂后门外的库房和开阔的晒场,与泥桥街北面的卢家祠堂遥遥相望。进入大门的两边,一东一西分别摆有茶几和单背椅,供买药的客人休息时坐。靠东头一边还摆着一张写字台,是坐堂医生就诊的位置。

大乙斋的中药业务,有别于甬上的众多药店。杨先生除了经营中药材,还凭他的优势,经销大量新鲜的草药,尤其是一些市面上比较稀有的、药效显著的草药材,比如鹿儿草、仙鹤草、半夏、紫花地丁、菟丝子、龙胆草等。为什么杨先生能维持这一业务,不间断地供给那么多新鲜草药呢?这与他的出生之地有关。杨先生虽然继承了祖上开创的这爿中药店,但尚有不少亲戚居住在鄞江、章水一带,那是四明山一带中草药天然资源十分丰富的山区。杨先生的亲戚中靠采摘草药为生的为数不少,还有几位不仅熟知草药采摘,而且还是当地有一定名气的草药医生,更有一批山旮里从事草药栽培的乡人,所以杨先生能源源不断地给市面上供应新鲜草药也就不足为奇了。更难得的是,杨先生用高出别家的价钿来收购珍稀草药,以保证药源。店里的草药生意在满足自家业务需求之外,还能供给其他中药店,因此,杨先生与同行相处得很融洽。

  老宁波人还知道,大乙斋还有一个十分受买主欢迎的经营方法——"代客煎药,送药上门",这大大方便了不少病家。由于长期经营这项业务,所以不少病家要买药时,第一个想到的就是大乙斋,有时还带来不少新的买主。说实在话,"代客煎药,送药上门"这一做法为不少病人解了困排了忧,既方便了病人,也增加了药店的收入。大乙斋推出这项业务之后,一时在药行街引起了不小的轰动。不少药店见这种方法有利可图,也模仿起来,还挂出牌子来招徕过往客人。从此,在药行街的街面上多了几辆送药的自行车。送药的伙计骑着自行车,把店里煎好的中药送到买主留下的地址。煎好的药放在小小的热水瓶里。这种小热水瓶同现在还能买到的大热水瓶结构一样,一式的玻璃内胆,喷过油漆的铁皮外壳。盛好药的小热水瓶依次插入挂在自行车三角档上粗帆布缝制的药袋中。这种袋子两边分别能放上二三十瓶的药。大乙斋有两位送药的药工,每天上午、下午分两次及时送完,无论如何不会误了病人服药的时辰。吃中药为何要讲究时辰?这其中有什么讲究?据中药师和有经验的药工说,这是因为每剂中药都由多样药饵搭配而就,时间长了,药性就可能发生改变,那非但不能治好病,反而会起相反的作用。所以服中药有一句俗语,叫"药不过更"。

　　大乙斋老板有一个尽人皆知的爱好,就是唱戏,平日里,有意无意要哼上几句京戏,什么《四郎探母》《梅龙镇》的唱段,张口就来;有时唱老生,《空城计》《龙凤呈祥》也能一字不差唱上几段。杨先生不仅自己喜欢唱,有时在店里打烊之后,还与伙计们一起唱。到那时,整个店里就热闹了。那送药的一个伙计还是拉京胡的能手,京胡一拉,什么西皮、二黄,就似流水般淌了出来,浓浓的京韵洋溢在整个店堂。杨先生兴致高时,还与伙计们各扮几个角色,演上个折子戏,《将相和》《空城计》《打渔杀家》是常唱的。杨先生的角色大多是净角,自然的洪亮而粗犷的嗓音,加上他的光头,不装扮也俨然一个大花脸。唱老生的人就多了,几乎店里的伙计个个都有一套本领。故而,唱一出《将相和》是十分容易的事情。大乙斋店堂里热闹的京剧氛围,自然影响到了整条药行街上的各家药店、药行。也不知什么原因,整条街上的四五十家中药店、药行里竟不约而同地有不少爱好京剧的老板、伙计,譬如恒茂药行老板周先生就是一个挺扎硬(厉害)的唱老生的好手,香山堂里就有几个能唱小生的,而慎德堂、全生堂、人和堂里的伙计们,也个个不是弱手,居然还有唱旦角的。生旦净末丑样样齐全,鼓师、琴师也一个不缺,完全能像模像样地排几出戏来。这帮子人凑在一起,不只是把大乙斋搞热闹了,简直是搅动了整条药行街。那时,每当太阳快下山,药店歇业之后,整条药行街里就飘扬起悠悠京韵。懂行的街坊们准会不约而同地聚集过来,有帮衬的,有当后勤的,也有忙着搬凳子、拉场面的,大乙斋乃至整条药行街似乎成了京剧票友的世界。

二十世纪五六十年代,宁波新建的工人俱乐部刚刚落成,宁波职工业余京剧团就率先成立了。这支队伍不仅演员角色齐全,乐队人员的数量亦十分庞大,而且活跃在这支业余京剧团里的多数人都是药行街中药业的从业人员。其中那位送药的伙计现已八十多岁高龄了,还活跃在京剧票友所组织的业余活动中。

大乙斋中药店是公私合营后为数不多仍保留了原来店名的中药店之一。"文化大革命"时,大乙斋被当作"四旧",随后就改名为向阳药店。由于名气大,大乙斋在药行街的原店之外,又在江东新河头、西门外航船埠头新开了两家分店。到了八九十年代,随着宁波城区道路改造,这几家向阳药店从此消失在宁波的中药界。然而,老宁波一说起往昔的大乙斋中药店,还是那样兴趣十足,滔滔不绝,似乎在这个时候,他们又回到了昔日那条飘着悠悠京韵和药香的药行街。

明德堂与应礼卿先生

说起药行街几十家中药店、中药行,有一家也较有特色,这就是应礼卿先生所操持的明德堂。应礼卿大约出生于清光绪二十年(1894),号秀官,曾用名理清,系宁波江北岸下白沙人,自幼丧父,几乎是自学成才。他从小就在母亲支持下,在亲戚处学中医,经过七八年的努力,学得了医术,经实践锻炼逐渐有了开处方能力。正当青年之时,他在亲戚的举荐下,离家去往上海,在上海著名的中药店蔡同德中药铺坐堂诊脉。

"九一八"事变后,国难当头,时局混乱,应礼卿先生牵挂母亲、妻儿,于是离开上海回到宁波,之后与亲朋好友合股,决定以"修合虽无人见,存心自有天知"为经营宗旨,在药行街88号开设了一家中药店,取《大学》中"大学之道,在明明德"之句,定名为"明德堂"。

明德堂旁边有一家中药堂称"人和堂",两家经营规模相差无几,一式临街的石库门,进门就是一分为二东西各一排乌黑又略高的柜台,都成直角转弯的"L"形。柜台上面挂着系药包的细麻线

✧ 原恒茂药行双喜盛药瓷瓶，现藏于宁波市中医院中医药博物馆

团，安在一个转轴上，要用时轻轻一拉，就可取之。柜台的两头分别放着碾药用的铸铜壶。靠墙一排由小屉斗组成的药柜，一式长宽的门，打开门，里面均是处方用的中草药。这些屉斗有些是用草席编织的，类似淘米箩般深浅；有的是由马口铁制的箱子。药柜最高处还有一排盛药用的绘青花的瓷瓶，一式白的底色，四周印有青色的"囍"字，满满当当的。东西柜台之间，留有较为宽阔的空间，青石板铺就，这就是店堂了。店堂深处有通向里间的门，但却没有可闭合的门扇，只有一块由深蓝色厚棉布纳成的门帘。掀开门帘，里面就是内室，其中有铺着床铺供人休息的房间，也有堆放药材的库房，还有一间较明亮的是账房。这样布局的中药店在整条药行街上就有十来家，它们往往都是以不多的存货应付着源源不断的顾客。万一遇到缺货，就吩咐伙计到附近的药行去配货，一来一去花不了几分钟时间，这几乎成为大多数中药店的经营模式。

同其他药店一样，明德堂在一进门靠明亮的大玻璃窗边有一张不大的长方形桌子，桌子后边放有一把单背椅，是专门为坐堂医生安排的。应礼卿先生本来就是中医师，时常坐堂门诊，因此这把椅子也被视为他专用。由于多年坐堂诊脉，积累了不少临床经验，一般的疾患应先生都能顺利应付。老板亲自坐堂，而且诊脉准确，用药得当，因此赢来了不少顾客，而且不少是老病号，这为明德堂的中药买卖带来不少好处。许多病人在此诊脉开方后，便在药店里按方买药，既方便了病人，又促进了药店营业，一时生意也很兴旺。

抗日战争胜利后，由于市场竞争激烈，同行倾轧的现象时有发生，加上当时政府繁重的苛捐杂税，药店的经营十分困窘，时常让应礼卿先生感到进退两难。为应付经营不畅的局面，明德堂全力推出十全大补膏、速效疥疮油等拳头产品，并开展接方送药、代客煎药等服务，但仍因萧条不振的局面而面临关闭。

1948年春，有一肚子怨愤和不满情绪的股东们，终于提出要解缆开船，抽回资金，并将企业低价转让给应先生，自此明德堂由合伙经营变为独资经营。但由于遭遇接连不断的厄运，明德堂此时已债

❖ 宁波市工商联中药业界同人的合照

台高筑,应先生为之愁肠百结。后来,店里辞退了几名职员,最后只剩下在柜头服务的应先生本人和两个学徒,不过三人而已,一时店堂里更加冷清,经营十分艰难,勉强度日。新中国成立以后,驻甬部队信任明德堂,店里治马病的药品的销量稍有增加,药店也开始转亏为盈。但好景不长,新中国成立之初宁波多次遭受国民党飞机轰炸,药店地处灵桥附近,没有挨炸虽已十分幸运,但轰炸造成药行街上杳无人迹,半年多时间,白天全无生意可做。这时,店里的学徒也回乡避难。为维持一家六口的生计,应先生在长子帮助下,每天天未亮就从鄞州周宿渡赶来,参加早市营业。有时,还要分成早、晚两班,由他自己带领人一起赶到灵桥脚下,到奉化江边上的夜市设摊,求些许盈利以度生计。

  1956年,资本主义工商业、手工业实行社会主义改造,要实现公私合营,需有两千元准入资金,但此时明德堂已拿不出这笔钱。应先生出于对中药业和中医的执着,便变卖家产,凑足资金,完成企业公私合营,后即划归宁波药材公司领导。1960年应先生六十岁,便退了休。退休后,应先生又受聘于联合诊所,作为中医师坐堂门诊,为民服务,直至1972年病逝。

甬上最早的草席专卖店 —— 水天吉席庄

清朝末年,在宁波闹市区,碶闸街与咸塘街的交叉口,坐西南朝东北的地方,有一间五开间三层楼房的草席专卖店,这就是历经祖孙三代的百年老店水天吉席庄。在这座楼的二层与三层居中的醒目位置上挂有一块古色古香的横匾,上有贴金的店名——"水天吉席庄"。席庄的主人就姓水,名叫水嘉先(1906—1968),承传祖父水仁宰(1878—1907)创办的店铺,水天吉席庄经营草席生意已有一百余年,是当时宁波响当当的老招牌。水家还开了另外两家有影响的草席店:水协县席店,位于江左街,原状元楼菜馆对面。

民国初年,老宁波城里专营草席的店铺不少,少说也有几十家,仅在短短的百丈街上就有好几爿(七塔寺旁的东塘河上有一卖席桥,估计也与这有关),但大多是单间店面的夫妻店。因地利,生产草席的农户几乎都集中在西乡望春、黄古林、布政一带,当地农田很少种稻米,大批大批的土地都栽种着席草。春天,大片农田上全是深绿色的席草,青山白云绿田流水,远远望过去煞是好看,是老宁波

※ 水嘉先先生

西乡农村一道独特的风景。西乡的农民,每到夏至,就把种了好几个月的席草收割上来,家家户户便忙于晾席草。当席草干了以后,大家就忙着织草席。这里的村民会根据自家收割上来的席草质量来决定织什么样的席,根据不同需要织成一张一张,也有叫一领一领的。织成的草席大多由收购商直接从产地收购后运到城市去卖,当然也有当地农民在农闲时自己挑上担子到城里走街串巷吆喝着卖,只求卖得一个好价钿。也不知道为什么,用船运上来的草席总要穿过城区一条条塘河水路,到卖席桥附近出售。按现在的说法,卖席桥一带自然成为草席专卖点。当时也有不少城里的卖席专业户到这里收购草席,从中赚些过手钿。而真正做草席大生意的便是这爿经营席草制品已过百年的老店了。

只要看一看水天吉席庄的店面,就会感受到一种莫名的吸引力。开阔的一楼店面,八扇安有玻璃窗的木质门一早打开,直到日落西山打烊才关上。店堂靠壁陈列的都是各种尺寸的草席,店堂中间开阔的地方放有几张专门为排席师傅准备的桌子。这木头做的桌子用料特别结实,因为排席师傅在排席时可要用上相当大的力气。何谓排席?说得简单些,就是通过手掌发力,把已织好的草席中的席草挤得更紧密些。当时对好的草席有这样的评判标准:硬

❖ "文革"时期的水天吉席庄

似铁板,坚实而挺直,把草席掀起来对着太阳,看不到一丝阳光漏出来。排席师傅干的是一件十分累的手工活,只要看看他们伸出来的手掌就明白了:厚厚实实,布满老茧。手臂伸出来,也是那样粗壮,一块块肌肉凸显,好似体操运动员。你看他们在排席时,一只手压住草席,另一只手用力把一根根席草推过去,一直推得席草与席草间严丝合缝,整张席似铁板一块才罢休。最后他们还要把排紧的草席末端的麻筋一条条牢牢地扎好,这才算完工。在水天吉卖出的席子一般都要经过这一道工序,以保证产品质量。经检验过关的席子最后还要打上"水天吉草席"的鬃印。

水天吉经营的草席品种之多,也是别的店家所比不上的。有婴孩睡的箩窠席、小孩的枕头席,独人席,四尺、五尺、五尺半等各种尺寸的凉席,规格齐全,足够买主挑选。水天吉的席子还按质论价,一般按照经线用料好坏等来区别质地高低。其实经线的区别,就是选用不同品种的麻之故:如果是用白麻筋作经线,一般称作白麻筋席,就是草席中的上品;用络麻做的经织出的就叫络麻席。草席还有硬席、软席之分。一般硬席都由灯芯草织成,因席草挺拔硬直,织成的席叫硬席;还有一种用蔺草织的,就叫软席,如今市面上卖的大多是这种软席。织成的软席一般还需要用棉布条来绲边,主要是为了防止席草散开,大人用的枕头席两头也都要绲上边,也是这个目的。

水天吉经营的各种草席,多数是定点加工的。每年收购之前,老板要亲自带伙计到黄古林去查看产品的质量,凡是没有达到质量要求的一律重新加工,实在看不上眼的就要退货。店里严格把牢进货关,保证每张草席的质量达到水天吉经营的基本要求。所以,每年立夏以后,店里的伙计就忙得不可开交。凡走进水天吉一楼店堂的顾客,都能看到光着膀子、流着大汗在排席的伙计们,他们一丝不苟的功夫,往往赢得顾客的啧啧称赞。因此,凡到过水天吉买席的顾客,也往往会当上义务广告员,到处宣扬水天吉席子是如何如何地好,店老板的生意真正做到了绝顶。

走上水天吉席庄二楼,满眼都是摆放得整整齐齐的货架,货架上的席子,任顾客挑选,凡客人有问的,伙计就细心回答,从不怕麻烦。席庄还可按顾客要求定做席子。成品草席的尺寸,一般都按市面上所卖的床的尺寸或者是床上棕绷的阔度来定,能满足绝大多数顾客的要求,但有时也有人要买特别阔的席子的,这就要定做。一般定做的都能在一个礼拜内提货。除了定做业务,水天吉还有草席

❖ 织席

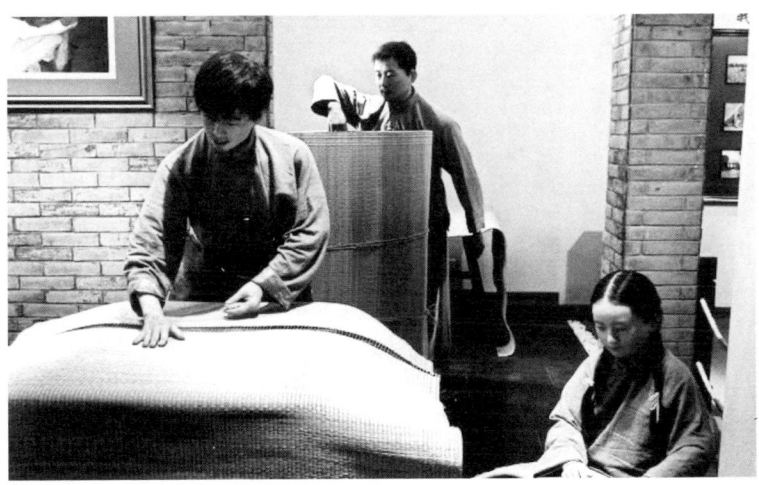

❖ 排席

市井名店

修补业务,这种生活也是别的小店做不了的。过去有些人家在床角摆放蚊香盘,一不小心,盘子被打翻,蚊香就会烧坏草席。一张新买的席子被烧了一个洞,这样的事在夏季难免会发生。水天吉席庄承接的草席修补的活做得精巧极了,这就大大方便了只想修补而不想换新的顾客。

经营了百余年的水天吉席庄,随着旧城改造,早已在天一广场的建设中消失了。而那些上了年纪的宁波人,一说起"水天吉"这块招牌,还常会跷着大拇指啧啧称赞一番。

宁波第一家袜厂 —— 五洲袜厂

老宁波大小规模的袜厂有好几十家,其中数五洲袜厂的生产规模最大,办厂时间也最早。该厂创办于清末民初,创办人为励兰生先生。这位励先生是前清秀才,平生勤奋好学,见家道败落,心有不甘,故努力学习各种手艺。宁波人过去穿的袜子一直由上海、杭州等地运销过来,远的甚至是从天津运过来的,那是在外的宁波人 —— 慈城冯家创办的针纺织厂生产的。看到这个情况,励先生就想与冯老板合作,在宁波开家织袜厂,由宁波人自己来生产线袜。做出这个决定后,励先生就以祖上积余下来的一千五百两白银为本钱,在江北泗洲堂附近觅得一块地皮,又亲自到上海采购了二十几台织袜机,一式的德国造。经过两个多月的筹备,终于在1892年开办了宁波第一家袜厂。没过几年,袜厂的生产规模就迅速扩大,产品也多达二十几种,除了在东渡路天妃宫旁开了一家两大间门面同样叫"五洲"的袜厂销售点,还在以销售为主的门市部旁买得两间空房作为库房,又在库房里增添了十台织袜机。接着还特地从上海高薪聘请了两位修理织袜机的师傅、两位织袜高手、一位样品设计师。从此,五洲的名声越发大了,生产的袜子除了自己有一条畅通的销售渠道,还发送至甬上几家大的广货商店(百货商店),如老慎记、一言堂以及药行街的亨达等店。由于是本埠生产的,省掉了不少销售环节和运输成本,所以价格要比上海货便宜不少。二来,五洲袜厂从上海高薪聘请来的样品设计师十分顶用,每个月都能从样机上设计出四五种新的式样来,色彩、款式都十分受大众欢迎。到了二十世纪三十年代初,励兰生先生的长子励和官先生(字仲文)执掌袜厂事务。此时五洲袜厂的产品不仅能充分满足宁波市场的需要,而且还有相当数量的产品销往温州、绍兴、金华一带,袜厂发展前景十分广阔。

然而,没过多久,抗日战争全面爆发了,五洲袜厂原在江北的总厂在日寇飞机接连几天的轰炸中毁于一旦,整个厂房成为瓦砾堆,设备、原料、成品都损失殆尽。励老板对日本强盗真是痛恨之极。不幸中的万幸,在东渡路天妃宫旁边尚存有一部分设备和原料。经调整后,在库房旁边的天妃宫附近又买到几间空房

❖ 励和官新婚后照片

子，经过近月余的筹备，五洲袜厂恢复了生产，没过多久就恢复了元气。

由于励和官先生为人热络，交往甚广，各界朋友都成了他家的座上宾。其实励先生不是城里头人，其宅居在隔江相望的江东杨柳街 54 号，宅子周围是高高的马头墙，墙内是一幢典型的五间两弄的传统宅子。励和官先生生性豪爽，在盖他的五间两弄楼房时，也要比别人家的宽阔和高大些。他亲自设计图纸，内设花园，正房后是厨房、库房。为了防火，前后院还安置了二十几只七石缸，又挖了两口水井。大门正对江东大河头船埠头，这是一条通往东乡一带的重要水道。两道偏门开在偏房边的小巷里。

励和官先生兴趣爱好广泛，养花饲鸟、书法绘画、中医药都有所涉猎。他自学医道，钻研脉相，偶有小疾都能自主治疗。为此，他还结交了不少甬上名中医，其中妇科名医金雨亭先生就是他家常客，两人相交甚笃。金先生的长女在医科大学毕业后，正要接棒父亲的事业，不幸在国民党飞机轰炸宁波灵桥时，惨死在轰炸中。励老板一听到这个消息，就不顾头顶上还在呼啸的飞机，冒着被炸弹炸中的莫大风险，亲自去安慰金先生，而且还主动帮助金先生料理丧事，金先生事后感激不尽。

然而，世上之事太难预料，离五洲袜厂遭日寇飞机轰炸不到八年，励和官先生兢兢业业，克服了种种困难，所创事业刚有了起色之时，却又遇上了灭顶之灾。新中国成立之初，国民党飞机轰炸灵桥时，他所经营的袜厂和菜社全部被炸毁。虽然袜厂职工拼命从被炸的厂房里拖出不少成品和原材料，但再重新创业毕竟不是那么容

❖ 为丈夫创业出谋划策的夫人

易。在遭受第二次轰炸的沉重打击之后,励先生一生致力追求的事业梦彻底破碎了。新中国成立后的最初几年,他勉强以销售百货为生,直至1956年私营工商业改造时,因拿不出两千元资金,没有达到公私合营准入标准,他就只能自谋职业,直至八十八岁高龄谢世。

然而,在宁波老一辈人中,一提到励和官先生,就会说起励家父子创办五洲袜厂这件事,正是五洲袜厂让宁波人穿上了本地生产的袜子。

老宁波最大的贳器店 —— 林元吉

　　凡看过宁波歌舞团演出的歌舞剧《十里红妆》的人,应该会对老宁波的婚俗文化有一个大致的了解,尤其是对旧时女儿出嫁时的一套套习俗,一定会留下十分深刻的印象。然而,舞剧归舞剧,老宁波的婚俗并非完全如歌舞剧中所表现的那样,家家都是那么奢华、那么浪漫。宁波人有句俗语:"穷做亲,富做生。"说的是再穷的人家,结婚也得有个仪式,而富裕人家怎么做寿则要看家境的好坏而定,没有那么死板的规矩。

　　旧时除了男婚女嫁、小囡满月、年老祝寿等喜事,还有一个仪式也十分讲究,这就是办丧事。这些事情概括起来说,就是"红白喜事"。结婚、生小囡、祝寿是喜事,当然可以用"红"字来表述;但办丧事怎么也称为喜事呢?实际上,过去宁波人有一个习惯,年过五十,有些甚至才过四十,就要看坟地,割寿材。在宁波人眼里,老死就是一种解脱,所以把寿终正寝也当作喜事办,凡是年过六七十的人去世了,大家就会说这个人真有福气。当然,现在社会医疗条件好了,生活富裕了,活到七八十岁已不是什么稀罕事,就是百岁老人也属常见。

过去,宁波人办红白喜事都有一套套烦琐的习俗,要有一套干活利索的班子,还要有一系列配套的程序,要有全套物件,一点也不能马虎,说起来都够烦琐了。譬如,女儿出嫁要坐花轿,祝寿人家要设寿堂,死人的人家要设灵堂。出丧时,棺木不能直接露在外面抬着走,而是要放在特制的灵柩里(这灵柩由粗壮的木框配上玻璃制成),不仅棺木外面要披上锦褥,在灵柩外面也要披上锦褥,这样方显得隆重。在办红白喜事时,还少不了乐队,有中式丝弦乐队,也有西式铜管乐队。有些大户人家还要搞一个中西结合,那就更热闹了。婚庆的喜堂、拜生的寿堂、吊唁的灵堂上该用什么物品,都有严格规定。要用到的众多物件,除极个别的大户人家有备外,大多数人家都得不可能备得齐。因此,老宁波市场上就有了专门出租红白喜事所用物件的店家,老底子就把这种店叫作"赁器店",如经营规模大的,就叫"赁器行"。新中国成立前,宁波老城厢经营这种生意的店家大大小小少说也有几十家,大梁街新城隍庙一条街上就有几家,咸塘街、车轿街上这类店家相对来说更多,一条街上就有十来家。最大的一家是在元吉巷和大沙泥街的转角上,整整两幢五间两弄的大院落,还要加上一排排的库房,看一看外面这排场也够气派了。这家店就叫林元吉赁器行。给"林元吉"三字拆解一下,就不难明白,"林"即老板的姓,"吉"则是图个吉利,而且"元"给人的感觉常常是大吉大利的开始。

从外表上看,林元吉的老板是一位十分不起眼的人。大多数人想不到，主持这么大家业的，竟然是一个身高不足五尺，满头白发，身体瘦弱的小脚女人，她一脸的慈善相，大家都尊称她为"林家外婆"。林老板的丈夫早早去世，身边只留下了一个得过小儿麻痹症的残疾儿子。就是这么一个老妇人，独自经营起了规模这么大的贳器行。

进入临大沙泥街的大门，走过开阔的大明堂，便到了宽敞的大堂前间，两边分别是东西厢房。大堂前间中间放着一顶足有丈二高、十分精致的大花轿，雕工细致、精巧，简直是一件不可多得的艺术品。这顶花轿要由八个人来抬，每一杆抬杠上都有龙凤图案的雕

❖ 天一阁内的万工轿

刻花饰。整顶花轿一式的大红底色，配上金色的花纹，给人以金碧辉煌的感觉，与如今陈列在宁波博物馆里的花轿相比，有过之而无不及。当然，租订这顶花轿的大多是大户人家。林元吉出租的花轿分为三等。前面所说的自然是上等，一般人家租用的花轿，虽没有上述花轿高大，制作工艺也没这么复杂精巧，但也是不错的工艺品：好雕工，泥金彩漆。最低档的花轿是由两个人抬的，轿子前面就是一挂简单的大红绸质门帘，类似当今不少旅游景区给游客拍照用的轿子。这类花轿租费不高，可满足一般平民百姓的需求。

出租抬杠（也叫杠箱），也是一项重要的业务。一般嫁女儿时，做家长的都要准备陪嫁的嫁妆。这嫁妆除一笔可观的银钱外，还要有一系列的生活用品，包括一年四季要用的厚薄不一的被褥等床上用品，以及春夏秋冬的服装等。有钱人家还要为女儿备上一套一套的金银首饰。日常生活用具方面那更复杂了，一套套的金漆大红木桶、面桶、脚桶、坐桶、提桶和大小各异的一套套桶盘等等，缺一件不可。所以过去在农村，家里凡出生一个女儿的，其家人就会在屋边栽上一棵苦楝树，女儿养到十七八岁要出嫁时，就把这苦楝树砍了，请一个箍桶师傅给女儿打造陪嫁的各式木桶。而城里头的人家，大多是到木器店去预先定做。除此之外，陪嫁的物件还有许多。这么多物件，全部要放在抬杠里，每一副抬杠都由两个人一前一后抬着，列入出嫁的队伍中。富裕人家的抬杠多的，可排满一条小巷。这些嫁妆还要用芸香熏过，因此，出嫁的队伍走过时就一路飘香。

娶亲人家还要雇一支吹行。所谓吹行，就是一支吹吹打打的乐人队伍。一支吹行，简单点的不上十人，规模大的，就有近二十人，乐队越大就越热闹,民间说来也就更有喜气。有些富裕人家,不仅会雇一支演奏民间音乐的吹行,还常常雇一支西洋铜管乐队,规模大的也有二十来人,大鼓、小鼓、大钹、三角铃,还有大、中、小号加圆号、拉管、萨克斯管、单簧、双簧管,配器齐全,音响效果极好。乐队成员穿的是一式白色底镶有金色边的西式制服,气派极了。而中、西乐队以及乐工,也由林元吉负责组建,租家只要提出要求、告知规格就是了。林元吉出租的民族乐器都是十分齐整的,单乾锣少说也有近十面。这乾锣,当时的很多赁器店都是拿不出来的。宁波刚解放不久,从北京、上海到宁波征购乾锣的人络绎不绝,单北京乐团就买去了三四面林元吉的乾锣。

  林元吉出租的东西实在是多,包括大宗的厨房用品,几百套不同规格的碗盏、盆子,大小铁锅、铜锅、桶盘、调羹、筷子、圆台面、八仙桌直至配套的茶具,等等。还有布置喜堂、寿堂乃至丧堂用的各色帐幔、红绸、白纱、黑纱等,也一应俱全。当然,赁器行之所以称得上"行",也就意味着其出租的物件、规格、质量与众不同,更有其他赁器店拿不出的,比如几套临时搭建的玻璃房。宁波大墙门内大户人家一般都有大院子,这些大户人家办起红白喜事来,其排场可想而知,来来往往的亲朋好友多了,免不了还要在院子里搭建临时客堂。销售这搭建临时客堂的建材是林元吉独有的经营业务,有些搭建得规模较大的临时客堂内,还有唱堂会服务。据笔者所知,当时红极一时的越剧十姐妹,常常出现在宁波大户人家婚庆、喜寿的堂会中,而浙沪一带的京剧名角也常成座上之客。而如今的甬剧,当时还不能登大雅之堂。

林元吉贳器行的经营业务之广泛,是其他贳器店所不能及的。比如租家提出要一些甬上名厨来掌勺,林元吉也照样能办到。为何林元吉有这么大的能力?这还要归功于林家有一个好管家,和一群高效率的管理人员,他们往往一人多能,一人多角。凡租家提出的需要,他们大多能及时办到。为此,林元吉的租赁生意一直非常好,有些大户人家甚至在过年、过节时,也会要求林元吉派管家去操办。所以,在老宁波人眼中,林元吉是一块响当当的牌子。

直至新中国成立初期,林元吉的生意还十分红火。后来,林元吉老板年事渐高,经受不住这么忙碌的生活,就慢慢抽身而出了。当然,也由于在新中国成立后,社会变了,移风易俗,这种张扬的红白喜事办得也少了,林元吉这块招牌就自然而然地隐没在发展的时代潮流之中了。

32

老宁波金融业的翘楚 —— 方聚元银楼

清末民初,在宁波的东门口一带,聚集了多家民营的银楼,有方聚元、凤宝、方九霞、方行远、方紫金、新凤祥、老凤祥、新宝成、天宝成等,这十余家较具规模的银楼,构成了老宁波的银楼业中心。东渡门内的方聚元、凤宝,则是同行中的佼佼者。

方聚元银楼原名"聚元",始建于乾嘉年间(约1770—1780),后来由方家盘入,改名"方聚元"。方聚元店主方逸候,为镇海柏墅方家人氏。方氏始祖方雷系神农氏榆罔后裔,延续至周朝,有方叔为周宣王中兴之大臣,后又历经唐、宋,方氏家属由河南迁至宁波多地——其中镇海柏墅一脉为一望族,自嘉庆初年(1796)至民国初(1912)长达一百多年的时间里,经前后五世持续发展,创造了中国经商史上的奇迹,成为近代中国工商界杰出的代表家族之一,也是上海宁波帮中最有权势和最负盛名的家族之一。

银楼业是镇海柏墅方家的主业之一,《浙江商帮与上海经济近代化研究》记载:"20世纪初……这一时期方氏家族经营地以上

❖ 方九霞金铺

海为中心,旁及杭州、宁波、绍兴、汉口、南京、沙市、宜昌、湖州等广大地区,经营行业以钱业为核心,包括钱庄、糖行、沙船、银楼、棉布、药材、南北货、渔业、书业、地产等行业的大批企业,成为清末家族世商。"方氏家族开设的第一家银楼是方九霞,以后又逐一开办了凤宝、方行远等几家,形成了以此为主体的金融集团。而方聚元银楼是甬上经营时间最长、规模最大的百年老店。

方聚元银楼地处东渡门内第一道公墙边,坐北朝南,银楼的门面是一堵高大的三开间,梅园石筑成,光是这气派十足的门楼,就足以令人驻足。进了店门就是光亮宽敞的前、中、后三进大楼房,抬头望去则是上、中、下三层建筑,一楼门楣采用一式红木做底,上书敦实的楷体,由金漆烤制而成的"方聚元楼"四个浑厚遒劲的招牌字,

❖ 方聚元银楼

耀人眼目。二楼悬挂的是"百余年老铺"鎏金底的黑字招牌,气势十足。从三楼廊檐开始直至一楼,悬挂若干条"加炼赤叶""满汉首饰""兑换赤金"等制作考究的垂帘。整幢楼雕梁画栋,全是镂空雕的细木窗棂,气派非凡。

光绪末年(1908),由于家道骤变,方聚元经营陷入困境。此时,方聚元的掌门人方逸候和方盛氏(为镇海巨商盛氏之女)力挽狂澜,果断采取措施,把原属方氏产业的老字号凤宝银楼盘出,集中精力和财力维持方聚元日常经营。然而好景不长,方聚元仍遇到不少困难。方盛氏是一位女强人,见此状况,又果断出手,改变传统经营方式,努力扭转经营颓势,具体做法如下:

1. 改家族式经营为股份制管理。方盛氏为了振兴方聚元的经营,特邀上海银楼业大同行公所董事长、南京路方九霞成记银楼经理桂增元先生,上海银楼行业资深职员裘清甫先生联合入股,共签合伙议单,由此,谋得资金三万两千余两银圆,解决了方聚元运营资金短缺的问题。

在利润分配上,按照合伙议单执行,除了提取部分利润作为公积金,即把存货的盘底价逐年压低外,按二十二股分配,各股东共得"花红"一十六股,经理、襄理和全体职工共得花红六股,每股按当时市价计约为五六百两银圆。店方供给全体职员食宿,外场职员每年人均工资约为一百两银圆,另有公纪(珠、翠、宝玉、钻石等镶嵌货的销售利润全归职员,故称"公纪")约七八十两银圆,花红也约七八十两银圆,合计为两百五六十两银圆。里场工人的人均工资一般稍低于外场职员,无公纪与花红,但有金贴和银贴资助,合计约二百二三十两银圆。利润分配合理,职员满意,银楼的经营状况很快得到扭转。

2. 改革人事管理。随着银楼经营体制改革,在经营管理和专业人士聘用上也做了大胆革新。方盛氏首先聘用长期在上海银楼工作,熟谙业务的裘清甫先生担任方聚元经理。由于裘先生秉性耿直,处事干净利索,方盛氏放手让裘先生全面管理银楼的业务,授以裘先生全权负责店务职责。裘先生不负方盛氏重托,大力整顿店务,放胆烧了三把"火":第一,为稳定银楼经营,狠抓金银首饰的加工环节,大大提升了质量。第二,广开财源,吸纳存款,充实了资金,扩大了金银的库存量。由于有了充足的金银原材料,加上精致的加工,方聚元的金银首饰很快赢得了市场。第三,诚信拓市、和气生财、顾客至上的经营风格,保证了方聚元在市场上的形象。裘先生要求全体店员做到微笑服务,老少无欺。为保证这一经营风格不走样,他还亲自坐镇店堂,一来能及时为客户解答各类疑问,二来对店堂员工也是一种监督,而且从开市到打烊天天如此,风雨不改。

在裘清甫的精心管理下,方聚元的生意蒸蒸日上,成为甬上银楼业执牛耳者。

方聚元和甬上诸家传统银楼店经营相仿,店堂由前厅和后院两部分构成,每部分均有职员二十余名。聘业务经理一名,有时还聘有副经理一名,另聘有账房先生(今为会计)一名,专管银楼的账目往来。其他职工十余人分别在料房、作坊等各司其职。方聚元银楼出品的金银饰品造型新颖,色彩亮丽,制作精细,而且每件饰品的用料都注明在标签上。一旦制为成品,就交于管货,按档保存。同时,方聚元也收购旧金银饰器,进行熔铸、化炼等再加工。

俗语说"金无足赤,人无完人",而方聚元银楼店却一直以"足金之品,诚信立市"为经营宗旨。当时银楼业,都按上海银楼业大同行的规定(也为业界所公认)以含金量达 99.3% 为"足赤"。就传统的熔炼方法来说,要达到这一标准,即便是技术高超、深谙火候的老师傅来操作也无法保证百分之百。方聚元坚持诚信立市,积极采用西方硫酸提炼法。这类冶炼方法对设备要求较高,而且冶炼技艺不易掌握,为了保证商品质量,"宁失利而不失心",方聚元放弃自己炼金,而把浑金带往上海,交予沪上正规冶金厂加工炼制。因此,方聚元从未出现过售出商品不达标准的现象,没发生过"折扣"事故。当时,甬上顾客只要看到烙有"方聚元""福""足赤"三类钢戳字样的金银饰物，便知道此等饰物不会有一丝一毫成色不足的问题。

二十世纪二十年代后期，市场上出现了金贵银贱的局面，为适应市场需求，方聚元一改传统加工工艺，在工艺造型上做了改进。率先调整了经营方向，改"银楼"为"金楼"，店里突击加工了一批黄金饰品，此后金楼销售中九成为金制饰品，只留了一成银制饰品。为了让店里的饰品独领风骚，方聚元大力发展当时流行的镶嵌业务，还与上海同行联系，派人到上海去学习先进的"摩登"饰品加工技艺。由于方聚元的黄金饰品设计新颖精巧，工艺考究，一时成为宁波市面上黄金制品的领头羊，店里的生意再次兴旺，成为享誉沪杭甬三地的银楼名店。

1926年，方聚元银楼老板方逸候先生因病去世，其时不过五十岁。方先生去世后，店里由才十七岁的长子方仲吾接班，当时他还在宁波效实中学念高一。方仲吾虽然还是一个学生，但受孙中山提出的三民主义影响，一心想从军报国。1927年，方仲吾偷偷离家，只身去南京报考黄埔军校（其时，黄埔军校已从广州迁址于南京）。方仲吾离家出走之后，方家的其他男丁才十几岁，都在上小学，而方盛氏也因健康原因不再参与银楼经营。这时，由方董氏（方逸候第二位妻子）执掌银楼日常事务，并由精力还充沛的裘清甫先生继续担任经理之职，具体管理银楼内外经营业务。

方盛氏去世后，方家不少成员陷入挥霍无度的泥潭，一时造成方聚元巨额亏空。为扭转局面，方聚元将股份出让给蚌埠的老凤祥银楼经理桂安卿和本店经理裘清甫。裘清甫下力气做了内部整顿，虽然得罪了不少人，但店里的经营有了些许好转，股东们也看到了希望。时局稍趋平稳,百业随之呈现复苏之态。然而好景不长,西方列强的经济势力又一次卷土重来,大肆侵占中国金融市场,上海的金价步步攀升。由于成本迅速提高,银楼业生意日趋惨淡,宁波方九霞、新凤祥、新宝成等几家银楼大户相继歇业,甬上的银楼业又一次趋于凋零。

二十世纪三十年代,日军侵占我国东北,国内战乱频频,时局动荡。在此背景下,上海的黄金价格再次蹿高,民生萧条、百业萎靡,甬上银楼业更是举步维艰。方行远、方紫金等甬上银楼大户再度濒临破产歇业,方聚元幸有方董氏和裘清甫支撑,才能维持经营。

一波未平,一波又起,1935年,国民政府为挽救财政危机,推行币制改革,实行"废两改元",颁行法币,收兑全国银圆,金价再度飙升,使得已经不堪重负的甬上银楼业再一次遭受重创。方聚元为应对如此窘境,维持营生,金货买卖不得不由原先的出多进少改为进多出少。这时,银楼业内不少人建议方聚元、凤宝、天宝成、老凤祥、方行远、方紫金六家银楼联合起来,结成一个联营组织,共渡难关。不久,这六家银楼便共同设立一个联合收金处,投靠中央银行,专替该行收购宁波地区的民间黄金,以赚取该行佣金,来维持整个行业的运营。

1936年,联合收金处于凤宝银楼旧址正式成立。在当时国民政府的操控下,任何金饰、金器、金条,都实行只收不售的政策,还发动全市各银楼向中央银行投售库存金货。当时,方聚元的股东有的年少不更事,有的老而无能,都不明白背后潜藏的巨大风险。而经理裘清甫也已年迈力衰,心力不足,他将店内全部存金一千余两拱手兑给了中央银行,将所得法币全用于清偿客户存款。在国民政府有预谋的操控下,方聚元银楼店最终只能发资解散里场工人,只留下外场收金员与经理裘清甫等各领一份干俸以维持银楼店的基本运作。然而厄运并未终止,最后,宁波不少银楼只能以关门收场,方聚元仍苦苦支撑。

抗日战争时期,裘清甫终因心力不支,辞去经理一职。方聚元新聘当时颇有名气的俞安国先生(其父当时为鄞县公安局局长)担任经理,但由于时局动荡,也难有作为,银楼艰难支撑直至抗战胜利。时任银楼老板为方逸候二子方彭吾,方彭吾为人忠厚老实,自感经营底气不足,最终还是辞掉店主之职,由他的弟弟方雄吾接任,由俞安国先生继续料理银楼业务。但方雄吾年少,既缺乏经验,处事又欠考虑,且常抱投机之心,在抗战胜利后至新中国成立前,经常投资糖业和棉纱业,但他投入的几次重大商业活动均以失败告终,致使银楼损失惨重。由于投机失败,他只身离甬远去他乡,至二十世纪五十年代初在上海安身,后来做了上海一所著名学校的语文教师。方雄吾离家出走后,方氏在银楼的股金日益减少,俞安国逐渐成为大股东,也成为银楼实际的主人。

作为商业实体的方聚元银楼在老一辈宁波人的心中,仍是宁波银楼业的代名词。以方聚元为首成立的宁波联合收金处,存在了很长一段时间,为中国银楼史留下了特殊的一页,并对之后中国金融市场的发展产生深远影响,曾为宁波银楼业执牛耳者的方聚元,在宁波金融史上也留下了浓墨重彩的一笔。

(本文由方氏后人口述整理而成)

人物逸事

33

永寿巷的传奇女子李师母

永寿巷原先叫水浮桥巷,是一条颇为冷僻的小巷,徐时栋先生所编的光绪《鄞县志》上就有对此小巷的记载。二十世纪三四十年代,在这条冷僻的街巷里,却住着一个富有传奇色彩的人物。

一、永寿巷东头大宅的李师母

永寿巷靠南是一条小河,可通小木船,与河并行的是一条由丈把宽的青石条板铺就的小路。小路和小河都东西走向,直通西河(西塘河),而后出老城厢。永寿河至乌河桥一带在1934年还经人工疏通过。据曾经住在这一带的老人回忆,永寿巷东头有座永寿桥,桥边有一座永寿亭,古朴又宽敞,两边有留给路人休息的石条凳。每块石条凳长一丈有余,宽也有尺半光景,别的凉亭里很少有这么长而宽的石凳。石条凳面光滑锃亮,大概是坐的人多了,表面就磨光滑了。亭子旁边有一条石阶,直通向小河。直到新中国成立之初,这亭子还在。当时虽说这里是小河之终端,却无垃圾杂物,河

※ 时七十岁的李师母

水清清,附近居住的人家还要从这条河里挑水,供平时生活之用。永寿河流经十六块桥板,直通当时中山公园内的小河,使公园小河长年有了活水。

永寿巷北边均是低矮的民宅,隔河而立的却大多是楼房大宅。尤其是永寿巷2—5号那个大院,在这一带较为醒目。大院南边为尚书街1—5号,东面为呼童街1—5号,院内靠南为五间两弄两层楼房,从其所占门牌号就可知道这幢宅子的规模。大院的北面是占地颇大的后花园,有建筑精致的桂花厅。厅处在桂花合围之中,周围有六棵硕大的桂花树,其中两株为四季桂,另有金、银桂各两棵。此厅不同寻常,兼有亭与轩的特色。厅高而宽敞,六面均有精雕细刻的装饰,配有彩色玻璃窗,启合随之,冬暖夏凉,四季飘香。桂花厅北还植有多株广玉兰,足有三四层楼高,长年绿叶簇拥。五间两弄的楼房前进有一个宽敞的明堂,靠南沿墙是一排青石围成的花坛,花坛上栽有几丛蜡梅,入冬后,蜡梅盛开,整幢楼里就洋溢着梅香。明堂靠东西两边的明轩间前都有几口大缸,里面养着名贵的金鱼,常引来街坊邻舍观看。

民国十几年光景,后花园除保留桂花厅外,假山、花坛一律被拆去,宅主聘请了宁波建筑事务所徐海如先生设计并督造了西式四层楼房一幢,四楼阳台顶上还设有水泵,地面挖有深井一口,从此宅内用水都能自给自足。新建楼房面北有两道小门,开门便是永寿河,河面上建有一座小桥,漫步过桥就到了永寿巷。

四层洋楼东面辟有大洋铁皮包的两扇大门,大门与楼房、窗棂一式漆着洋灰漆。从此,永寿巷2—5号完全改变了模样。(永寿巷原本无1号,不知是什么原因,问目前还健在的旧居后人,仍搞不清楚。)直至新中国成立之初,按续卖政策,这幢四层洋房转让给了宁波大众报社使用。二十世纪七十年代,所有的旧居被拆掉,改造成为五层楼房。

这幢占地那么大,兼有偌大后花园的住宅的主人,附近熟悉的人都称呼其为"李师母"。她是与其年龄相差二十八岁的盛老板的续弦夫人。盛老板原是做棉布生意的,后来结识了沪上不少朋友,合伙集资创建了汉口招商局,专做长江水上运输。因时局不稳等诸多原因,当时海上和长江运输行业风险颇大,盛老板处事稳当,特别谨慎,轻重之事都会留心过问,容不得一点差错。因为善于管理经营,没过多久公司经营规模就扩大了,盛老板成为甬上一位著名的实业家。经济上富裕了,经朋友介绍,盛老板就把尚书街里一幢五间两弄的旧宅进行了扩建,还买下了包括呼童街及永寿巷2、3号一带的小平房,不久又新建了桂花厅(后花园),成为永寿巷、呼童街、尚书街东头一户大人家。盛老板先育有二子,正当他事业蒸蒸日上之时,妻子不幸得疫病亡故,此时盛老板才四十四岁,正当年。由于他一心扑在事业之中,也没心思想续弦这件事。

一次偶然的机会,在上海的表姑问他续弦之事,他也只是顺口应付了事。其表姑见他外侄如此热衷事业,如果续一个心机重、刁钻的女人，反而不利。她想起来，在上海广东路一带做古董、玉器生意的一位朋友说过，苏州有一位做玉器生意的老板，近期因赌石失了眼而破产，债主日日上门讨债，日子过得颇为艰难。夫妻二人育有一子一女，女为长，正值花季，芳龄十六。因家中遭此变故，正有意将女儿早些许配给一户经济稍好的人家。盛老板的表姑只虑两人年纪相差二十八年，想想这事恐怕难办些。但是从持家角度考虑，这位女子为人忠厚、善良，没有什么心机，正是合适人选。其表姑想了想后，就与盛老板说了此事，如果他同意，她就托朋友去说说看。

所谓有缘千里来相会，说着说着，这桩事情居然真说成了。据说媒人是这样对那位李老板说的："你现在两个小孩，自己又无分文收入，虽然女儿嫁过去好像有些吃亏，但这样的话，不但你们二老生活有了依靠，你家儿子的生活也能有保障了。"这件事情，经这样一撮合就成功了。盛老板为人地道，续弦之后，从不炫耀他有钞票，待妻子如小女儿一般，从此，家中就改了模样。过了不久，盛老板把妻子的小弟带到上海读书，一直读到初中毕业，见丈人丈母娘身体也不是很好，于是对小舅子说："我看这样好不好，反正你也初中毕业了，在上海给你介绍一个好些的工作，这样你爸妈心里也停当了，你手头也活络了。"小舅子听了当然高兴，后由他姐夫介绍在上海亚细亚石油公司工作，收入也不差。平时，盛老板还常常给小舅子钱，言下之意是叫他转交给丈人丈母娘用。后来，盛老板干脆把丈人丈母娘接到宁波来住，二老生活也稳当了，妻子也放心，他又可一心扑在事业上。

盛老板续弦后,又喜得二子二女,生活也很开心。然而,好景不长,结婚还没到二十载,刚过六十的盛老板便得了恶疾,久治未愈,到了第二年,没过冬至就见不妙。他自己看着是挨不过去了,心中明白,妻子还只有三十几岁,年纪尚轻,而前妻所生的大儿子比她还要大,恐怕她日后要吃亏,况且还有四个小孩要靠她抚养成人,左思右想,总觉得太亏欠了她。于是,在一个晚上,他把妻子叫到床边,拉着她的手说:"我盛某人,平生也没有什么人对不起,只有对不起你一个。原想家业也兴旺,子孙也不少,但如今我恐怕再也照顾不了你了。我别的也没什么牵挂,只是担心你日后人难做。我一生兢兢业业,也从来不奢侈浪费,总算挣得了这份家业,如果我死后要分家,地产、房子、银票都是明摆着的,恐怕也不好分得他短你长,只好实打实来。好在我平时还留了一手以备急用,倒还有几箱金条留着,这些就留给你以后过日子,估计也足够开销了,只是希望你把子女抚养成人,今后有出息才是。"说着说着,盛老板老泪纵横,而苏州小女子也早就哭成了泪人。两人虽然年龄相差许多,但经过二十年来的恩爱生活,也有了很深的感情,这说起来可是一场生离死别啊。

　　过了不久,盛老板过世了。按遗嘱,前妻所生两个儿子除了分得多处房产,还分得不少银两。而永寿巷这所五间两弄旧宅就按遗嘱划归后妻所有,另外她还分得城内若干房产。分家是在家住尚书街的王律师主持下,在妥妥当当的气氛中完成的。从此,李师母就带着两儿两女在永寿街的居舍里过日子了。

二、办学校,开医院,尽行善心

过了几年,几个孩子逐渐长大了,先后上了中小学。李师母虽说没上过多少学,也没有多少文化,但在培养孩子的问题上,却很有一些想法。想想自己十六岁就为人妇,不久就料理起这么一个大家庭那么多的事情,为此,她决心让孩子从小养成独立生活的能力,长大了进入社会就能应付纷繁复杂的种种事情。于是她让四个孩子先后上了有寄宿条件的翰香小学,到了周末就叫家佣去接他们回家。

但是当孩子上了学后,她就感到特别寂寞,一天下来无所事事。一个偶然的机会,她走出面向呼童街的东边大门,看到大门对面的一排小平房里有不少早已过了上学年纪的男孩子,家里也没有一个大人在照料他们。正在纳闷时,刚巧王律师走过来,她顺口问了一句:"王先生,这些孩子是哪家的啊?怎么没去上学?"从祖辈开始就住在这一带的王律师,十分了解沿街人家的底细,说:"李师母,这群孩子就是这里附近七八户人家的孩子,男人都是做挑夫的,女的做帮佣,都是供不起他们上学的。"李师母听在耳里,记在心里。有一天帮她家造房子的徐先生路过这里,顺道来看看李师母,这时,李师母就把心里所想与徐先生商量起来。她说:"我一个妇道人家闲着也没有事做,家里这么多房子空着,我想办一个学校,让住在周围读不起书的孩子能受点教育,我想花这些钱也是值得的。我在宁波也没有什么熟人,还得请你帮忙计划计划。"徐先生听了,觉得这个李师母倒是有一副慈善心肠,就说,这个事情好办,边说边来到四层洋房旁。洋房底层一共四大间,徐先生就说可安排两个大间做教室,他帮忙叫他们那边的木工去做一批桌椅来,叫电工过来重新铺一铺电线,安上几个亮一点的日光灯,再加上房间里原来就有的几扇窗户,也够明亮了。经徐先生一说,李师母心里委实高兴。想到一个学校总得要有一个名字,徐先生就建议说,李师母既然是办义学,就以李师母的名字做校名吧。这样就说定了。经过一个暑期的准备,下半年九月,秀宝学校开学了,想不到左邻右舍几条街巷的穷人家的孩子都来报名上学了。开学那一天,整整齐齐地坐满了两间教室。教书先生自然也由徐先生请来。从此,大宅靠呼童街的大门就热闹起来。开学那一天,李师母还特地给每个学生送上一个书包和一套文具。从这以后,左邻右舍就开始称李师母为"李先生",这一叫,就一直叫到二十世纪五六十年代。

李师母的义举,赢得当时社会上的一片赞誉,有不少社会名流,不管以前是否认识盛先生,也常常会来此串串门、聊聊天。从此,李先生的名声就在永寿巷、呼童街一带响亮起来。

秀宝学校一直办到日本军队攻陷宁波城之后,李先生要带领家里的孩子去乡下避难时才停的学。

自从办义学之后,李先生就忙碌起来。她毕竟是一个女人家,要处理里里外外的事情也颇费周折。后来友人劝其说,你一个女人在家,孩子也尚小,我们看看这位徐先生为人正直,也乐于助人,不如你们两个合为一家。一来家里有一个男人撑着,也好有个照应;二来家中里外许多零杂之事,也能由他去处理。经得几位朋友的劝说,这事后来自然成了。成家之后,李先生又育得二女一男,宁波沦陷后所生的一双儿女,干脆一个叫必胜,一个叫必成,都是寓抗日必胜、抗日必成之意,足见他们夫妇俩也颇有一颗爱国之心。

　　李先生不太懂社会纷杂之事,但心地善良,自从办学成功之后,不少社会名流也常常成为她家中的座上客,其中就有宁波商会会长、宁波电力公司倪老板。由于家中孩子多,难免会有些头痛感冒的,徐先生就建议说:"这么大一家子,还是请一个家庭医生,平时能得到更好的照顾。"李先生一听这话,就萌发了办一家医院的想法:"在鼓楼边的公园路有郑先生开的鼓楼医院,我们这里房子多,反正现在学校也不办了,干脆把四层楼房的一楼辟为门诊,二楼设住院病房;常来我家的孙先生是日本学医回来的,有很高明的医术,不如请他来主持西医内科。"徐先生听了这话就接上来说:"温州白立德医院有一位医术很高的妇科医生叫徐霖钦,我有把握请他来这里。"夫妇俩商量好了,就叫人办事。过了不久,名为"呼童"的医院就开张了。李先生是呼童医院的投资人,特聘孙先生为院长并主持西医内科,聘徐霖钦先生为妇科主任,并设外科、耳科等。医院开业以后,生意十分兴旺。但对李先生来说,办这所医院,总的还是以行善为宗旨,贫穷百姓来看医生,医院视其经济情况,常常只收一半费用,有的还是全免。由于医生医术高明,呼童医院在宁波很快就有了很好的声誉,与宁波老城厢中公园路的鼓楼医院、在右营巷天然舞台侧对面的保真医院不相上下。从此,呼童医院、鼓楼医院、保真医院与慈城镇的保利医院成为老宁波四所享有盛名的西医院。新中国成立后,药行街上办起了宁波工人医院,呼童医院里主持西医内科的孙先生,还一度受人民政府之聘担任该院院长。

三、领养弃儿,拯救革命人士

李先生生来就有一副好心肠,自从盛先生去世后,她自持家务,也慢慢变得老练起来。与徐先生重建家庭之后,结交的人也越来越多了,慢慢地,她开始走出家门,常常与左邻右舍交往攀谈,由此了解了社会上的一些事情。呼童街上大宅东大门对面是一排十来间的平房,平房里堆着一些杂物,一大半是空着的,原来都租给拉洋车的、做苦力的外地人。后来,李先生见他们生活辛苦,发了慈悲之心,一律免了他们的租金,这些房客见房主这样对他们,千恩万谢后,遇上主人家有事也常来帮忙,日子长了,过得如一家人一般。

有一年冬天,天冷得早,永寿河水面上早早就结上了一层薄冰。某日,天特别冷,家家户户早早闭门躲在家里。这时,永寿巷凉亭里传来一阵阵婴儿啼哭的声音。李先生听见了,叫家里的用人出门去看看。用人看了回来说,在凉亭角里有一个被人丢弃了的小孩,看样子才四五个月大。李先生听了连忙叫用人把这个孩子抱来。用人抱回的小孩裹着一层破棉被,脸冻得发紫,李先生连忙叫用人把孩子抱到生着火的房间,又拿热水,又找原来自家小孩穿过的衣服,一阵忙乱之后,又连忙叫人到"下侍店"(现在叫保姆介绍所)去叫奶娘。一切调排(安排)停当,李先生总算宽下心来。殊不知,这一养,直养到十八岁,嫁给了宁波电话公司的电话维修工。说到这位新郎官,原来还是时常到家里维修电话的一个后生,照现在说来,这两人的婚姻还称得上是自由婚姻。到了办喜事的日子,李先生专门给他们安排了在秀水街的房子,不仅添置好了房里家什,而且被服、首饰等嫁女所需,也一应俱全,可以说全部是由李先生一手包办下来。把一个被弃婴孩,一直养到成人,还风风光光地嫁出去,怪不得左右街坊都异口同声称赞李先生真正是一个好人。新中国成立以后,李先生还十分支持这位养女去找亲生父母。功夫不负有心人,过了几年居然还真在武义那边找到了。李先生听了也十分开心,还主动请他们到宁波来聚。相聚的那一天,她还特地请宁波东福园的大厨来掌勺,烧了一桌好菜,高高兴兴地聚了一回。

要说李先生是个妇道人家不假,她也不管社会上复复杂杂的事情,只一心持好一份人家,养好儿女之外,总是十分热心地帮助别人。那是1947年的一个秋天,家中的常客宁波永耀电力公司倪老板来求李先生帮忙,想通过她想想办法,去保出一个被关在监狱里的亲戚。李先生听后自忖,我一个女人有什么法子可想,还是叫徐先生想想办法。徐先生一听是倪老板的事情,自然得帮忙,就请来宁波商会王先生商量,最后,由李先生出十石米价请王会长去市政府打点关系。事情果然办好了。事后倪老板亲自上门答谢,这件事情就这样过去了。直到新中国成立后,李先生才知道她救出来的人原来还是三五支队里的一个领导,新中国成立后还在地委里当了大干部。说到后来,又应上了一句老话:"好心总有好报。"六十年代困难时期,因女儿、女婿在西藏平叛,李先生身边养了一群外孙、外孙女,日子也较艰辛。这时,被她救出来的那位革命志士的妻子送来了二十斤全国粮票,五十元人民币,这在当时可是十分不容易的啊!

李先生就是这样一个人,她不知道什么深奥道理,总觉得走路要走路中央,待人要凭良心。朝鲜战争爆发时,当时的电力公司倪老板又过来说:"李先生,国家有困难,你是不是也捐助一些钞票,帮助国家购买飞机大炮?"李先生听是倪老板讲的,总觉得不会错,于是拿出往日盛先生私下留给她的黄金,说现在她身边也有不少孩子要抚养,就捐献一箱大黄鱼吧,让倪老板叫人到政府那边去捐掉。就是因为这件事,李先生的名字还上了光荣榜。

照理说,李先生这么一大户人家说得上是较大的资本家了,而在新中国成立后的几次运动中为什么一点没有受到冲击?听原来在她家挑粪的人说,李先生从来不做对不起别人的事情,一心帮贫苦百姓,这样的人为什么要去处理她呢?后来才知道,原来这位挑粪人的身份是地下党的联络员。这身份一讲,吓得李先生直发抖,噢哟,十多年来,你原来还是一个共产党啊!据时已七十余岁的李先生的小女儿说,还有一件事要是让姆妈晓得,那更是要吓煞她了!李先生根本不知道,在抗战时期,在她家四层洋房的顶层小间里,还设有秘密的抗日电台,专门收集在甬敌伪政府的有关情报,发报员姓黄,人称黄小姐。她的男人姓林,新中国成立前去了台湾。夫妇俩有一个女儿,长得水灵漂亮,可红颜薄命,在经历三次不成功的婚姻之后,病死在疯人院。据说这个电台还与杭州、温州、金华等地的情报站相连,统一由重庆的戴笠负责。

冷僻的永寿巷,如今已改成永寿街,这幢四层楼房在新中国成立后被政府以续卖政策处理成为宁波大众报社用房。带着子女,李先生住到分给她的老房子里去了,直至"文革"期间因病去世,享年七十岁。她去世之后,不少左邻右舍一说起她来,总少不了称赞一番,但却没有一个人能完整地知道这位李先生有这样的传奇经历。七十年代,中美恢复了外交关系,李先生远在美国的儿子,整整找了一年有余,通过孙先生夫人,终于寻到了他家尚在的亲人。离开前,他把母亲的墓道好好地修整了一番,尽了一个儿子的孝道。

(本文根据李先生女儿口述和其他相关资料撰写)

孤云野鹤云水僧——弘一法师在甬的日子

"长亭外,古道边,芳草碧连天……"每当人们听到这首耳熟能详的《送别》,就会想起曾经的青葱岁月,会想起那位云游四海的弘一法师。

弘一法师原名李叔同,浙江平湖人士,出生于天津一富裕的大户人家,年少聪慧,多才多艺,举凡诗词、篆刻、书法、美术、音乐、戏剧等等,无不领风气之先。1916年,三十七岁的李叔同来到西湖虎跑定慧寺,试验停食十七日,自觉"身心灵化"。断食期满后,他开始素食、看经、礼佛,遂改名李婴。1918年,李叔同彻底放弃了在浙江第一师范的教职,在定慧寺出家,皈依了悟和尚,为在家弟子,取名演音,号弘一,自称当来沙弥。事后,他把他的油画、衣物、书籍等分赠给北平国立美专学校和他的学生经亨颐(曾任宁波中学校长)、夏丏尊及丰子恺、刘质平等。农历七月十三日,披剃于虎跑定慧寺。从此,李叔同就以一个佛门弟子的身份,出现在人们的眼中。弘一法师前半生于文艺无所不精,后半生开律学一代新宗,壁立千仞,览

✧ 弘一法师

之目眩。1980 年，赵朴初先生在其《弘一大师赞》中曰："深悲早现茶花女，胜愿终成苦行僧。无尽奇珍供世眼，一轮圆月耀天心。"概括了大师之生平与成就，可谓允恰之至。

皈依佛门后，弘一法师曾多次来到宁波。是什么让他与宁波结下这段不解之缘？自然应归因于佛学，确切地说，是他所追求的佛学中的律学。

文人皈依，习禅者居多，因其直指人心，见性成佛，又不假经教，不立文字，讲求顿悟，修行相对自由，不那么辛苦，最能满足失意文人"狂便谈禅，悲还说梦"的寄托。而弘一法师以雄健伟力，起八代之衰，持戒第一。皈依佛门之后，弘一法师很快就发愿弘扬律学，专研四分律。

1925 年，弘一法师自温州到宁波，挂单江东七塔寺。当时其昔日学生夏丏尊正在省立四中（今宁波中学）任教。不久，夏丏尊邀请其老师至上虞白马湖小住，过了不久，弘一就回了温州。这算是弘一法师第一次来宁波，也是他对宁波佛教的初次了解。时隔五年之后，1930 年 5 月，弘一法师来到宁波白衣寺，会晤虚云禅师与文质和尚，并且还一起摄影留念。这就是他第二次来宁波。同年秋，弘一法师去上虞白马湖法界寺之后，又慕名来到宁波慈溪金仙寺。从此，在两年有余的时间里，弘一法师在宁波致力弘律，并创办南山

❖ 现金仙禅寺

❖ 金仙禅寺内的白湖讲舍

❖ 五磊寺之药师宝殿

律学院。

其时，亦幻法师任金仙寺住持，弘一法师曾在闽南与其有过一段密切交往：1928年冬天，弘一在厦门普陀寺小住，亦幻法师时任闽南佛学院教师，两人慕名互识，从此有了亦师亦友的亲密关系，也多有鸿雁往来。亦幻法师曾写有《弘一大师在白湖》一文，文中道："弘一大师在白湖前后住过四次，时隔十载。第一次大概是在民国十九年的孟秋，以后的往来，亦多在春秋佳节。他因为在永嘉得到我在十八年冬住持慈溪金仙寺的消息，以为我管领白湖风月了，堪为他的烟雨同伴，便叫芝峰法师写一封信，通知我到白湖同住。"这里的"十九年孟秋"也就是1930年的初秋。芝峰法师通知之后，弘一大师背着他的小藤筐就匆匆来到了金仙寺。

白洋湖（简称白湖）畔的金仙寺，背靠嵯峨的禹王山，寺庙的前半部坐落平地,后半部则沿山而上,路人只见其横墙耸天,绵延无际,不知其大几何。据《慈溪县志》记载,该寺始建于梁大同年间(535—546),初名精进庵,唐乾元年间(758—760)改名福林寺,宋治平二年(1065)赐额金仙寺。历元、明、清诸代,时兴时衰。其兴盛时,吸引各方游僧上千人。现代名僧太虚、芝峰、常惺、印顺、竺摩、会觉诸法师,都曾驻足于此。正因为金仙寺历史悠久,佛事兴旺,名僧驻足,于是也引起了弘一法师的极大兴趣。

1930年10月15日,正逢宁波观宗寺住持静权法师来金仙寺宣讲《地藏经》和《弥陀要解》,弘一大师慕名来听法,从头到尾未缺席过一次,其认真程度可见一斑。静权法师阐释了《地藏经》中记录的佛陀释迦牟尼为其生母说法的内容,提倡子女应当孝敬父母。当他讲到《阎浮众生业感品第四》里的一则包含孝思伦理的故事时,触动了大师对亡母的深深思念,他听着听着竟然失声痛哭。时弘一法师已年近五十,然思母之情仍如此真切,可见大师为俗为僧,都率性天然,令人敬重。

弘一法师在金仙寺,除听经外,每天饭后都用他的天津方言朗诵《华严经·普贤行愿品》数卷,回向四恩三有,作为助生净土的资粮。这段时间,除了研究《华严宗诸疏》,还为天津佛经流通处校勘一部《华严经疏》,一部灵芝的《羯磨疏济缘记》。大师也抽时间在小范围内讲授"三皈""五戒",用自己写的《五戒相经笺要》做课本。

弘一法师第二次到金仙寺是在1931年3月,时年五十二岁。他自上虞白马湖而来。当时在上虞春晖中学教书的夏丏尊、刘质平等学生为昔日的先生举行祝嘏,心里也十分高兴。趁着明媚春光,大师来到白湖畔金仙寺。在这期间，大师又几次往返金仙寺与五磊寺之间。两寺相距十五里路程，途中水光山色，风景宜人，又兼当地民风淳朴，给大师留下了深刻的印象，他的心情也特别好。是年9月，大师在金仙寺完成了著名的《清凉歌集》。集子共收五首歌曲，为《清凉》《山色》《花香》《世梦》《观心》。在《清凉》《山色》两首歌中，大师写到了鸣鹤山水，其中有"清凉月，月到天心，光明殊皎洁。今唱清凉歌，心地光明一笑呵。清凉风，凉风解愠，暑气已无踪。今唱清凉歌，热恼消除万物和……"又有"近观山色苍然青，其色如蓝。远观山色郁然翠，如蓝成靛。山色非变，山色如故，目力有长短。由近渐远，易青为翠；自远渐近，易翠为青……"鸣鹤之山，山色苍翠，杜湖之水，清澈如镜，鸣鹤的山水艳丽又清纯，近乎佛心，自然成为弘一法师吟咏之物。

该年岁末，天气特别寒冷，当时在厦门的广洽法师来信催弘一法师前往厦门过冬，因时局不宁，未去成。然后弘一法师就去了杭州、绍兴。至腊月，回到镇海龙山（今属慈溪）伏龙寺度岁。

第二年春，弘一法师仍住伏龙寺，旋即赴鸣鹤白湖畔金仙寺。

弘一法师最后一次在鸣鹤，应该是1932年9月至11月间，他在《地藏菩萨圣德大观序》中说："后二十一年岁次壬申九月，余据峙山……后二月，云游南闽，住万寿岩……"离开鸣鹤后，大师即缁衣芒鞋，飘然云游闽南。

1931—1932年，他曾多次往来于金仙寺、五磊寺和伏龙寺之间，相比前两个寺院，他更倾情于伏龙寺。弘一法师与伏龙寺住持诚一法师关系融洽，他三次到伏龙寺，创作歌曲，书写佛经，讲律说法。在五磊寺办律学院未成后,他又返伏龙寺,是时为其学生刘质平居士书写了两百余幅书法、楹联,所写内容以法语为多,其中的《华严经·十回向品·初回向章》自视为此生最精之作。此后,他又超越自我书写了平生最为壮观的巨作《佛说阿弥陀经》,整件作品,五尺整张屏条,共十六幅,每幅六行,每行二十字,创作历时十六天,却似一气呵成,看不出有气韵脱节之处,如将其中三十七个"舍利"字叠放在一起,几乎分毫不差,堪称神奇。后他将这幅巨作与两百余幅书法楹联,全部赠给他的学生刘质平。因了刘质平对这些作品的精心呵护,现在的广大民众方有机会一睹弘一法师精湛的书法艺术。弘一法师的书法运笔挺秀,结体修长疏松,气韵清拔,洗净铅华,不事修饰,不求意态趣味,拙朴自然,镇定从容,一如弘一法师身之形貌、潇洒谦和之神。

弘一法师在伏龙寺小憩后,来到宁波城内的白衣寺佛教孤儿院,并把那块自己书写的"南山律学院"牌子,挂到了白衣寺门前。

❖ 现尚存的白衣寺大殿

旧时，白衣寺也是甬城一所比较有影响的寺院，该寺始建于唐长兴元年（930）。宋建隆年间（960—963），这里是节度使钱亿的廨宇，某日，钱亿见梁现白光，木纹有观音相，乃易其梁，刻成观音，奉于寺，即为白衣寺。到了建炎三年（1129）寺毁，不久又重建，明洪武三年（1370）记，"以其址改造本府廨宇，不久迁寺于北门"（《闻志》）。由于曾游学泰国的头陀曾为住持，白衣寺在市内的影响有所提升。弘一与头陀的关系不错，也有很深的交情，弘一还曾一度邀头陀当律学院院长。虽然最终律学院没办成，但弘一还是把律学院的招牌挂到了头陀当时所在的白衣寺。这一次，弘一在白衣寺没住几天，随即去了上海，准备从上海前往厦门。

弘一法师之一生可谓"绚烂之极，归于平淡"的典型。其皈依佛门的指路人马一浮居士在挽诗中说："苦行头陀重，遗风艺苑思。自知心是佛，常以戒为师。"不管怎么说，这么一位旷世奇才、佛学宗师、近代中国文化史上的巨星，曾有这么长的时间驻足宁波，实乃宁波之幸。

蜗寄庐与孙定观先生

天封塔东南原有座天封寺，天封寺后有条塔前街（也叫塔影巷）。塔前街原是一条仅九尺来宽的小巷，面北的一侧是民宅，临南的一边是一条宽丈把的小河。这小河直通观宗寺南边的采莲桥，又与濠河相通，也与望湖桥的小河相接，连通月湖。月湖之水与西后街的小河相通，往西与北斗河相接，直贯西塘河。由此经板桥、西门外航船埠头便直通西乡水系，往南则直接与南塘河相通。塔前街的小河因此可以撑田庄船。沿河一带大多是大户人家，多家门前都有埠头。可惜这些河网在新中国成立前后因城建先后被填。

塔前街上有一户孙家，主人叫孙家湘，原是清末秀才，后在外做茶叶生意。虽说是一位商人，却十分喜好收藏古籍，平时也喜欢写写字，绘绘画。由于经商得法，赚了钱，于是发心收藏古籍，苦心孤诣，四处寻觅，时日长了，倒也购得不少图书，其中不乏珍贵的善本。因嫌原来在三支街的房屋太小，于是在朋友帮助下，在塔前街一带觅得一块好地皮，在此修缮居舍，建成了三间一弄的两层楼房。

❖ 孙家溎先生

楼房分前后两进。前进是一排两层三间楼房,靠西处还建有一间明轩。在中堂前有一天井,天井南边靠墙用青石板垒成一排花坛,种有几棵蜡梅,两旁边还栽有几丛天竺葵。冬日,蜡梅澄黄飘香,丛丛常绿的天竺葵上点缀的是一串串深红色的天竺果。明轩门口一排三只七石缸,其中一只养有好几种金鱼。中堂前有一条宽三尺多的走廊,中堂两旁是两间卧室。有朋友来一般就在堂前间或明轩就座。明轩间不是很大,十几平方米,里面除了书桌、椅子、茶几,最惹人注目的是一个乌红木书橱(该橱现藏天一阁),据说是孙先生迁新居后,从药行街一家木器店购得,其工艺精巧,足见甬上红木家具制作的精致。堂前间一式读书人家的布局,大搁几上陈列的是一块尺半多高红木座的隐石(也叫灵璧石)。另一边是一架乌红木太湖石画屏。面南壁上,中间挂着松鹤图,两边是一副对联,堂前两边一式四把明式单背椅,客人一进入中堂,分明能感觉到这是一户读书人家。靠东一边是一条通向二楼的木梯,上了二楼靠后窗的是一条宽三尺左右的过道,顺便通向"堂楼登"和东西两边各一间的厢房。后进是一排平房,两进之间有一个小明堂,也一式放着几只七石缸。整幢楼房约有八百多平方米,最有特色的是一间名谓"堂楼登"的孙先生藏书之地。"堂楼登"靠西一边是一排木橱,橱内大多是藏画和一些善本,临东一边是两把单背椅,中间放一茶几。墙上挂有两幅小中堂。靠北一边的书架上陈列着大批的古籍,还搁有十来个大书箱。临南窗的是一张写字桌,桌子一边是一把转椅,另一边是一张红木腰鼓凳。据说这一间的家具都是其三儿子孙传哲先生年轻时亲手设计监制的,一式山桃木料,黑的底色上过了白漆,因而露出一片细而短的白色细木纹,煞是好看。这样的家具与楼下中堂的摆设全然两种样式,倒是有些西式家具的味道。这大概是上过美专学过绘画的孙传哲先生的想法。

　　孙家湴自从在塔前街定居以后,几年下来又觅得不少古籍,至二十世纪三十年代,累计有上万卷之多,这时孙先生才想起要给藏书之地正个名。过去,对喜好藏书的人来说,这么点房子算不上大房子,因而从陆放翁"蜗庐四壁空,也过百年中"的诗句中撷取"蜗庐"一词为书斋名,曰"蜗寄庐"。藏书人家最忌火种,因此,居舍周围首先要有水。蜗寄庐外就有一条河,房舍前后又有几个大水缸,正是为防火所用。

　　孙家湴虽然经商,但生性好学,也因好学而爱上藏书。二十世纪初,军阀混战,社会不太平,孙先生竭尽全力,不惜家财,抢救收藏散逸在社会上的善本、珍本,尤其收购从范氏天一阁、范氏卧云山房、卢氏抱经楼、陈氏文则楼、冯氏醉经阁、姚氏大梅山馆、徐氏烟屿楼、董氏六一山房等甬上著名藏书楼中流失出来的珍贵古籍。孙先生出高价购得的散失于民间的珍本计有四百四十余部,约两万余卷,珍贵的善本占一半之多,其中有著名的元刻《隋书》,明刻《范文正公全集》《蔡中郎集》,明抄本《圣宋名贤四六丛珠》等,蜗寄庐的藏书一时在甬上有了很高名望。民国时所修的《鄞县通志》上对此都有记载,谓孙家溎的收藏"专讲版刻,初收艺术小品,渐及四部,遇有精本,则以前蓄新,屡以银币而易得,故其所藏版本精美,而数量不多""尝出百金兑初印本《庚子消复记》二册。书友以其能出高价也,于是藏家散出之书,莫不先往孙氏家"。《鄞县通志·文献志》中还择要记录了蜗寄庐收藏的善本六十余种。

甬上藏书人家较之别地不能说不多。然而,能把书真正藏好,一直是十分不容易的事情。一来藏书之家要小心翼翼,随时翻阅所藏之书,以防虫蛀霉蚀。一般藏书人家一过黄梅天,转而入伏时,就要择日给所藏书晒霉,透透气,每年一次是万万不能省的。二来,凡藏书人家也不敢贸然给别人借阅,宁波人有一句老话"财勿露白,露白要出脚"说的就是这个道理。书多借了难免要流失。而藏书人家最担心的还是社会不太平。在抗日战争时期,孙先生为避战火,把

❖ 正在改造修缮的孙宅

所藏之书,一箱箱整理好,搬运到乡下山区建岙、横街一带。有一次搬运的人不小心,船一晃,好几箱书掉到河里,虽几经打捞,但也损失不少。如遇上兵匪那就更惨了,这些兵痞专盯有钱人家敲竹杠,见到孙先生那么多袋书,就放话要烧书。孙先生见状连忙叫人送钱求情,但已经有几袋书被烧成半焦。

❖ 孙定观先生

孙先生藏书还有一个癖好,每购一部新书,立即另外用纸作详细考证著录,附在卷内,从不随意在书中做批注。孙先生常感叹说:"读书当知人,知书,念悉其时代背景。"藏书人都知道要得一部好书是多么艰难,所以往往会有不少手抄之本。孙先生也是这样,每当看到百求而不可得之书,他就会亲自借书抄录。他的抄本有一大特色:都有统一格式,版心下方刻"蜗寄庐孙氏抄藏"七字一行。笔者在水北阁徐时栋先生的儿子处也曾看到过不少手抄的珍贵藏本,也是这么个抄法。

抗战胜利后,孙先生看到大部分藏书完好无恙,十分高兴。但这时他的身体状况却越来越差了,他心中明白久患顽疾难以治愈,于是叮嘱长子孙定观要抓紧时间整理保护好藏书,等待时机捐献给故乡学府,千万不要让珍贵的古籍、乡邦文献复遭烟云流散。没过多久,孙先生就溘然长逝。

孙定观先生于二十世纪二十年代毕业于上海大同大学财会专

❖ 孙定观先生捐赠给天一阁的蜗寄庐藏部分珍本、善本

业,后回甬执教于宁波商校(该校于五十年代搬迁至建德),新中国成立后,任宁波商校首任校务委员会主任(即校长)。孙定观先生自幼深受父亲熏陶,钟情古籍书画。1945年冬父亲因病谢世以后,他就继承父业,教育之余亲自掌管蜗寄庐藏书之事。他对父亲所藏之书珍爱倍加,常常亲自动手整理修补。由于家境尚可,孙定观先生也曾购得不少善本、珍本。他还广交书友,不断丰富蜗寄庐的藏书。孙定观先生育有六儿两女,八个子女全都受过高等教育,可谓是一脉书香之家。除了长子和三子现已病逝,写此书时已八十又六的次子、七十有余最小的儿子都还健在。笔者是孙先生最小的儿子的学友,二十世纪五六十年代多次去过蜗寄庐,也多次聆听过孙定观先生有关藏书的真知灼见。那时笔者尚年轻,曾把祖上所藏书画请孙

先生鉴别。记得有一次笔者拿线装旧本《石头记》《三国演义》等几部古籍和几轴字画去请教孙先生,孙先生都一一指点,从不厌烦,尤其是见到《石头记》一书时,大为惊喜,连说这是多么难得的程批啊。见到几轴字画,孙先生还说这个他也不太清楚,听说潘天寿先生近日要来天一阁,我们可以一起去请教大师。事后,孙先生真的把笔者的几幅画请潘天寿先生做了鉴定,认定这些画都是山阴三任之作,潘天寿先生还高兴地做了批注。可叹"文革"浩劫中,这些经鉴定的和本人所藏的好多古籍书画都毁于一旦。

孙先生常说:"想起藏书之艰难,父亲常说勿使珍贵典籍、乡邦文献复遭烟云流散,嘱告我辈抓紧整理,妥为保护,等待时机捐赠给故乡学府。"为了尽父亲的遗愿,他当好好保护。但毕竟是父亲以一生之心血所藏,孙先生对捐书之事也常有疑虑之心,望着一箱箱、一柜柜的古籍,心里也十分矛盾。宁波解放之初,孙先生深感党对文物事业的高度重视,亲眼见证宁波天一阁受到政府这么认真的保护并不断发展,想想宁波旧时的古籍藏家不可谓少,但究竟有多少藏家花毕生精力所藏的书籍能一一保留至今呢?自己手中所藏的善本珍籍,有许多就是从这些藏家中散佚出来的。孙先生深深感到天一阁就是这些古籍公藏优于私藏的具体例证。正当孙先生要与政府有关部门商议献书之事时,"文化大革命"开始了,于是他迅速将所藏的珍贵古籍九百五十四部计两万余卷、字画一百三十余件悉数捐赠给天一阁,既完成了父亲的遗志,也不致使蜗寄庐所藏毁于人祸。如今,天一阁认真保护了这批古籍,并在整理后为蜗寄庐所收藏之古籍编了目录,与杨臣勋清防阁、张樵庄樵斋所藏合在一起,编写了《清防阁·蜗寄庐·樵斋藏书目录》一书,由上海辞书出版社出版,所收都另辟橱窗陈列,让这些珍贵的古籍真正为现代社会传承中华文化服务。孙家溎父子如泉下有灵,一定会为此而感到欣慰。

(本文根据多方资料写成,经孙定观先生六位子女审定)

邮票设计大师孙传哲先生

"甬城多俊才",这句话一点不错。如今开明街、莲桥街、塔前街和毛家弄一带地块都在改造中,却有一幢五间两弄的传统旧宅被列为名人故居而保留着。这座旧宅,就是著名藏书家孙家溎先生的藏书楼"蜗寄庐"。问为何要保留这所宅子?这是因为其中出了两位著名人物:一位是继承父亲藏书旧业的孙定观先生,另一位则是名扬海内外的邮票设计大师孙传哲先生。

孙传哲(1916—1995)是孙家溎先生的第三子。他从小就显露出对绘画的浓厚兴趣,孙家所藏的《芥子园画谱》和各种碑帖都是他从小酷爱的读物。在宁波省立四中毕业后,他以优异成绩考入上海美术专科学校西洋画系,两年后由于成绩

❖ 孙传哲先生像

❖ 图中左边墙门为蜗寄庐藏书楼,右边为中国著名邮票设计家孙传哲先生故居

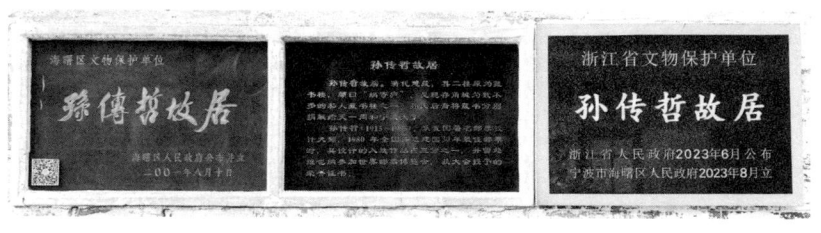

突出,被推荐到南京中央大学艺术系读研究生,师从名家徐悲鸿和潘玉良,学习素描、油画,兼学中国画。1937年毕业后,因一时没能找到称心的工作,便回到宁波。

在甬期间,他看父亲藏书室里有些旧家具有点破损,于是向父亲提出建议:为儿学习了那么多年美术,如今就让儿子来设计一套家具。他的想法得到了哥哥孙定观的支持。于是,孙传哲先生根据蜗寄庐所占面积,设计了一套中西结合的写字台、椅子和橱柜等,根据山桃木树纹细密的特点,以黑色为底色,并以此为基础磨上白粉,收到别具一格的艺术效果。这套家具一直保留至孙定观先生逝世之后。

1947年,孙传哲又到上海找工作。一次偶然的机会,他在报纸的广告栏中看到上海邮政局要招一名邮票设计人员的消息,他真的太高兴了,于是立即去市邮政局报了名。当时有八十多个人应考,真正是"僧多粥少"。经过招考部门的严格筛选,最终孙传哲先生以扎实的美术理论和娴熟的绘画技艺被录用了。从此,他的一生就与邮票设计这个职业紧紧地联系在了一起。

新中国成立初期,孙传哲受邮电部之邀设计了一套中国人民解放军成立二十二周年纪念邮票。没过多久,又接受了设计毛泽东像普通邮票的任务。更让他高兴的是,应工作需要,他从上海调到北京邮电部工作。到了部里没几天,又接到了设计开国纪念邮票的艰巨任务。孙传哲先生苦思冥想,使出浑身解数,终于圆满地完成了任务,这就是新中国成立以来的第一套邮票。接着他接连设计了我国第一套特种邮票、第一套普通邮票、第一套航空邮票和第一套欠资邮票。他满腔热情地投入到新中国的邮票设计工作中去,一步一个脚印,设计技艺逐步达到了炉火纯青的程度。正如他自己说的,"在邮票设计中数量和质量都不能忽视",每接到一个设计任务,就一定要高质量地完成,这是他给自己的设计工作定的基本原则。在这一高标准、严要求下,他所设计的一套又一套邮票得到部领导、同行的赞赏,受到全国广大集邮者的欢迎,他也因此获得了人们的尊敬。

邮票设计工作，并非一般人所想象的那么简单，因为每一种邮票都受到该邮票主题的制约。孙传哲先生每接到一项设计任务，事先一定认真思考，反复推敲，精心琢磨。如他在设计《梅兰芳舞台艺术》这套邮票和小型张时，并不急于动手设计，而是反复观摩梅派传人梅葆玖先生的演出，仔细研究梅兰芳先生所穿过的戏服、舞台演出时使用的道具，真正胸有成竹了，才开始认真设计。结果可以想象，《梅兰芳舞台艺术》这套邮票，包括小型张的设计都十分成功，不但受到广大集邮爱好者的青睐，而且获得了京剧表演艺术家们的好评。当时有评论认为：这个小型张邮票以准确的笔法，生动地刻画了梅兰芳先生优雅的舞台风范。这套特票一直受到集邮爱好者的青睐，到了八十年代，这套邮票还成为国家外事部门征集的邮票之一，据说是要作为国礼赠送给重要的国际友人。如今，《梅兰芳舞台艺术》，尤其是小型张，价格狂涨，成为一票难求的珍品。据说一枚品相完美无损的小型张市场价已达几十万元人民币。

孙传哲先生设计的每一种邮票都有一段生动的故事。例如，他在设计特票《金鱼》时，特别细致地去观察自己家里的金鱼，还特地跑到北海，向一位三代以养金鱼为生的老人咨询。在这位老人的热情帮助下，他选出了十二个品种的金鱼，然后根据这十二种金鱼的体态特征，找出最能表现每条鱼游动的姿态，以最真实而美丽的线条描绘出来，配上色彩，完美地统一在一枚枚方寸之中。其他如《黄山风景》《关汉卿戏剧创作七百年》等邮票的设计，也都显示了孙传哲先生深厚的艺术功底和臻于完美的艺术追求。

∴ 孙传哲先生设计的《梅兰芳舞台艺术》套票

∴ 孙传哲先生设计的《金鱼》邮票

∴ 孙传哲先生设计的《中华人民共和国开国纪念》邮票

人物逸事

孙传哲设计邮票的高超水平，不仅在国内得到有关专家和广大集邮爱好者相当高的评价，而且在国际上也产生了很大的影响。1981年，孙先生赴奥地利参加WIPA国际邮票展览会，获得了大会授予的荣誉证书。1985年，应联合国国际和平大会的邀请，孙先生代表中国参加为1986年国际和平年设计宣传画活动，设计的作品荣获三等奖。经我国邮政部推荐，孙先生先后为联合国邮政总局设计了《世界人口年》邮票、《海洋》邮票、《和平与发展》邮票等。孙传哲先生所设计的这些作品，不仅为全国集邮爱好者提供了可选择的珍品，也为世界各国集邮爱好者提供了不可多得的艺术品。

总览孙先生一生所设计的邮票，不仅艺术品位高，而且设计数量之多也是别的邮票设计师可望而不可即的，他一生所设计的邮票多达153套，为此被世人称为"新中国邮票设计第一人"。他在五十年代设计的《林业建设》《关汉卿戏剧创作七百年》套票中各有一枚被美国《集邮者年鉴》评为"世界十枚设计最好的邮票"之一。1980年，我国邮电部评选出的"建国30年来的30套邮票"中，孙先生设计的邮票就占三分之一以上，其中《中华人民共和国开国纪念》《梅兰芳舞台艺术》《中国古代科学家（第一、二组）》《黄山风景》《台湾风光》《金鱼》《熊猫》《金丝猴》等邮票在我国邮坛上一直享有盛誉。1980年，他所设计的《鉴真大师像回国巡展》《紫貂》《苏州园林》等邮票，也以其特殊的风姿深受广大集邮爱好者的喜爱。

孙传哲先生人格高尚。有一次上级领导要求他设计一套开国纪念主题的邮票，接受任务后，他查阅有关资料，花了大量心血。然而，在1980年，全国评选新中国成立以来的最佳邮票时，他却谦虚地把邮票设计者的署名让给了合作者。他这种高尚的谦让精神，一时传为邮坛佳话。

  孙先生不仅认真设计邮票，而且还十分关心祖国邮票的印制工作。新中国成立之初，国家邮票印刷技术落后，与世界先进国家相比存在很大差距。当他看到这个问题后，就写了一份要求建立邮票印刷厂的意见，并提出了不少好建议，送交给当时的邮电部朱学范部长。后有关部门立项划拨经费，下达了建造北京邮票印制厂的任务。没过多久，一座崭新的北京邮票厂在牛街拔地而起，从此结束了我国不能印制彩色影写版邮票的历史。

  孙先生从事邮票设计五十年，毕生致力于祖国邮票事业，不愧是新中国邮票设计的开创者。1956年他被评为全国邮电系统先进工作者，同年9月，他出席了全国先进工作者大会，受到毛主席和党中央其他首长的接见。他参与了新中国第一套纪念邮票、第一套特种邮票、第一套普通邮票、第一套"军人贴用"邮票、第一套航空购票、第一套欠资邮票的设计，这六个"第一"足以说明孙先生对新中国邮票事业所做出的卓绝贡献，不愧为新中国邮票设计者的杰出代表，名扬中外的邮票设计大师。

坐堂名医"百味先生"

老宁波西门有两个船埠头,一个叫作板桥墩航船埠头,另一个在万安桥边,叫西门外航船埠头。西门外航船埠头因其所处河道宽阔,便于水上航行,所以各色大小船只格外多,不仅有轻捷如燕的脚划船,也有如百官航船那样的大船,能满足各类雇主的需要,因此比起板桥墩来要热闹得多。船埠头沿岸是一排排的杨柳树,除了冬季,其他季节都似一条翠绿的绸带,四乡摇来的船都停靠在这一带,这里便成了宁波西乡的一个门户。

走上船埠头,便是通往市中心的西郊路的延伸段,路对面是一排整齐的平屋,都是应着上落航船的客人所需而开的店铺,其中有一家两个门面宽的中药铺子,据说也是家老字号,店名现在已经记不起来了,然而,却记得挂在店铺右边的一块红色底子类似广告牌的木板上,以端端正正的颜体书写着"坐堂名医百味先生"。说起这位百味先生,倒是有些传奇的。

虽然这爿药铺子不大,但这位百味先生倒也没多少闲工夫,每天有十来个病人来就医。莫看百味先生文质彬彬,不多言辞,其实他交往广泛,与上海实业界名人挚交颇多,与沪上甬籍人氏的友情尤其深厚,如他与祖上一直住在宁波西门口大卿桥边的、在上海拥有瀛洲染织厂及南京路上著名的三大祥绸布庄股份的柴志香先生相交甚笃。百味先生原是沪上浦东人氏,却不知为何忍着寂寞在这家中药店坐堂诊脉。

❖ 秦伯未先生

据药店诸多伙计说起,百味先生平时沉默寡言,但在接待病人时,说起话来却滔滔不绝,语气温和可亲,因此深得病人好感。由于先生把脉甚准,所以来找他看诊的病人也不少,这为药店增加了不少收入。老板自是高兴,对百味先生也十分恭敬。来到店里就诊的病人大多来自乡下山村,有时挑担夹箩的,还带来些新鲜土产送给先生,当然相互之间也少不了些亲昵客套的话。

  一直到新中国成立后,百味先生向老板请辞,回上海老家了。就此一去,未再来过。一次偶然机会,市药站的同行说起,百味先生现在不得了,从上海到了北京,当了大官了。又过了一段时间,那位同行又说,你们听说过吗?在宁波他做了许多大事情,这是四明山三五支队的一个联络员透露的消息。据说四明山里有一位大官(新中国成立后任职地委重要领导职务),是新四军北撤时留下担任领导工作的,因一件很意外的事情,让国民党当作通共嫌疑犯抓到牢里去了。还是通过百味先生联系上市里的地下党,再经当时宁波一大户人家设法保出来的。据说他与宁波电力公司的倪老板也有联络,与上海来的人联络更多。这个人在你们店里三四年,你们居然一点也不知道他的身份。一番话说得中药店里的老板、伙计一时都目瞪口呆。

笔者后来证实,百味先生姓秦(1901—1970),原名之济,字伯未,号谦斋。幼承家学,酷爱诗文、医学。1919年入上海中医专门学校,师从名医丁甘仁先生。1923年毕业后留校任教,并在同仁、辅元堂等药铺应诊,以治内科杂病见长,尤其擅长治疗虚劳疾病。1927年,与王一仁、章次公、王慎轩、严苍山等创办中国医学院,先后任教务长、院长,教授《内经》及内科。1930年创办中医指导社,主编《中医指导丛书》《中医指导录》杂志,积极开展中医理论和案例研究等学术交流和社会咨询活动,社员遍及国内外。1938年创办中医疗养院。此后有较长一段时间秘密离开上海,无人知其去向。

原来百味先生是受上海地下党特别派遣,来到宁波以中医先生的身份为掩护,设立联络点,并任该点负责人。

营救四明山领导干部的事情,经过是这样的:当百味先生得到三五支队联络员送来的情报以后,掂量这个任务十分艰巨,就立即通过宁波市地下党的联络员,向市地下党负责人传递了这个营救任务。然后,地下党负责人又把这个任务交给了以宁波电力公司经理身份作掩护的倪先生,请他设法营救。倪先生立即想到永寿巷的李先生,并由她想办法交给抗战时期宁波秘密情报站的站长具体设法去办,以李先生家乡苏州的一位亲戚作借口,花了十石米保了出来。保出后,由地下党直接护送,经上海去了苏北根据地。说起这件事,好似在看一场戏文。

总之,百味先生受上海地下党委派,以中医的职业作掩护,并以上海多位实业界朋友为人脉,来往于甬沪之间,畅通了根据地与地下党的联络,而且还及时把在甬的敌伪重要信息通知给活跃在宁波和上海的地下党组织,出色地完成了一个个重大任务。新中国成立后,百味先生回到上海。1954年任上海第十一人民医院中医内科主任。1955年调任卫生部中医顾问,并在北京市中医院任教,兼任中华医学会副会长、国家科委中药组组长、全国药典编纂委员会委员,是全国第二、三、四届政协委员。

百味先生究竟何时来的宁波,受何人派遣,外人无从知晓,他自己也从来不提这些旧事,只默默地回归到中医这个行当,为繁荣和发展我国中医药事业认真工作,做出了自己的贡献。

38

悬壶治痼疾，仁术惠苍生 —— 记针灸名医裘如耕先生

不少老宁波人都知道，二十世纪五十年代初，在大来街74号有一家私人诊所——针灸科裘如耕诊所。一走进诊所大门，便是一个宽敞的由青石板铺就的大明堂。明堂面南的一边，有一排同一样式的三间平屋，平屋宽阔的廊檐下有一条宽四五尺的走廊，略高于明堂，这也是甬上旧式建筑的通常造法，大概是为了避免雨季时过多的雨水溢进屋内。三间平屋居中那间较开阔的就是堂屋，宁波人也有叫作堂前间的。堂屋除了两扇木格式的玻璃门，两边全是旧式的装饰，看起来古朴文雅。

先生的诊所在厅堂靠西边的厢房内，推开玻璃门就进入房内了。内有一张旧式写字台，先生就坐在写字台后的藤椅上。居中放着一张古式圆桌，桌上除茶杯、热水瓶外，还放着先生亲手制作的竹签架，架上按次序插着一排竹签，类同如今的挂号单。

在针刺之前，裘先生会细致询问病人的病情、病史，时不时瞧瞧病人的舌苔，右手按着病人的脉，斟酌着应该选择哪几个穴位，同

时,还会把病人的口述病情详细地记在病历卡上。西厢房里还有两张病床,中间用一挂白色的布帘隔开。写字台上放着一只镀有"克罗米"的铜盆,里面放满酒精棉花,边上的搪瓷罐里放着几十枚长短不一的银针。裘先生很少用火罐,当病人需要灸治时,一律将米粒大小的艾绒直接放在病人穴位上,再在上面用艾绒灸。针对病况,裘先生还会用自己特制的掺有少量麝香、冰片等药饵的艾条来熏针刺的穴位,这是他自己多年研究并实践很久的方法,效果非常好。每当裘先生用这种艾条给病人灸治时,除了应有的艾香,满屋还洋溢着一股特殊的清香。

在病人候诊的厅堂,两面墙壁上挂有四个大幅镜框,里面是用小楷工整抄录的经典医学语录。写字台靠窗那侧置有一茶几,上面放有一座制作精良、高约尺半的人体木模,表面涂有一层清漆。模型上面精细地标着十二经脉和各穴位每一个穴位都很明确,一目了然。裘先生常用这个模型指导学徒。

要说到裘如耕先生如何学得针灸技术,还得从其本人的经历说起。裘先生出生于1901年,慈北(今江北)裘市人。先祖早年从渤海湾那边迁移而来。先生年少时患有软骨症,因此从小就不良于行。其时,祖上在慈北经营一家绸缎、百货兼营中药材的店铺,家中经济也较为宽舒。当地有一位来自广西的名中医罗哲初先生,在三北一带行医。罗先生不仅诊脉准确,处方独到,而且还十分擅长针灸术。父亲所经营的中药生意,就把青年裘如耕与罗先生联系了起来。在父亲的请求下,裘先生的腿疾就由罗先生亲自来治,没过多少时间,疗效已十分显著。由此,裘如耕先生边接受罗先生的针治,

❖ 裘如耕先生

❖ 裘如耕先生与夫人

边拜罗先生为师，学习针灸技术。这段经历，促使裘如耕先生最终成为甬上一位颇有名望的针灸医师。

裘先生学习十分刻苦，在罗先生指导下，熟读了不少中医著名典籍，《内经》《素问》《灵枢》《难经》《痘疹传心录》《针灸大成》《针灸素难要旨》以及《梅氏验方》等著作。在勤学针灸术的同时，他还大胆实践，不到两年时间，他就熟谙了很多针术理论，而且还掌握了常用的针术灸法，在罗先生的悉心指导下已能临床就诊。罗哲初先生见如耕年少聪颖，也十分愿意把他的医术悉心倾囊相授。过了不久，年轻的裘如耕就能独立行医了。过了三年，罗哲初先生要回广西老家去，临行又嘱咐这位爱徒目前虽然学会了一般的针灸医术，但要做一名真正的针灸医生，路还很远，告诫他切莫自满自足，并且把随身所带的医书送给他。罗先生还一再说，一定要一边学习医学理论，一边认真行医，而且还要写好医案，这是作为一个医生逐步成熟的必经之路，切莫好高骛远，随心所欲。最后还嘱告说："要做好一个医生，首先要有一副好心肠，切莫把挣钱放在第一位。"如耕一一点头铭记。由于有名医引路，再加上本人勤学苦读，裘如耕先生的针灸技艺日益精湛，名声很快便在慈溪一带传开了，四面八方来到裘市找他的病人络绎不绝。

裘先生不仅很好地继承了罗先生的针灸技艺，还不断研究摸索新办法。在不断积累临床经验的同时，他创造性地研究出一种"留针"办法（如今这应该已是比较常见的针灸法），而且还在所留针端裹上一截艾绒，点上火后即叫作"热针"，这个办法治疗效果极佳。

裘如耕先生的堂侄裘沛然先生（1916—2010）是当代著名中医理论家、临床专家，历任上海中医药大学专家委员会主任，《辞海》副总编兼中医学科主编，是首届"国医大师"，学术造诣深厚。回忆起年轻时跟叔叔学医，他在《壶天散墨》一书中曾写道："我少时在学校上学，十三岁时即于念书之余跟叔父如耕学习针灸。他对我的学习督责很严，不仅针灸要籍都要背诵，凡是中医古代典籍也都要择要背读。当时，午夜一灯，晓窗千字，是习以为常的。"他还说，"这些经历为以后进入旧上海中医学院修业，奠定初步基础。"裘如耕先生就是以他学医的经历来严格要求他侄儿的成长。裘如耕先生的儿子在回忆其父亲在成名之后还坚持夜读的习惯时说道："炎炎夏日，家人都到明堂里乘凉，而父亲常常独自关在屋内，一边摇一把席草编的扇子，一边勤读不止。"这充分说明先生在成名之后，仍一点不忘他的恩师罗哲初先生临别时的嘱告。

抗日战争时期，慈溪三北（观城）正是日军驻宁波司令部所在地。时势不稳,社会混乱,百姓频遭蹂躏。裘先生的父亲所经营的小店遭不明之人洗劫一空,被迫关门,只好携一家老少来宁波寻找营生。后经朋友帮忙,与他人合资在崔衙街开了一爿名叫"协成"的布厂,其父自任经理,该厂的经营理念是边生产边经销,类似现在的自产自销(该厂在二十世纪五十年代并入浙东布厂)。

然而,到了宁波,毕竟是人生地不熟,一时要开一个诊所也比较困难,于是裘如耕先生先在父亲开的厂里工作,有病人时就诊治。没过多少日子,裘先生的名气就传扬开来了。一到休息日,家里就是满室病人。这个时候裘先生的医术已到炉火纯青的地步。

所谓针灸,医生用银针治病即叫作"针",用燃着的艾条热熏即叫作"灸"。古人有言:"针所不为,灸之所宜。"据说有时灸的作用还大大超过针的疗效,远在春秋战国时代,就有"七年之病,求三年之艾"之说。唐宋时也将灸法、汤药、针刺并列为治病三大法。裘如耕先生之所以在老宁波人心中留下深刻的印象,就是他熟谙沿袭几千年的针灸疗法,诊治了不胜计数的病人。在他的诊治记录中,曾留下了不少十分有价值的医案,其中不少都属疑难杂症之列。如笔记中有一医案:"治疗一休克病人,四肢冰冷,脉症全无,在急迫之中施用了一次灸法,用艾灸太溪穴十次以后,竟得脉回身温,将重症者抢救过来。"另有一个医案记曾经有一患严重风湿关节炎的病人,用遍了中西药物和针疗,历久无效,后经裘先生试用灸法,用大艾柱灸着背部穴位,"皮肤溃烂达数日之久,嗣后,灸疤结痂,而关节炎十余年未见再发"。更有奇者,在五十年代初,有一小孩因得脑膜炎,经西医诊治后留下了后遗症,成为哑巴,做父母的焦灼万分,后由市卫生部门一位干部介绍给裘如耕先生。裘先生接到这个病人时也感觉十分棘手,然而为了挽救这个小孩,他绞尽脑汁,翻遍古医书,亲自制定诊治方案,没过一个月,小孩竟能开口讲话了!此时,小孩的父母真的是千恩万谢,跪拜裘先生久久不肯起身。

由于裘先生医术高超,所以在宁波解放初,市卫生局的干部就为他办好了个人行医的执照,还邀请他参加市红十字学会。从此,"针灸科裘如耕诊所"的名气愈来愈大了,四面八方的人都纷纷到诊所来治病。旧时,从事强体力劳动的人都容易得腰肌劳损这种病,虽说不算重病,但是得了这病常常就不能站立,上医院时常常得由人用门板抬着。裘先生医术高超,经他诊治过的不少病人,都是横着抬进来,直着走回去。过去农村得"大脚风"(丝虫病)的农民很多,得了这种病的人是十分痛苦的。裘先生用针刺、服药、放血等进行综合治疗,效果十分显著,所以远近农村得了这种病的农民都慕名来裘先生的诊所治疗。

裘先生不仅医术高超,而且医德高尚,待病人如自己家人一般。凡从乡下上来的病人,为了让他们赶上当日航船回家,裘先生常常忙到下午一两点钟才能吃上中饭。裘先生治病时周到、细致,病人中有不少家中贫穷、经济拮据的,他常常是只留下医案,不收诊费。有时遇上病人连回家的盘缠都没有,裘先生还自己掏腰包,给病人车船钱。偶有老家来的病人,裘先生不仅给他们治病,若有需要,还把他们留在家里好几天,直至治愈。

1958年,政府有关部门提倡私人行医走"联合诊所"道路。当时,任天封联合诊所所长的焦康祥医生,慕名三番五次来邀请裘先生加入他们诊所。当时宁波城里著名的眼科医生徐尊祥、耳科医生钟银康先后加入这个行列。到了天封诊所以后，裘先生还把一直跟着学医的长女一起带去工作。其长女后来又带了一学徒，至今还在灵塔卫生院针灸科工作，裘如耕先生的医术就这样传承到了第三代。

六十年代初，宁波市卫生部门有关领导组织力量搜集和整理当时在宁波有影响的名医医案，以便后学。当时第一批名医有中医内科庄云庐，伤科陆银华，还有一位来自乡间的著名蛇医，裘如耕先生也在此列。当时裘医生已年过六旬，由于长期用眼过度，视力退化严重。由卫生局指定为裘先生整理医案的是宁波卫校的一位老师。为便于工作，裘先生把自己写的读书笔记、医案以及相关行医经验等资料，几乎全部交给了这位老师。不幸的是这位老师后来患病去世，这些最原始的资料竟然丢失殆尽。

1965年，正处医术巅峰期的裘如耕先生，因拔牙时使用麻醉药不慎，造成喉部全被麻醉，失去了感觉，没过多久就吞咽困难，最终导致病变而亡故。当年，裘先生才六十五岁，完全可凭他的精湛医术继续为病人服务更久，他的病故不能不说是一件十分遗憾的事。

裘先生过世后，在整理其遗物时有幸还找到一些零零星星的资料。家中还留下了不少中华医学古籍，给其儿孙辈留作纪念。

"悬壶治痼疾，仁术惠苍生"。一代针灸名医裘如耕先生的高超医术不仅为广大身患沉疴的百姓解除痛苦，也为传承和丰富中华民族博大精深的医学医术做出了贡献。

39

宁波京剧舞台上著名的女武生"小王其昌"

在宁波京剧舞台上曾经有过一颗闪亮的星星,一位让人倍感惊讶的女武旦——被京剧界公认为"女猴王""活哪吒""神文龙"(陆文龙)的"小王其昌"。她以灵活的身段、惊人的武功,扬名宁波京剧舞台,而且在杭州、上海、北京等地都有不俗的名声。

"小王其昌"小名叫"月芬",是新昌市大市镇青坛村人。出生不足百天就离开家乡,跟随在宁波著名京剧戏班"老大鸿寿"唱戏的父亲俞见荣一起生活。受父亲影响,月芬从小爱好戏剧,且特别喜欢看武生戏。小时的月芬,活泼好动,喜欢与同龄男孩子打斗、摔跤,全然没有女孩子的娇羞之态。才几岁的小女孩,父亲怕她跟着男孩野惯了,干脆叫她练功,殊不知这小女孩对练功竟特别有兴趣,她一丝不苟,没练到规定的功课,决不罢休。不久,父亲发现女儿非但不怕苦,而且十分聪明,阶段功课,都心领神会,很快就学会了,做父亲的心里自然十分高兴。为了把女儿培养成一位优秀的武生演员,父亲对小月芬要求极为严格,练扳腿要扳到后脑勺上,"练下"要将身

❖ 京剧《岳云》 俞鉴饰岳云,李蓉芳饰岳夫人,李祥玉饰岳母

❖ 京剧《十八罗汉斗悟空》 俞鉴饰孙悟空

❖ 京剧《乾元山》 俞鉴饰哪吒

体弯成一个圆圈,而且还要用手抓住脚脖子才行,而月芬乐于练功,从来不叫苦叫累。

小月芬刚满七岁那年,在她父亲的好友——宁波"老大鸿寿"戏班班主王水松的精心策划下,拜常驻团里的名扬宁波、上海滩的京剧文武老生兼红生的王其昌为师,为保证学有章法,签了一个期为十年的长约,更名为"小凤"。按约定,前三年专练基本功,长靠、短打、箭衣、厚底、薄底、刀、枪、剑、棍、锤、斧、旗、圈、叉、鞭,无一不练。一年365天,除了春节里的初一至初三休息,长年累月,夜以继日,苦练基本功,经常到深夜一两点钟才收功。这么多要练的基本功中,她最注重练腿上的功夫,几年下来,打下了扎实的"幼功",为她日后在舞台上大展身手打下坚实的基础。

小凤的每一点进步,父亲和师父都看在眼里,他们感到小凤是学习京剧的一块难得的好料。好钢要经烈火炼,作为京剧演员,尤其是武生,功底必须在实际的戏里得到锤炼。小凤十二岁那年,师父王其昌就不断在团里的戏中给她安排角色,并去甬城多个剧场中演出。为了培养小凤的艺胆,师父又带她到舟山、苏州、无锡等地演出,饰演《花蝴蝶》《四杰村》《周瑜归天》中的周瑜、姜永志等人物。一次到外地巡演,小凤一炮而红,还被誉为"神童武生""小王其昌"。

回到宁波,稍休息一段时日后,又在师父王其昌带领下,在除大世界剧场外的城内几个剧场做巡回演出。这段日子的演出,小凤又学了好几出武功戏,尤其是几出特别讲究武功的新戏,从此"小王其昌"名声已盖过了在甬的几个京剧班子里的其他武生。有时,演武功戏,师父虽然挂上了牌子,但演出时却都由小凤直接代替了,京剧戏迷们从不计较,只因小凤此时的功夫已使票友们大饱眼福了。

日子过得很快,又过了两年,王其昌受邀去上海大新公司公演《古城会》,有意让女弟子饰马童一角。戏一开场,只见小凤干净利落地从"案头"翻将出来,到了台口,抬起双手,向后十个小翻翻回去;接着又一排旋风似的鹞子翻身,在"四击头"里将师父饰演的关公引上场,这一连串精彩的表演,顿时引来台下掌声如雷。这出戏一连演了五天,场场爆满。从此,"神童小王其昌"的艺名不胫而走,誉满上海滩。其时,师父每次演《金钱豹》,只让小凤扮演前半场的"猴",后半场的"孙悟空"因武功戏比较吃重,往往要请一位擅长接钢叉、摔锞子的武行头来扮演,每场报酬高达二十块大洋。后来为了节省剧团开销,小凤主动请缨,担纲饰演全场。小凤经一个星期的细心琢磨,日夜苦练,终于掌握了这一高难度的技巧。功夫不负苦心人,小凤练就的"元宝锞子"功夫比原先请来的武行头摔得更为漂亮。后来,观众和业内人士评论小凤的武生戏都说"小王其昌"扮演的孙悟空要比男武生更胜一筹,从此,小凤又获得了"女美猴王"的美誉。

1944年,小凤以"小王其昌"艺名,随师父在宁波"大世界"、上海"更新舞台"领衔主演《乾坤圈》《翠屏山》等武行剧目,观众好评如潮。

小凤十八岁那年,十年学戏算是满师了,她先后在宁波、温州、宁海等地演出。增加了《闹天宫》《金钱豹》《四平山》等剧目,又首演了《安天会》中的孙悟空。1947年,小凤改名"俞少楼",仍在宁波、温州、宁海等地多个剧场担纲主演,又增加了《借东风》《捉放曹》等老生戏。这个阶段,以武生戏为主的俞少楼,有意向李少春文武老生方向发展。而她"全国京剧界第一女武生头衔"伴随了她一生的演艺生涯。

新中国成立前夕,俞少楼在杭州参加了中国人民解放军第七兵团三野京剧团,从此改名俞鉴。在杭州时,她有幸与京剧大师盖叫天同台演出。第二年,随团调北京,剧团改编为解放军总政治部俱乐部实验京剧团,后又改成为中国京剧院四团,同年,随团调往宁夏京剧院,直至在那里退休。在这期间,她进一步绽放了中国唯一女武生的演艺风采,曾出国访问演出,到过十余个国家和地区,先后七次立功受奖。在近六十多年的舞台生涯中,成功地塑造了众多戏曲人物形象,演出剧目多达六十一出。上过电视,被后人誉为"绝代芳华——女武生俞鉴"。

过眼旧事

宁波旧时的"混堂"

新中国成立前宁波早早就有浴室,当时也叫混堂、浴池。旧时浴室,许多人合用一池,自早到晚水不更换,池水混浊,浮腻之状可想而知,故名混堂。就是这样的浴室,一般贫苦人家也是去不起的。去浴室的基本上都是有钱的老板、小开、白相人(行为不正气的人)和军警宪特等。要说宁波最早办的浴室,要数1942年开办的"中华池"。

走进老底子混堂,开门所见是几把皮沙发、一排木椅子。每位浴客的座榻(也可躺下睡觉)靠墙一面装着一排木钩。里面没有衣柜,客人的衣裤都搅成一团,用一根三米多长的木棍叉挑起,挂在木钩上。客人穿上木拖鞋进入混堂。内有一口大浴池,热气腾腾的,还有平时洗手用的小瓷盆,靠墙一边还安有一排莲蓬头,供浴客从浴池上来后冲洗用。此外,还设有用生铁铸造、上了釉瓷的浴盆包厢。能享受这样的洗澡规格的当然是老板们,平头百姓想也勿要想。

混堂里的洗澡用水来自土井、东洋井（即在井底装有管子、用压力泵抽水的井，一般都很深，因多为日本人所造，故名）。伙计都是来自农闲季节附近农村的种田人和懂一些武术的闲人（防止洗澡的白相人、小开闹场子），等到"田鸡嘎嘎叫，石板两头翘"的农忙时就各自回家务农去了。混堂伙计得练就一番过目不忘的好记性，善于观察浴客的各种喜好，帮着挂帽子，脱外套，送上热毛巾，还要捧来盖碗茶。还真的要佩服这些伙计的本事，他们都熟知浴客谁嗜红（红茶）谁嗜绿（绿茶）。

浴客需要点心美食时，只需吩咐，伙计顷刻就会出现在其榻旁茶几边。只要浴客点名要，大多都由浴室里的阿小（服务员）出门去买来，直送到浴客床榻边的柜橱，浴客就解决了饮食之需。在浴室洗澡，既活络了浑身筋骨，又可以讲大道（聊天）。所以，混堂便成了洗澡、聊天、休闲的最佳场所。更有甚者，有些浴客洗好澡后，就在热气腾腾的房间内躺下，一睡就好几个钟头，旧时也叫"泡混堂"，混堂亦因此生意兴隆。新中国成立前宁波的混堂有中华池（鼓楼前）、新新池（灵桥边）、开明池（开明街）、北悦来（东门口）、天发池（县学街）、德兴池（碶闸街）、玉春池（海曙肖家巷）、玉春池（江北华安旅馆）、卫生池（马来桥）、德仁池（银安旅馆）、大德池（江北四横街）等。

新中国成立初期，混堂仍为民间私营。1956年宁波所有混堂由私营转为公私合营，并逐次改称为浴室。1960年开明浴室率先将每星期五作为对女浴客的开放日，是为宁波女子浴室的鼻祖。浴室兼营住宿。那时旅馆相当少，小商小贩进城做生意，晚上住宿有困难,浴室就做起了打烊后的住宿生意。这不但缓解了来往客人的住宿困难,而且还因其价格低廉而受到小商小贩和穷苦外来人员的欢迎。在夏季,洗浴生意清淡,为提高营业额,除洗澡外,浴室还兼营冷饮业务,有地力糕、酸梅汤、绿豆汤、冰汽水、冰牛奶等出售,民间称为"冷饮店"。

"文革"期间,混堂的生意最为红火,仅市区就有十来家,但仍供不应求,每逢过节过年前,浴室外就要排起长队。为此,有好几家大型企业就自建浴室,解决企业职工的洗澡难题。二十世纪八十年代,人们居所内卫生设施逐步改善,家中大多有了安有莲蓬头的浴室,混堂就逐渐萧条了。九十年代后,除个别转制外,浴室大都闭歇,传统意义上的混堂便退出了历史舞台,取而代之的是新兴的洗浴中心、国际休闲水会等等,名堂繁多。

旧时浴室里还有搓背、挖耳窝、敲背、起脚等服务,干这些活的大多是来自江苏、镇江、扬州一带的农民,专业水平很高,服务也到位,因此生意也很好。有时搓个背、起双脚都要按竹筹子的号码挨个来,先到先服务,场子里倒也很有秩序,不见争先恐后、互相争吵的情状。其实到浴室里来洗澡的很多人都是盯着搓背、起脚师傅的技术来的,久而久之大伙儿都熟悉了,也便成了浴室里的朋友,友好的还你递我一支香烟我递你一份水果的,气氛和谐。

至今,每逢天冷,一些老年人和平头百姓还十分怀念曾经的混堂。

老虎灶与茶坊

老虎灶又称茶水炉子、热水店，是以前专卖热水的地方。唐代苏鹗著的《苏氏演义》中记载的"炉水，茶之源，汉前已置市井，曰为顼堂"是关于此最早的文字资料。由此推断老虎灶至今至少也有两千多年的历史了。虽然各地对老虎灶都有不同的解释和传说，但比较被人们认可的一种传说是：商纣王之妃顼氏，因妲己深得纣王的宠爱而妒心如火。为了与妲己争宠，深知纣王有喝滚茶嗜好的她就开始苦心钻研茶具，最终制出了能终日沸腾、保温的水灶。因纣王自居"虎首"，有虎帽、虎衣、虎座，故水灶也顺理成章地成了"虎灶"，而顼氏也成了民间传说中的灶神。但旧时的神，容貌都得"髯缠髭"皆俱，因此顼氏虽不在七十二位之列，神像亦得女扮男装，以少充老。为了符合姜子牙封神的原则，于是人们又在"虎灶"前增添了一个"老"字，而"顼堂"也成了老虎灶最早的名称。到了近代，煤气还不那么普及，煤球炉已算好东西了，家里用木柴烧水又很不方便，老虎灶便普及开来。老宁波有一个词叫"冲开水"，即指到老虎灶去买热水。做得大一些的老虎灶坊,还设有几张桌子,供人们入内喝茶聊天或谈生意,也成为社会底层人群如黄包车夫、挑夫、打短工的聊天、喝茶、歇脚的场所。好些老虎灶坊实际是主营热水,兼营茶坊。

从前,宁波老虎灶大多开在街头巷尾或弄堂附近的小街上,主要分布在公园路、法院巷、镇明路一带,店名几乎都以里弄街巷为名,也有以店主绰号为名的。一般是一开间店面,也有横两间或楼上楼下的。其灶砌在店门口,灶膛口对着马路或店前小街、小巷。

"灶行原类虎,水势宛喷龙""来不请,去不辞,无拘无束方便地;烟自抽,茶自酌,说长说短自由天",这两副对联是对老虎灶最贴切的写照。

弄堂里的老虎灶,顾客在外看见的是开在正前方的炉膛口,如一只张开大嘴的老虎,灶尾有一根高高竖起的烟囱管,就像老虎翘起的尾巴,说起来还和这名字很贴合。灶上常常排满了一把把茶壶、一排排热水瓶。楼上楼下那种店面的,老虎灶旁边一般就是楼梯,楼上楼下都有宽敞的堂口,灶头对面墙边放两张八仙桌或门口摆几张长条桌,以及数条油亮亮的长凳,还有些会摆一只橱或柜,兼卖香烟糖果杂物。

老虎灶的营业时间很长,一般从清早五时起,一直要到晚上十二点钟才打烊,也有些通宵不打烊。大的老虎灶店铺是两层楼房,底层店门口是老虎灶卖水,店门里面和楼上卖茶,这种铺子多开在马路旁边。"一个铜板十根筹,一根竹筹两勺水。"那时一瓶水只要五钱,一分钱买两个水筹即可,有些店的水筹是剪成小长方块的硬纸板,上面盖一个店名章就成了;有的却是一段小竹片,上面用烧红的铁条烙一个特殊的印记。打水凭水筹,既省得找钱,又能使店主知道附近里弄的顾客人头和需水量。有些人家烧水和做饭常常无法兼顾,就经常要去老虎灶冲开水,所以老虎灶大大方便了附近居民的生活。每天清早上班前和傍晚下班后,总可以看到人们手提热水瓶或茶壶进出老虎灶,踏过的路面滴出一条条水渍。

　　如前所述,冲开水只是老虎灶的一项业务而已,它还有一项功能就是充当茶室,特别在冬天,门口用棉帘挡着寒风,喝茶人常常缩在屋角饮茶取暖,凑着老虎灶聊天,老虎灶的老板也就购上茶壶、茶杯、茶叶,做起了茶室的生意。夏天则把桌凳移到门口。茶客中有些是拉黄包车的车夫、码头搬运工等干重活的或是打杂的木工泥匠,自带大饼油条、赤豆糕、糖年糕等点心,就着茶水吃得津津有味。春节期间,老板则会在茶水里加放几枚青橄榄,讨个口彩,称为"元宝茶"。所以,老虎灶也常常成为聚会场所、闹热地方,不论刮风下雨,茶客都是不少的。老虎灶吸引了不少社会底层的茶客,有时小流氓分赃不均也会来老虎灶"吃讲茶",一言不合,大打出手,于是板凳、茶壶、碗盏横飞,茶室变战场。

　　对老虎灶,可能现在五十岁左右的人还有印象,年龄更大一些的多少还会有一些亲切感吧。那里没有名流出入,更不是什么高档奢华场所,只是当年老百姓平时过日子时高兴去的地方。如今生活中再也见不着它,但老宁波人不会忘记老虎灶的模样,于是写点文字,留下点往日岁月的记忆!

42

宁波的黄包车和黄包车行

人力黄包车的前身叫东洋车,因当时是从日本输入,故称之。为了引人注目,招徕生意,车夫大多将车身漆成黄色,故后来都叫成黄包车。新中国成立前,宁波城区因交通不发达,地域范围又小,黄包车具有适应性强、雇用方便、车资低廉等优点,因而成了城区内的主要交通工具。

宁波人把拉黄包车称为"脚娘肚当米缸的行业"。旧时乘坐黄包车的大多是一些生活比较富裕的人,一般的平民百姓只有在有太重的货物要搬运或家里有老人、孩子患急病时才会去讨黄包车。黄包车夫常常头戴一顶破毡帽,身穿一件破衣裳(雨天外披一件蓑衣),脚穿一双草鞋,不管是日头红猛的夏天,还是冰骨死冷的冬天,一年到头总是没日没夜地奔跑在大街小巷中。黄包车夫住的往往是破房,一张木板上铺些稻草就是床了,盖的是没有被面子的破旧棉花胎,吃的是咸菜淡饭。"戴着星星出门拉生意,披着月亮回家住茅房",这是老宁波对黄包车夫艰苦工作和生活的描述。由于大多不识一字,黄包车夫除了拉车,空落(空闲)时间一般都用来睡觉休息。赚钱稍多一些的车夫,空闲时偶尔会去茶馆喝喝茶,或去书场听说书,这就算是他们的休闲生活了。

旧时有个别人买一部半新旧的黄包车,以拉客谋营生;也有一些人是买上几辆车,然后专门出租给别人,这就是黄包车行。当时有一家开在小校场对面,一言堂横边(旁边)的车行,叫鼓楼黄包车行,内有车二十余辆,经营人姓许,是一家在城区蛮有名气的车行。后来车行得到发展,由许氏的第三代——许定高、许定梅、许翠菊兄妹三人共同经营。妹妹许翠菊打理车行内务,两个男子经营车行业务,当车夫接勿上时,就自己拉车接客。由于兄妹齐心协力,加上对租车的车夫和行里的工人都蛮客气,不论大小生意都服务周全,因而顾客较多,车行也就很有声誉。

新中国成立前,租黄包车维持生计的人,大多是生活在社会最底层的城市贫民,或是住在城郊农闲季节出来找活的种田人。这些人要租车,先得找个与车行老板有关系或者信誉较好的人做中介当担保人。租用的时间是当日下半日(下午)三点至第二日早天亮(早上)五点钟,或以当日早天亮五点到下半日三点为一日,每日租金约两三升米。每到过年,车行内的伙计,必将每辆黄包车擦洗得干干净净,给一些显旧的车再重新涂上黄漆,一些过时的装饰进行更换,以此表示送旧迎新之意。每年正月初五天还没亮,许家一定会在车行门前举行祭拜财神的仪式,以求当年生意兴隆,行里平平安安。

作为当时老城区的主要交通工具,黄包车是人们出行做生意时的首选。城隍庙、鼓楼沿、西门口的航船埠头和旧轮船码头,都是黄包车夫拉客的必到之地,这是因为老底子的宁波人过年过节时下乡走亲访友一般都乘航船,外出做生意等也往往到轮船码头乘船。

旧社会铜钿多的人常常是自己家里买一辆黄包车,雇一个专职车夫,市面上管这种黄包车为"包车"。老板为摆阔气、扎面子,还专门会为车夫做件料子不错的衣服。每

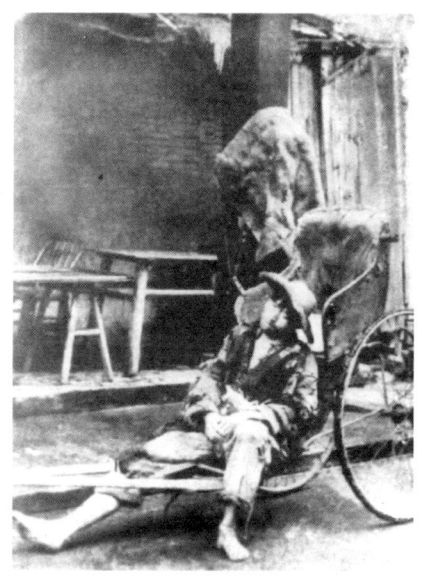

❖ 黄包车夫瞌睡中街头等客人

当上了包车,坐在车上的便会踩响安装在踏脚地方的铃,一路上叮当叮当,意在提示有车子来了,前面的行人应让开路。当娘姨(用人)听见门外叮当叮当的包车铃声时,就会赶紧奔到大门口来迎接主人家进门。

六十年代始,随着三轮车的出现,黄包车渐渐地淡出了人们的视线,不久,经营一般的车行也就关了门,如今也只有在博物馆里能看到黄包车的身影了。到了六十年代末,老城区连三轮车也没有了,因为有碍市容,影响交通。如今取而代之的则是满街的私家小汽车了。一物易一物,社会就这么一步步地朝前走着。

鬃印及其制作

鬃印是用猪鬃、棕榈丝等为材料制作而成的大型印章,主要用在草席、麻布包装袋外表和各种硬纸板包装箱或箱柜上。新中国成立前,牲口屠宰场里选用的是相对小一些的鬃印,用蓝、红颜色拷印在已经通过各项指标检查的猪、羊的表皮上,常用的印记有"合格""已检"等字样。

宁波市面上最早使用鬃印的时光,大致可追溯到一百多年前的清朝。有一种说法是,约在130多年前的清同治年间(1862—1874),甬上张鹤虎的曾祖父在南京向其亲戚学来鬃印的制作技术后,回到宁波在东渡路一带开店营业。当初以店面兼带工场,边做边卖,大多是按照顾客要求定制的。后来,鬃印制作技术传到其父亲张三宝一辈时,生意就十分兴隆了。张三宝还曾与刻印朋友一起合作开了耕玉斋,以刻印和鬃印制作两宗业务支撑门面。抗日战争时期,因店面被日寇飞机炸毁而停业。新中国成立后,张三宝重操旧业,新开的店铺于1956年被合并到宁波刻字社。就在这时候,他

❖ 手工鬃印作品

❖ 手工鬃印作品

把鬃印制作技艺传给了儿子张鹤虎。张鹤虎继承了这桩技艺后，精心钻研，很快就成为一个行家里手。

当时的宁波是出产大米和草席的地方，在盛大米的麻袋上和给草席打包的麻披上都常要用鬃印来盖上印记。一时鬃印制作十分繁忙，有时来自舟山、上海等地的顾客也闻名前来宁波定制鬃印。

鬃印是纯手工制作的，工艺流程比较复杂，大致分为以下几步。一、理毛：将猪鬃浸入水中约十天左右，使其皮毛分离，然后把鬃毛洗干净晒干，再理顺捆扎成一丛一丛后备用。二、竹板加工：选取毛竹根部较厚部分劈成约五厘米厚的竹板，再锯成周正的长方形，长度和宽度根据顾客指定的标准来。取毛笔蘸上墨，在竹板上写上反背字形，并按字形在竹板上钻孔。三、穿鬃：制作者凭经验用手指捏来一缕鬃毛，一头约留两厘米对折，用麻线穿入竹板孔中，背部用绞棒将麻线绞紧，每个孔中用一根麻线穿入至底，背部麻线孔孔相连。四、剪毛：根据字形大小，把鬃毛剪成一厘米到一厘米半长，剪剩下来的鬃毛留作后用。此时穿好毛的木板形状还不规整，熟练的工人知道怎样按照样式大小来锯成形。五、锯板：根据需要用木锯把竹板锯成圆形或长方形，再用铲刀把边沿修净至平为止。六、装把手：把竹板钉在两厘米的松木板上，再将松木板依竹板形状锯好，然后在松木板背部装上把手（或用车手柄）。七、烫鬃：将生铁板在炉火上煨红，用铁钳钳出，将已穿好的鬃毛烫平整，一般要连续烫两次方能达到平整。八、修整：把烫焦的鬃毛掸掉后，再用剪子修剪干净，力求鬃面平整。经过以上这么多道工序制成的鬃印方可交付使用，按一定尺寸制成的产品，即上柜外卖。其实鬃印的加工办法同牙刷和其他板刷的加工办法几乎一样。

随着科学技术的迅速发展，传统的鬃印生产渐渐被其他印刷工具所替代，这一项手工技艺也因后无学人，到了濒临失传的局面。宁波鬃印制作的最后传人张鹤虎说："如今这个年代，愿意沉下心来学习制鬃印的年轻人实在太少了。在宁波乃至全国，能制作出够水准的鬃印来的，大概也只有我一个人了。但愿我能收几个好徒弟，把这门手艺一代一代传承下去。"

东渡路边的天妃宫

现在宁波人大多知道三江口之畔有一个庆安会馆和安澜会馆,就是宁波历史上宫(天后宫)和馆(会馆)合一的建筑群,也是如今宁波市区唯一现存的天后宫。

但宁波历史上一座真正的天妃宫(也有称天后宫),却是建在今江厦街与东渡路相交之处,始建于宋绍熙二年(1191),是旅居于江厦的福建商人沈法询取福建莆田妈祖庙炉香,捐宅为庙,造了一个十分辉煌的大殿,塑了一尊壮观的妈祖像。庙建成后称作天妃宫。

沈法询为什么要建造这座宫呢?原来,沈法询在绍熙二年(1191),自觉在海上得到妈祖的保佑,为感谢神佑就捐出了他的寓舍来建造天后宫。至清康熙年间(1662—1722),海禁逐步放开,在甬的闽、粤商人又捐资重修此宫,到雍正五年(1727),敕号"天宫"。据清徐兆昺著《四明谈助》所说,有元朝程积斋(端学)《重建天妃庙记略》所述:"惟天阴骘下民,凡涉大险,必有神物效灵以济之。若海之有护国庇民广济福惠明著天妃是也"。福建船民所信仰的天

过眼旧事

妃即妈祖。那妈祖又是什么人呢？这话说来就长了。

传说中，妈祖诞生于北宋建隆元年（960）农历三月二十三日，其真名叫林默。妈祖的父亲叫林愿，是一位担任都巡检（相当于现在的边防警察长官）的武官。在她出生之前，父母已生了五个女儿，迫切希望能生一个男孩，结果第六个生下来的仍旧是一个女婴。父亲心里头十分不愉快。因为她出生后不啼不哭，默不作声，父亲就给她取名林默。按当时福建的风俗习惯，女孩子名字背后要加上一个"娘"字作为小名，所以她常常被人们称为林默娘、默娘。

林默从小就异常聪颖，跟随塾师读书时，不但能过目成诵，还能理解每个字的含义。成人后，她决心终生行善济世，矢志不嫁，父母尊重她的意愿，让她自由发展。林默不但精研医理，治病救人，防疫消灾，还通晓天文气象，熟悉水性。湄洲岛与大陆之间的海峡中有不少礁石，遇困的渔船、商船，常常得到林默的指点和救助而走出险境。因此，有人传说她能乘席渡海。由于她能预测天气变化，能事前告知船户能否出航，所以又传说她能"预知休咎事"，称她为"神女""龙女"。再加上她性情温顺，满腔热情，人们遇到困难，也都愿意找她商量，请她帮助避凶趋吉。

宋太宗雍熙四年（987）九月初九，年仅二十八岁风华正茂的林默突然无病而逝。这一天，湄洲岛上的男女老少纷纷传说，他们看到湄峰山上有朵彩云冉冉升起，又恍惚听到空中有一阵阵悦耳的音乐声，真是众说纷纭，不一而足。但是，从此以后，时常航海的人们传出一种说法，说是他们常常见到林默身穿红装飞翔在海空之上，救助遇难呼救的人们。就此以后，往来海上的船只普遍供奉起妈祖神像,以祈求航海平安顺利。

　　妈祖在大海中救急扶危,在惊涛骇浪中拯救了无数渔舟商船。所以自宋朝起,朝廷多次对妈祖进行褒封,并列入朝廷的祀典,每年的春秋两季都要举行大型的祭祀活动。历代皇帝的崇拜和褒封,使妈祖由民间神升为官方的航海保护神。随着闽人远行的足迹,妈祖不仅走向全中国,也走向东南亚和世界各地。

　　民间也广泛传颂着妈祖的传说,如祷雨济民、化草救商、解除水患、甘泉济世、佑助收艇、澎湖助战等,大多是说妈祖急人所难,解危为安的。也有记载着妈祖传说的典籍,如《天后志》中的十五则小故事,以及《天妃显圣录》中的十六则故事。其中,最具传奇色彩的是清朝历史学家赵翼所记的有关妈祖的传说:若遇海难向神明呼救时,如称呼"妈祖",妈祖就会立刻不施脂粉来救人;如称"天妃",则妈祖就会盛装打扮,雍容华贵地来救人,所以会较晚才到。因此海上遇险都称"妈祖",而不敢称"天妃",都希望妈祖立刻来救海难。

　　在天妃宫里,还有一个有关龙柱中的龙流泪的故事。据传天妃宫的两根龙柱所雕的两条龙,在遇到天气有变的时候,龙眼里会流出泪来。龙流泪时就是在告诉人们,这几天不宜出海,不管是海上捕捞还是运货出海,都不要出门,而且百试百灵。有人不信,就会在海上遇上风浪,结果就是船翻人亡。

　　宁波的妈祖信仰应该始于北宋。地处东渡路、江厦街交叉口的天妃宫所供奉的天妃像也是宁波最早供于宫院中的妈祖神像。在三江口,尤其是快到三江口那段的奉化江西边江畔,是本地渔船、货运帆船停泊的锚地,当然,也是不少经海上运输到宁波进行多种贸易的海船停靠的地方。这一带是宁波出海贸易以及外地与宁波进行海上贸易的主要地段,现在不少文章说三江口东边的庆安、安澜会馆所对的江畔是海船抛锚地,这种说法是站不住脚的。如今的庆安、安澜两会馆,无论从清时还是民国时的宁波市地图来看,都只是挤在狭长的小巷之中,在临三江口的岸边还有不少沿江而筑的民居,这些民居一直延伸至和丰纱厂会址。新中国成立初,正对余姚江的岸边被宁波港务局辟为港务二区,而港区的场地也不宽舒,这两所会馆仍隐没在民居之东。三江汇流,其实余姚江的水流量最大,水流又急,它与奉化江的水流汇合之前,几乎成直角状直冲江东边的江堤。据历史记载,现杉杉公园一带江岸常常发生崩堤事故,远的不说,二十世纪六七十年代,时称宁波港务局第二港区就发生过重大的崩堤事故,当时塌陷了几百平方米的江滩,损失了不少物

❖十九世纪七十年代的天后宫

❖ 天妃宫

　　资。之后，这一带就很少再停靠以运输为主的货船了。所以说，这一带并不适合作锚地。

　　二十世纪七十年代，宁波建造交电大楼时，在挖地基过程中发现了不少古木船的遗物。当时这里称为大道头，历来是一个重要的锚地。后在和义路深挖防空洞时，又发现宋朝时的海船，如今这已成为宁波是海上丝绸之路始发地的重要佐证。再说战船街，古时这一带曾是船坞，这一些史实都无可置疑地证明了历朝历代海上运输的主要口岸是在江厦一带。"走遍天下，不及宁波江厦"这句话也证实了当时江厦一带海上贸易的盛况。而地处江东的庆安、安澜会馆到清代才建，至 2012 年，不过 160 周年，比起建于南宋的天妃宫，光在时间上就相差六百多年。所以说，江厦街与东渡路边的天妃宫才是甬上妈祖文化的发源地，东渡路一带的奉化江末端也是宁波海上丝绸之路的始发地。

1982年8月至11月底,宁波市文物管理委员会和浙江省文物考古研究所联合对天妃宫遗址进行了科学的考古发掘,挖掘面积达1340平方米,出土了大量有研究价值的文物,如元代柱础、地坪砖以及"温陵糖帮"石制铭陀,"重建敕封宁波府灵慈宫记碑"残碑,清代江厦街壮观的妈祖庙大殿前卷棚、石龙柱图片,妈祖庙大殿全貌图片等。其中断裂成四块的"重建敕封宁波府灵慈宫记碑",记述了妈祖的生平事迹、妈祖庙的建造过程等。这些出土的文物弥足珍贵,也证明江厦的天妃宫存在于宋绍熙二年(1191)至清咸丰三年(1853)之间近660年之久。由此可见,宁波史上妈祖信仰源远流长,北宋宣和五年(1123),宋徽宗为妈祖钦赐"顺济"庙额,从此妈祖信仰借明州港而得到朝廷的认可,妈祖亦与"海上丝绸之路"结下不解之缘,成为沿海百姓世代供奉的航海保护神。

历史如此悠久的江厦天妃宫,为何在现在的宁波人尤其年轻人心中几乎全无印象呢?笔者查考有关资料得知,建于南宋的天妃宫,历经宋、元、明、清、民国,光严重的火灾就发生了五次之多。从出土的"重建敕封宁波府灵慈宫记碑"残碑所记述的文字来看,之所以重建也是因为之前遭受了一次严重的火灾,但碑记所述已属清代了。而在这之后的清、民国时期又发生过两次严重的火灾。据笔者儿时印象,民国时的大火使整个大殿都被烧毁,仅存天妃宫不完整的大门,以及殿后的妈祖神像。更严重的是,后来天妃宫还经受了两次轰炸。一次是在1939年至1941年之间,日军飞机对宁波进行了狂轰滥炸,轰炸的目标虽然是灵桥,但天妃宫的整片建筑在此次轰炸中几乎被炸毁一大半。还有一次是在 1949 年至 1950 年间,国民党飞机的轰炸使江厦街一带成为一片废墟。那时,整个宁波市内的市场几乎全部瘫痪,只有到了夜晚,从灵桥至三江口一带的奉化江边才成为十分热闹的日杂用品交易夜市。由于轰炸,电力供应不上,所以沿江一带闪亮的全是一盏盏电石灯(乙炔灯),虽光亮,但散发着一股难闻的刺鼻气味。天妃宫遗址内外也成为一个市场,更为热闹的是这里还有个被称为"小热昏"的民间艺人在说书。每当夜晚来临,常有百余人汇聚在此,有老有少。他说的书大多是富有地方特色的小霸王张雄、王瑞伯大闹天妃宫等,有时也说三国、水浒中的故事,经他一说,插科打诨加油添醋的就没有了界限。但凡说到紧要处,他就把黑色的折扇一拍,留下一句话:"欲知后事如何,请听明晚分解",然后,就吆喝着卖他自制的百味梨膏糖。这种梨膏糖在宁波早就绝迹了,但在上海城隍庙商城里还能找到它的影子。

被烧、被炸后的天妃宫区域,由此成为老宁波人做小生意和听书的地方,而且也热闹过一段时光,直至舟山解放了,国民党飞机轰炸停止了。江厦街重建时,天妃宫成为遗址,被挤压在新建的木板简易房之后。到了二十世纪五十年代中期,由于遗存的断墙残垣存在许多不安全因素,天妃宫被彻底拆除。1956 年底,"小热昏"则成为一位自食其力的修补套鞋、搪瓷脸盆的手工业者。始建于南宋的天妃宫从此销声匿迹,成为老一代宁波人心中永远的记忆。

字纸·字纸炉·字厨塔

老底子宁波人有一句老话:"勿敬字纸勿像人。"

字纸,是指在纸上留有字迹的废纸,包括旧报纸、广告纸等。过去的人对字纸是十分珍重的,凡写有文字的纸张,是不能随便乱丢的,一般都要把字纸放在竹子编成的字纸箩里,字纸箩里盛满了字纸,也不可以乱倒,一律都要倒在字纸炉里去焚烧。如今还有"一字值千金"这个说法,这句话充分表达了人们对文字的尊重。

汉字是中华文明与历史传承的重要载体,几千年来,人们一直用"惊天地、泣鬼神"来形容仓颉造字之伟大,于是乎,人们珍惜文字,珍惜写过文字的纸张,不随便乱丢字纸。敬惜字纸,久而久之成了一种民俗。字纸箩、字纸炉就起源于敬惜字纸的古老民俗,人们对字纸的敬重,事实上也反映了人们对文化的敬重。

在过去,不管男女老幼,都珍惜字纸。如果在马路上看到有人乱丢字纸,就会在口中念着"罪过,罪过",而且还会走过去,躬下身来伸手把丢在地上的纸拾起来,经四处顾望后,就会信步走到一个壁炉模样的地方,把字纸丢进去。这壁炉名叫"字纸炉",老底子城里大街小巷、转弯拐角之处,大多设有字纸炉。

说到字纸炉,还有一段传说呢。话说道光元年(1821)九月,鄞县瞻岐西岙有一位叫杨璞山的读书人,他看到乡人常常乱丢字纸,为了不让字纸再堕入污秽泥淖,就发起成立了凌霄会。"凌霄"的意思,就是让字纸焚烧后升上天空。参加凌霄会的人们,还捐田为产,在西岙两个山岙之间俗称山嘴的避风又朝阳的地方,建造了一座字纸炉。从此,在这里除了经常焚烧字纸,还定期聚会祭祀文昌君。在祭祀文昌君的同时还连带纪念造字的仓颉。随着宁波城乡间所建的书院多了起来,读书人也多了,于是为珍惜字纸,在书院边也建起字纸炉来。不久,大家族的家祠、庙宇旁边也纷纷建起字纸炉来。

之后,造字纸炉的风气迅速传遍城里,城里的大街小巷间最常见到的就是冒着缕缕青烟、在焚烧字纸的字纸炉了。

说到字纸炉的样子,十分类似过去大户人家西式洋房厅堂里取暖用的壁炉,只是没有壁炉那么豪华。它是由砖头砌起来的,大约有2米多高,炉子离地面有2尺多高,宽4尺左右,炉深不过尺许。炉子顶上有条烟道,在烧纸的时候,由于热的气流直通气道往上升,新鲜空气就会涌进炉内,把这些纸烧得干干净净。如果炉子里积聚的纸张多了,到炉子里倒字纸的人,只要拿起炉子旁边的一根铁杆(火钳),往纸灰里一拨,炉火就会又烧起来。如果烧纸所积的纸灰多了,第二天一早就会有人(过去叫清道夫)把堆在炉子旁边的纸灰扒干净,而积在炉子里的纸灰,会有人来取去,送到靠在河埠头的田庄船里,摇到乡下去做肥料。

老宁波人敬惜字纸的风气最早可追溯到唐代。到了明清时,珍惜字纸的风俗格外兴盛,无论是早年的私塾,还是清末开始的学堂,甚至那些新办的洋学堂,校园内都建有字纸炉。中小学堂里对学生都有一个明确要求:凡是扫地扫拢的普通垃圾,统统扔到畚箕里;凡是有字的废纸,必须单独放到字纸箩里,而且不许随便弄脏。收集在字纸箩里的字纸,再倒在专门焚烧字纸的字纸炉里统一烧掉。

在老宁波,还有一些专门在大街小巷里拾捡散落在路上的字纸的老人,捡字纸竟成了一种谋生的职业。他们手擎一把竹子做成的长柄的夹子,背上背一个竹箩,这竹箩是专门用来盛放从路上捡来的字纸的,当盛满后,就在附近的字纸炉里烧掉。

在新中国成立前,宁波城里的街头巷尾,到处建有字纸炉供焚烧字纸用。不少字纸炉两侧还有意蕴深厚的对联,或敬重,或寄寓,或劝化,这些对联让字纸炉增添了浓浓的文气。如"废墨收经史,遗文著唐汉""为惜残篇归净土,先焚断简赴清流""字纸成丹桂,炉烟结祥云"等。可惜,岁月沧桑,遗存的字纸炉随着城市改造大多已被拆毁,即便偶尔有幸存于世的,如在著名寺院天童禅寺的大门右侧仍留一座历经百年的字纸炉,只因现代人对其早已陌生了,也失去了它本来的意义。

历代文人们是十分珍重字纸的。如曾寄寓在镇海区的著名理学家周敦颐家族其中的一脉后裔,他们在村口特别建造了字厨塔,这个塔既不是用来供奉神灵,也不是用来纪念什么,而专门为教育后辈学子修建的。在他们看来,从小端正学习态度,长大后才能有一个好的品行，在教育上首先要教会他们对文字的敬重。有了字厨塔，孩子们所有写过字的纸张都不能随意丢在地上，必须在专门的日子里一起放到字厨塔里焚烧，这个传统从南宋始一直延续至宁波解放前。这一做法，一直成为周氏家族教育后辈学习古人修身的一个重要内容。

老宁波人这种对字纸的珍重，往往会转化为对自身的约束，让人受益终身。于今而言，珍惜字纸，也是对青少年进行道德教育的很好的举措，应该好好地推而广之。

民国时期的鄞县中医公会

医药，医和药。在人们心目中，"医药"就是医生和药材的结合，这在传承了几千年的代表着中华民族的医药文化中体现得格外彻底。医生离不开药，药离不开医生，这在中医和中药的关系中更为密切。

近两百年，名闻全国的以中药买卖为主的药行街里，据不完全统计有五十余家中药店，其中有十余家经营规模不一的药行。药店与药行有什么区别呢？药店专门负责零零星星按由中医开的药方卖药。而药行则是经营药材的采购和批发业务的。民国时期，宁波城中大大小小中药店，包括附近的慈溪、余姚、象山、奉化等地百余家中药店，绝大多数要向药行街的十余家药行批发进货，由此维持日常的经营。不仅如此，远的如绍兴、温州、杭州，乃至上海那些著名中药店，如童涵春、雷允上、蔡同德，包括宁波开往上海的分店，如赵翰香居，也要来宁波进货。可见宁波药行的药材买卖之广。药行的批发量大至几百斤，少至几量几钱，这主要根据进货药店的经营规模来定和中医师所开的药方中药饵的种类而定。有些小药店,经营资本小,不可能备足那么多货,尤其是稀缺、价格昂贵的药饵,如犀牛角、羚羊角、枫斗、朱砂等,急用时,就要叫伙计连忙到药行去配货。像这种贵重药材,配的量就会少至几钱几分。

药行街上,五十几家中药店包括十几家药行,大多靠宁波城内外数百名中医师开的就诊处方来维持经营。据民国三十几年不完全统计,鄞县、奉化、余姚、慈溪和象山有各科中医师数百人,比如中医内科、伤科、儿科、妇科以及特殊病例的中医生。就那个年代来说,这是一支规模不小的医师队伍,小部分人在中药店坐诊,大多数中医师拥有独立的诊所。诊所大多开设在航船埠头、市场热闹地带,或交通要道之中,都是为了便于患者就诊。

为方便配药,很多中医师将诊所开设在药行街周围,据笔者估算,应有五十余家,其中在药行街中药店坐诊的中医师多达十余人。设在碶闸街上的就有五家,其中最著名的是中医范文虎弟子王庆澜的诊所。在开明街、大来街、咸塘街、大沙泥街、濠河头、县学街、英烈街都开设有中医诊所。无形之中,按现在的时兴说法,形成了一条中医药供销的产业链。莫小看这一条供销产业链,当时,中医药的产业链成为宁波城市经济中的重要一环。

在众多中医师中,庄云庐先生,是范文虎先生亡故后,甬上中医内科最资深的医生。他自营的私人诊所位于江东镇安巷,日常来就医的病人,常常早早在其诊所门前等候。他为人敦厚,说话和气,总是详细地询问病况,仔细地诊脉,认真地观察舌苔,然后再次详细地询问患者病况,最后才开出对症下药的方子,签上"庄云庐"并盖上自己的印章。由于在中医内科上的长期积累,他医术精湛,博得同

❖ 董氏儿科的董廷瑶所在会员录页　❖ 鄞县中医公会会章暨会员录序　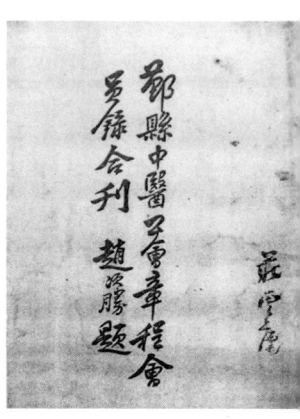鄞县中医公会章程题字

行业的崇敬。他时常受邀去药行坐堂行医，大多是著名的药行，如元利、恒茂等。庄先生有腿疾，出行不便，平时出行大多是坐在元宝篮里，秋冬季节，还要盖上一条小棉被。他身材高大，平时穿着极为普通，多是一件黑长袍子，有时会添上一件马褂，头戴瓜皮帽，常戴一副茶色眼镜，执一根手杖。他走路显得有些吃力，坐堂问诊却一点儿不含糊。他在中医界一直享有极高威望。

二十世纪二十年代初，西医院的数量在市内不断增加，尤其是华美医院成立并不断扩大规模，西医的治病效果逐渐为市民们所接受。随着西医的发展，西药房也多起来了，最著名的是至今尚在的四明大药房。不久后，市内先后开办了葆真医院、鼓楼医院，以及呼童街上带有慈善性质的秀宝医院。秀宝医院出资人李秀宝邀请孙镜石先生主持医院主要业务，后因孙先生提议，将医院名改为镜石医院。除西医院外，城内还开办了不少私人西医诊所，如药行街中

的蒋锷西医诊所。一时西医西药行业得到了快速发展。这对中医和中药界造成非常大的负面影响。为了维护中医药业的正常业务和自身利益，中医师们共同发起成立鄞县中医公会(始称宁波中医学研究会)，订立章程，共同维护中医行业。同时，发挥中医各科专长，以维护良好的生存环境。中医公会成立时，共同推荐庄云庐任会长，著名的董氏儿科董廷瑶、陆氏伤科陆银华为副会长，共有中医会员三百四十余人，会员分布在包括象山、奉化、慈溪等地的宁波大市范围。公会选址在君子街头九如里，距当时鄞县中药业公会所在地君子街14号仅百步之遥，显示中医师与中药材行业的密切关系。可惜的是，鄞县中医公会成立后，没有为中医的自身发展做好中医医案的整理和保护。长期以来，中医界一直存在一个大问题：各自为政。门派之间缺少交流，只在独自门派中师徒相传，有时为师的还有留一手的做法，以至影响了中医医术的传承发展。二十世纪六十年代初，市卫生局发文，要求整理当时四位著名中医的医案，分别是中医庄云庐，伤科陆银华，针灸科裘如耕，蛇伤科徐祖青。这四位名医的医案全部交给宁波市卫生学校的一位王老师整理。可王老师因癌症逝世后，这批珍贵的医案由于无人处理而丢失了，甚是可惜。

幸运的是，儿科著名医生董廷瑶去上海发展，留下了传承。二十世纪八十年代，董廷瑶成为上海中医文献馆的馆长，全国首批名老中医。如今，董幼祺作为第五代董氏儿科传人，传承了其爷爷的医术，成为国家级非遗传人。

不管怎么评价民国时期鄞县中医公会的成立，它对至今仍能传承下来的陆氏伤科、宋氏妇科、董氏儿科，做出了一定贡献，这是肯定的。

永丰路 10 号的神秘三层小洋楼

在风景秀丽的余姚江畔有条短短的永丰路，它东起解放北路北端，西与望京路相接，又往北延伸出永丰北路。这小小的三岔地段，便矗立着当时宁波工业三支半烟囱之一的宁波永耀电力公司（兼发电厂）和著名的华美医院，这两处建筑成为永丰路西端鲜明的路标。

在这条不过 2000 米的永丰路上，建有一幢至今尚未说得清产权的三层小洋楼。据说，这幢小洋楼建于民国三十几年，至今已有近百年历史了。虽经历世事沧桑，但其精致的设计和独特的建筑风格仍旧引人注目。终年波涛不绝的余姚江和四周葱郁的绿色静静陪伴着小楼，见证着小楼从建造至今的变化。远望这三层洋楼，在天气好时，一边是碧波闪耀的姚江水，一边是一律低矮的旧时建筑。如此亮丽的风景，竟没有摄影师青睐于它，而找不到一幅像样的老照片来，实在可惜。

这幢楼究竟住着什么人？这些人从事什么职业？我们只能从它

所处的位置去探寻一二。它的西边是始建于1843年的宁波华美医院,这是全国现存的建院第二早的西医医院。1923年,华美医院为了满足患者需求,计划建造一幢新大楼,时任院长的兰雅谷先生用一万五银圆向宁波效实学会买下了宁波北门内的一块空地,新建了一幢有一百个床位的新大楼,这就是现在的华美医院。

1930年4月,四层的华美医院住院大楼落成,时值美籍院长汤默恩卸任返回美国,美北浸礼会委托代表郝培德将医院财产交与中华基督教浙沪浸礼会,由医院董事会管理,继任院长由任莘耕先生担任。没过几年,由于邀请和聘任的国内外西医大夫逐渐多了起来,为了保证大楼的使用,在四层住院楼东侧空地上又建了一幢三层高相对简单的楼房,规模不大,却能解决医院工作人员实际居住问题。

那时,小楼一层安排给温州籍信奉基督教的外科大夫何福民及其夫人,及华美医院自办的护士学校首届毕业生王国英(后任妇产科主任)一家近十人居住。1948年,这一大家人入住了姚江边的三层小洋楼宽敞的一楼,住入该楼的还有几位著名大夫及其家属。二十世纪五十年代后,这幢小洋楼的住户多了起来,一楼居住的都是原华美医院的著名大夫或其家属,有杨国栋(其夫人在二院工作)、张某共三家,二楼住有傅某、陈某两家,三楼所居者为二院周宏泉院长。

后据曾居住此楼的何大夫后人说,这幢三层洋楼,据说是由宁波基督教传教士于二十世纪三四十年代所建,楼建成后,就安排在华美医院工作的信奉基督教的教徒居住。宁波解放前,有一部分教

❖ 1930年华美医院全体医生和员工为欢送汤默恩院长回国合影留念

❖ 小楼现影

会人士离开宁波回国，因此，到了五十年代初才安排了非教会的医师居住。

"文革"开始后，这幢三层洋楼为房管部门管理，何大夫由于在1957年被错划为右派，被赶出了小楼，后只能在外租住十分拥挤的小房子。

二十世纪八九十年代，由于年久失修，里面的原住户都被安排去了新住所。这幢楼经装修，相继成为高档饭店、咖啡馆、茶室等，如今为一家私人口腔诊所。

这幢独享江边风光的三层小洋楼，历经近百年的风雨，路过这楼的人们，都会怀着羡慕的心情，遥望它二楼边的圆形大阳台、三楼边上的小阳台和周边葱绿的草地。洋楼一楼周围一丛丛的无花果树，年复一年、周而复始地开花结实，尽管无花果的开花是那么内敛，毫不照耀，只隐藏在枝条和厚实的绿叶下，显示出米粒般的星状白花，但奉献给人们的却是甜而丰腴的无花果实。

宁波评弹迷的福地——红宝书场

以表演流行于江浙一带的评弹为主的红宝书场，始创于1950年。当时由甬上十余个爱好评弹的人每人出资一百元钱创立，选址在江北岸外滩旧海关处。1951年，迁到了位于中山东路与苍水街之间的碶闸街延伸段上的老佰利教堂。旁边就是同安会义务消防队，斜对面是宁波酒家。迁入新址的红宝书场，有三百余个座位，场面一下子拉大了。书场还先后邀请了苏州、上海、杭州等地著名评弹演员来此演出，一时名家纷至沓来，表演曲目众多，人气一下子旺了起来，渐渐成为宁波评弹爱好者聚会的地方，也成了宁波评弹迷的福地。

红宝书场有一个布置得十分雅致的舞台。舞台正中放着一张由名贵木材制成的长方桌，桌上围铺红色或绿色的真丝绒布，两边各放一把高高的靠背椅。穿着长衫的男演员和穿着旗袍的女演员分别从后台走出，坐定后，男的弹三弦，女的弹琵琶或月琴，说唱就此开始。新中国成立初的听众主要是中层市民。除常往来于甬沪之间的评弹迷外,还逐渐集聚了一批比较有文化雅趣的青年听众。人们边听边喝茶,茶杯就搁在木椅右边扶手的镂空圆口中。服务员则端着热水瓶在听众之间轻手轻脚地来回添茶。书场中还有卖香烟、糖炒栗子、瓜子、沙炒蚕豆、橄榄的。由于书场紧靠中山东路,快到散场时,门口会停有许多三轮车。对面的宁波酒家甜食部和陈万兴包子馄饨店,早早做好了散场时顾客进店吃夜宵的准备工作,届时可有一番热闹!

甬上虽然无专业评弹演员,但红宝书场邀请来的大多是名家。他们主要来自苏州和上海的评弹团队,其中有当时名动一时以杨振雄、杨振言兄弟为代表的挺拔刚劲的"杨调",有张鉴庭、张鉴国兄弟中气充沛、音色苍劲、韵味浓郁、感情饱满的"张调",有讲究行腔深沉浑厚、抒情真挚的以蒋月泉为代表的"蒋调",还有名伶徐丽仙和朱慧珍、朱慧琴姐妹搭档,纷纷来红宝书场献艺。一时甬上形成了一个听评弹、说评弹、唱评弹的评弹迷群体,他们把红宝书场当作自己娱乐的天堂。当年演出的评弹主要书目有:《说岳全传》《七侠五义》《彭公案》《施公案》《白蛇传》《三笑》《玉蜻蜓》《虎丘塔》《雷锋》《夺印》《野火春风斗古城》《西湖十景》《林老汉诉苦》《白鹤图》《黄金印》《四香缘》《十美图》《玉连环》《胡必松》《双珠球》《三门街》《大红袍》《三斗六老虎》《真假市长》《赵匡胤》《红岩》《何文秀》等。青年演员赵升生和石磊搭档的一曲开篇《蝶恋花答李淑一》,唱得声情并茂,激情荡漾,倾倒了全场老少听众,可谓是新书旧书交错,新老艺人合作拍档,听众既受教育又享受到了艺术的魅力。由此,红宝书场成为宁波人文化休闲的一个好去处。

只可惜,到了"文革"期间,红宝书场与宁波其他剧场、影院一样都被打入冷宫,往日紧弹慢唱、韵味优美的旋律再也听不到了。但自"四人帮"粉碎了以后,评弹与其他戏曲文艺一样如春花盛放,重登舞台,受到了书迷、戏迷的欢迎。红宝书场重新回到了评弹迷的怀抱。当时评弹热得每天开演日、夜两场,即使如此,书场门口还常常聚集着等退票的人们。

改革开放后,随着经济的逐渐复苏,其他多种休闲文化的兴起,思想活跃的年轻一代的业余生活日趋多元化。电影的大幅度普及,通俗歌曲市场的迅速形成,使得人们的文化娱乐生活越来越丰富多彩。在宁波青年人中一度很有市场的评弹却渐行渐远。1988年5月,红宝书场经过全面整修后重新开业,却成了歌舞厅、音乐茶座和录像放映厅,经济效益也非常好。红宝书场的这一突然转身,使宁波文化娱乐市场上一下子失去了一处亮丽的风景。后来在老评弹迷的迫切要求下,书场总算保留了每天一场的评弹演出,但只安排在上午,人们只能起早排队买上票才能听上一档书。到了九十年代,老红宝书场被纳入旧城改造的范围,从此成为老宁波的记忆。

2002年3月,宁波最后一个书场老板郑国华不顾爱人的反对,延用"红宝书场"之名,办起了新的红宝书场。它位于宁波繁华的鼓楼步行街旁一条偏僻的小巷内,旁边被各家酒店的后门包围着,只能从仅可通过一人的店门进出。一进门,迎面是摆满了热水瓶的柜台,听客可以在柜台旁边的小盘里自己抓把茶叶,倒上开水,然后向老板递上两元钞票,就可品茶听书了。下午有评弹,也只要五元钱。这样,那些常客就可以在书场里消磨整整一天。别看新红宝书场残旧,甚至不少桌椅都是破旧的,然而,它却是宁波老评弹迷的圣地。老板郑国华也经常请外省市的著名评弹团来演出,江苏曲艺团、上海评弹团,甚至当今评弹大师陈建国都到过这"小地方"来唱过评弹。一年中,来新红宝书场演出的团队少说也有二十多个,每隔半个月就会换个新本子唱。不少老人听评弹听了三四十年,可以说是甬上一批真正的书迷,评弹已经成为他们生活中重要的一部分。在好多档演出中往往是上面演员唱,下面书迷们轻轻随着哼,台上台下互动不停,书场气氛和谐融洽。一位家住南门的老人说:"我从小跟父亲听评弹,如果没了新红宝书场,我们这些老人就失去最后寄托余生的地方了。"

然而,很有可能在不久以后,这处宁波评弹迷最后相聚的好地方,宁波民间曲艺评弹唯一幸存的场所,就要维持不下去了。老板郑国华说:"新红宝书场开了三年,我亏了12万,实在撑不下去了。现在的场地,已经是新红宝书场三年里搬过的第三个'家'了。因为场地租金太贵了,而收入却太微薄。"郑国华算了算账:"每位茶客早上茶费是两元,下午有评弹是五元,包月的话是每天四元。而每天的房租费要130多元,加上电费、煤钱、水费、茶叶费,光固定开支每天就是210元。请评弹团来唱一场,一天最低的费用要150元。这样算来,如果每天的茶客少于100人,我就要亏本。"为了节省开支,已经七十多岁的老郑舍不得请帮工,自己一天要打180多瓶开水。为了增加点收入,他又在书场里开了武馆,自己在晚上教青少年练武。老郑每天早上五时开门烧水,晚上十二时关门,就连睡也是睡在书场里。但老郑辛辛苦苦的忙碌,也很难说能保住新开的红宝书场。

老人们都说,"一定要保住宁波这个最后的地方曲艺书场"。老人们建议,有关部门是否可以给新红宝书场一些政策上的扶持,让新红宝书场更好地为满足老年人的文化娱乐需求提供场地。对这些老人来说,能去的文化场所实在太少。小区文化宫适合老年人的活动也不多,总不能看一天书报下一天棋吧;看大剧院的演出,门票最便宜都要几百元,还要来回车费,消费不起。

留住红宝书场不但是为宁波老人们造福,也是在挽救、扶持宁波宝贵的民间文化遗存。

天一阁"百鹅亭"的一段逸事

天一阁内有一座雕琢精致、似亭非亭的亭子,由梅园石建造,名曰百鹅亭。亭边有一碑,上面记载,百鹅亭从南郊祖关山移建至此。但未写明其具体来历。笔者据十余年来对此的调查,又凭个人的回忆,倒可以给读者一个较为详细的解释。

说百鹅亭移建自南郊祖关山是对的。笔者就曾参加过古坟地挖掘和宁波火车站建设时的义务劳动。当年,为建火车站,还拆掉了延续多年、祭祀东汉宁波孝子董黯的庙宇。彼时,政府有关部门决定,把这座亭子移建到天一阁,我就同一起参加义务劳动的同学说:"这亭子是我们家舅舅墓地上的。"这位舅舅是我母亲严爱月的表兄,我们都叫他定山舅舅。他祖上有不少人在清朝时当过官。

没过几年,天一阁整修后向市民开放了,我跟着邻居一起去参观。当我看到在天一阁后花园有一个似亭非亭、爬满青藤的石亭时,我不禁叫道:"这不是从我舅舅家坟地里边移建过来的亭子嘛。"

关于这座亭子的故事,还得从1948年清明前说起。那年,定山舅舅和舅母带着小女儿阿明来宁波上坟,就住在我家。阿明比我们兄弟几个大了三四岁。白皙的圆脸上有一对大而圆的眼睛,发型是一刀齐的短发,上身穿一件用粗毛线编织的时髦毛衣,下身穿一条红底黑色粗条格子的呢绒裙子,脚踩一双醒目的鲜红色漆皮皮鞋,露出洁白长袜的边儿,整个人美丽而大方。她与我们坐在靠东窗的沙发上,时不时起身,趴在沙发边上,扭着摆在大菜柜子上的收音机的旋钮,选节目听;时而又和我们去明堂里(院子)拍皮球,笑起来,一对深深的酒窝显得特别可爱。她的模样,我至今记忆犹新。《城南旧事》播映时,电视中的小女孩,活脱脱与阿明一模一样。

去上坟那天,母亲领着我们兄弟几个一起,在濠河头登上航船,到祖关山那边上岸。大人们忙着把上坟的物件放在这个亭子的圆石桌上,亭子旁边是一块很大的墓地,已经收拾得干干净净。不一会儿,母亲就陪着舅舅、舅妈过去了,我们几个小的留在墓地边的这个石亭里,随意挑着几样好吃的吃,又不时跑到田野上采摘那些白色、黄色的野花。

上完坟后,我们又坐着航船回到濠河头,还了船回家。没过几天,舅舅和舅妈就带着阿明回上海了。

记得1952年春,定山舅舅一个人来宁波迁移几百穴祖坟,坟地就在现南塘老街塘河对面叫尹江岸的地方。沿岸一带,西至祖关山,全是毛家的坟地。坟地里,看起来还比较完好的坟墓,有一百多穴;有些坟,连坟碑都没有了,大坟前的石人、石马也是东倒西歪的。当时因为要搞互助组,不久又要搞合作社,所以需要平整土地。舅舅一个人住在我家,雇了一批人,从一百多穴的坟中挖出遗骨,裹上棉花,分别装在肥皂箱子里,然后在盒子上写上祖先的姓名。

迁坟时,我与我哥世章常到那座似亭非亭的亭子里玩,四根石柱和上面数根石梁上爬满了常青藤,亭中央有一个圆形石桌,四围还有可让人坐的石条。当时我问舅舅:"这个亭子没有屋顶,下起雨来怎么办呢?"舅舅说:"这里是上坟祭祖时让长辈们坐坐休息的地方。上面是方的,下面的桌子是圆的,都有讲究。上方,寓意我们祖祖辈辈都有好的前途,有海阔天空的意思。而下面的圆,则寓意我们祖祖辈辈代代相传的和睦相处、团团圆圆。这里面有不少传统风水的理念,可以让我们得到祖宗保佑,让后代兴旺发达。"我当时才上小学四年级,听过便算了。

迁坟后,这里的一大片地,听说一部分成为震丰大队一至四小队的工地,靠两边的土地,则成了市园林处的苗圃。

大概忙了一星期,舅舅在下驾桥下边的船埠头租了一条大航船,整整装了一船"肥皂盒",运送到西乡山下庄坟地。一百多穴的坟墓,葬后竖起早已做好的坟碑,舅舅足足忙了四天。这期间,我们住在一户农民家 —— 大概是舅舅的远亲,姓杨,只听舅舅叫他阿根。当时正值罗汉豆上市,豆子鲜嫩非常,我至今还记得一早起来吃的咸菜汁燀罗汉豆,这滋味,真好啊!忙完这事,我们就雇了一条脚划船回城里。

舅舅祖上做过官可不是妄言。民国初年,舅舅去上海创业,临行前在我家留下了六个大箱子。母亲说,现在这些东西也没有什么用了。出于好奇,我们兄弟几个瞒着母亲到上着锁的房里去看这些箱子里究竟藏着什么。打开一个箱子,里面是一箱卷轴装的人物画,画像中的人物穿官袍、戴官帽。我们将画轴一幅幅展开来看,画像中的人物长得大致差不多,但穿戴不同。两箱装有古人穿的官袍,好多袍子与画里边人物穿的十分相似。除此之外,还有好几顶官帽,帽子顶上都有红红的大珠子,不少大珠子被我们摘下来当玻璃弹珠玩。现在才知道,这红珠子是用红玛瑙做的,还挺贵。另有一箱,里面大多是一册册古籍,其中有厚厚的五册,封面上有"毛氏家谱"等字,我们由于年少,也不把它当回事。另一箱里,除了说不清楚的杂物,还有一百余枚铜镜。铜镜还是我在看古典小说时识得的。可惜这么多的铜镜,在1958年,在居民会动员下,全部以五角六分一斤的价格,作为废铜卖给了药行街上的废品店,连一枚都没有留下。不过,最惹眼的是最后一只大箱子里的砚台。当时,因学校里一律开设书法课,要写作文时一律用毛笔用小楷写在印有小红格的毛边纸上,所以我们看到砚台,立时你拿一块,他拿一块,一下

❖ 现百鹅亭照片

子拿了十几块。凭我记忆,大的砚约一尺多长,七八寸阔,估计有好几斤重。当我完成大学学业回到家时,再跑到楼上,这放箱子的房间已被改成卧室,由我小弟住着,原来我与兄长住的房间已经被当地房管所做主分配给外人了。这么多的古砚也不知道哪里去了。

1966年,在这不寻常的一年,舅舅藏在我家的祖上的画像、官服以及整整一大箱的古籍连着家谱都付之一炬。我父亲是胆小怕事之人,除了在火缸里烧了舅舅留在我家的这些东西,也把我家不少书画连同家谱都一块儿烧掉了。

据我已九十高龄的兄长周成章回忆,定山舅舅是我母亲的表兄,家住上海贝勒路(现黄陂南路近徐家汇路)三星坊,在南京东路开一家叫同茂盛的棉布店,靠近现丝绸公司,夹在原信大祥和协大祥中间,因两家店顾客多,有些生意就流到同茂盛,公私合营后店就被并掉了。他的儿子叫庆瑞,前几年据说还在,大女儿嫁给信大祥董明仁(资方)。二女儿小名叫三囡,新中国成立后参军,据说嫁了安徽省委宣传部部长。三女儿月琴,考取北京外交学院,后来嫁了外交官,驻外工作。定山舅舅有一个侄子,名叫毛萼辉,是我表舅舅柴志香开的瀛洲袜厂的高级职员,公私合营后当上了副厂长,家住上海衡山饭店附近的一幢别墅里。舅舅、舅妈

❖ 我母亲严爱月年轻时与她堂姐严爱玲的合照

亡于二十世纪六十年代初,之后,我们与其后人一直疏于联系。

笔者之所以历经多年,采访了不少长者,寻找有关"百鹅亭"的一些往事,无非为探究百鹅亭的出处提供一些资料。一是"百鹅亭"的名字,"百鹅亭"出自毛氏坟地是不争的事实,据我调查和采访多人所得,从前并无这个名字,大概是拆迁到天一阁后命名的。它是祭亭,所以名字大约与清明时宁波富家大户要杀很多鹅来祭祖有关。二是有关坟地主人毛氏之事,笔者曾经与天一阁研究家谱的专家龚老师探讨过,据他猜想,祖关山墓地主人毛氏大概与现海曙区翁岩毛氏属于同一宗族。他的猜测令我想起,在抗日战争时期,翁岩这里有一所规模颇大的国民党军队的后方医院,我母亲的表兄是这家医院的院长,抗战胜利后去了上海某医院任职,二十世纪五十年代曾经来宁波看望我母亲,同时也去过翁岩,我们都叫他根先舅舅。这些长辈们大多年事已高,又多病,那次见过后根先舅舅就杳无音信了。

至此,笔者所述为百鹅亭来历研究者提供了一条线索——从毛氏家谱入手或能打开一扇窗口。这也是我写此文之初衷。

教育文化

宁波史上第一所职业技术学校
——鄞县县立高级工科中学

宁波素有"文献名邦"的美誉,浙东文化彪炳于世。要看一地文化是否兴盛,首先就要看该地教育事业的发展情况,由此联想到如今职业教育得到普遍重视,宁波大市内中等职业学校如雨后春笋,高等职业技术学院也得到了快速发展。这些学校所培养的人才,直接支持了当地的产业发展,为繁荣当地经济起到了不可忽视的作用。由此回顾,在一百多年前的宁波,即辛亥革命胜利后第二年,宁波就诞生了第一所职业技术学校,当时其全称为"鄞县县立高级工科中学"。

民国初年的宁波教育,废除了清末"忠君、尊孔、尚公、尚武、尚贤"的封建主义教育指导思想,取而代之的是资产阶级"自由、平等、博爱"的思想。在教学内容上不再单纯地学习四书五经、帖括制义等课,还要学习自然科学、社会科学和西方先进技术以及与职业有关的其他课程,注重将教学内容与地方实际联系起来,强调教育为地方建设服务。至此,宁波的教育与时代的发展承接起来,职业

❖ 首任校长陈训正

❖ 教务主任王兴邦

❖ 创校二十周年时的校长王思诚

技术学校也就应运而生。

一、高工的兴办及教学特色

要说这宁波教育史上第一所职业技术学校的创办,不得不归功于学校创办人之一的陈训正先生。

1911年10月,辛亥革命爆发,结束了中国两千多年的封建制度。1912年1月,中华民国临时政府成立。根据南京临时政府颁布的教育宗旨和学制体系,宁波的学堂一律改为学校。就在这一年,宁波进步的有识之士认为,开埠以后的宁波,地方民众除务农外,多以经商为主,工业却不发达,这主要是宁波青年不懂工艺技术,不能为工业提供先进劳动力的缘故。因而,创办一所适应地方工业发展,培养工业技术人才的职业学校就被放到议事日程上。时为宁波教育学会副会长的陈训正先生,为此积极奔走,联系了一批有识之士,在创办一批现代中、小学的同时,与北京京师大学堂何育杰教授、上海钱保杭以及同乡挚友赵家艺、范贤方等共同筹款,以宁属六邑公会公款创办了宁波第一所公立中等职业技术学校,陈训正自任校长。由于当时宁波的行政辖区属于鄞县,这所学校就称作"鄞县县立高级工科中学"。

陈训正先生早年赴日留学,1903年中举人,1908年任浙江高等学堂国文教习。他学识渊博,积极倡导科学技术,因此在办学过程中能积极吸收西方先进的办学理念,课程设置务实,学校管理先进,提倡学以致用,尤其强调工业技术学习与生产实践的结合,针对不同社会需求培养了不少工程技术方面的人才。学校既招收应届初中毕业生中数理成绩比较优秀的学生,也招收艺徒班。学校的实习工厂,既是培养艺徒的场所,也是为学生提供各门专业技术的实践场所。因此,该校培养的学生既有一定的技术,也具备一定的机械制造能力,非常类同于现在地方高校产学结合。

鄞县县立高级工科中学,在宁波江北岸泗洲塘原停办的益智中学校址改建校舍(该址曾为清朝海军的一所学堂)。学校初办时,仅设一机械科(后改为金工科),附设实习工场,并招收艺徒班。随着学校教育工作渐趋稳定,根据当时社会经济发展需要,学校又聘教师,扩大招生,专业逐渐扩至金工、建筑、汽车道路等科。党义、军事训练、国语、英语、理化、算学是公共必修课,此外还有各专业必修课和选修课。如金工科的专业必修科目有机械制图、工作法、力学、材料力学、机械构造、水力学、汽机、煤油机(柴油机)、机械设计、机关车、电工学、体育等18个科目。体育课每周一次,计时一小时,课间操15分钟,课后练习运动50分钟,都按学分制考核,每学期体育课的学分合并计算为6分。除了学习专业知识,还安排实习,三年共60次,每学期10次,计有学分30分。

❖ 汽车道路科学生在拆装汽车

❖ 金工科(机械科)实习工场

建筑科专业必修科目有地质学、工作法、机械画、材料力学、水力学、图法力学、测量学、道路学、桥梁学、建筑材料学、机工大意、建筑画、铁道学、房屋构造、河海工程、卫生工程、铁筋水泥、体育、实习等。总计161学分,204课时,三个学年完成。

汽车道路科专业所设必修科目有地质学、机械制图、工作法、力学、材料力学、建筑画、应用材料学、机工大意、汽车电气学、汽车学、测量学、道路学、桥梁学、体育和实习等科目,总计158学分,204课时,三个学年完成。

除了必修课,学校还有两类选修科目,一般选修科目有社会问题、第二外语、工业经济、工业簿记4门。另设各专业选修科目:金工科有工场建筑、工场管理;建筑科有电工学大意、汽车学大意;汽车道路科有煤油机大意、铁道学大意等。

作为辛亥革命后新办的工业技术学校,其课程设置基本上是参考东邻日本的工业技术学校,而日本的学校学的是欧洲工业革命以后的课程设置模式。相较而言,中国的工业技术教育是滞后于当时世界的。曾经留学日本的陈训正先生及其他有识之士,此时选择创办现代工业技术学校,正是顺应了现代教育发展的潮流,也反映了国内同人在职业技术教学上的卓杰见识。

坚持学习、实习和生产相结合,是工科中学的办学特色,好比如今不少地方高校所走的产学研路子。学校在培养有用人才的同时,也培养了学校工厂生产所需的诸多技工,在搞好教学的同时,也生产了社会所需的机械设施,如校附属工厂生产的铁壳汽船、救火机、碾米机、织布机、汲水机和柴油引擎(机)等产品,直销市场,有时还接受直接订货业务,充分体现了职业技校较高的生产能力。

二、严谨的教学管理

学校十分重视对学生学习的监管和考核,制定了严格的入学资格考试制度,一般年龄在十六周岁以上,体格健壮,在三三制初级中

高工附设工厂生产的各种机器

❖ 柴油机

❖ 抽水机

❖ 碾米机

❖ 织布机

❖ 救火机

学毕业者，方可经过入学考试择优录取。入学时要填写志愿书，并由妥当的保证人填具保证书方能成为正式学生。对学生的考核包括学业、操行、体育三方面成绩，定有严谨的规章制度给予考评。

学校还制定奖罚及警诫制度。对学生中操行、学业及体育特别优异者，呈请县政府定为特待生，可免除其下个学期的学费。如特

✧ 学校附设工厂生产的铁壳汽船

待生学行有亏,即停止其待遇。对学生中操行、学习、体育成绩优良出众者,学校予以奖励。同时对学生中犯有下列各项之一者即令退学:

1. 有不正当行为,经教职员认为与本校秩序或名誉有重大关系者;

2. 操行不良且屡教不改者;

3. 各科成绩恶劣不堪者;

4. 记大过至三次,记小过九次者;

5. 一学期内无故旷课至两星期或陆续缺课至八星期之上者。

学校自创办始就有一套严谨的校务管理条例,这些详谨的条例,充分体现了民主办学的理念。学校设有各类会议制度及相关委员会,学校层面有全体教职员会议、校务会议、厂务会议,学生方面有学务会议,事务方面有事务会议,工厂有工务会议,教务处有教务会议；辅导处有辅导委员会，艺徒教育股有艺徒教育委员会，学生有学生会，艺徒有修练会，各管各事，有事共议，保证了学校各项工作有序开展。

全校教职工分为三种：

1. 学校部设有教务主任及助理，辅导主任及助理，各学科设有分科主任、体育主任、各科教员和书记一名。

2. 工厂部设有艺徒教育股主任、实习指导员和各科教员。

3. 事务方面由各分管的人员组成，其主要职责是为学校部、工厂部做好事务保障工作。

为了保证各项校务得以顺畅贯彻，遇事有一个共同商议的机会，学校制定有各项议事细则，包括全体教职员会议、校务会议、工务会议等的议事细则和教务委员会、辅导委员会以及艺徒教育委员会等的议事细则。为让各议事会的决定得以一条条实施，学校相应又制定有教职员工服务规约、辅导处事规约、学生遵守的各项规约、勤工服务规约、工厂实习规约、汽车实习规约等八个百余条细则。

由于在学业、财务、实习工厂以及艺徒培养等各方面工作都做得稳扎稳打，学校发展很快，为社会培养了不少有用人才。办学没几年，就得到了社会的肯定，学校的创办人陈训正等先生，当然感到十分欣慰。因此，在学校成立二十周年纪念活动中，陈训正先生特地为建校二十周年纪念册写了序：

书工校廿周年纪念册

甬之有工校于兹二十年矣，当十年前余主是校时曾为会纪念。

❖ 建校二十周年纪念册所辑旅京宁波高工校友会合影

余有言譬诸鲧之治水，虽勿成而治之巳故，可以遗禹之。念今纵余长校者为王生思诚，是能纠鲧之失而致其治者，甚犹禹矣乎？风雨既久，漂摇益甚。胝手胼足之劳有过于余，王君能维系至今日，已为不易矣。况其精神所被易瘝而良，俨然有可诵者乎？余襄矣，流浪道路不得归而与共桑梓之义，因益晞吾王君之能卒底厥功也。书此祝之。

维民建国之二十年十月，陈屺怀书

微阅此序，可见通篇在赞赏时任校长王思诚之办学的成就，尤其是以鲧自比，以禹喻思诚，可见陈训正先生之开创性成就。在学校二十周年的时候，陈训正任杭州市市长，虽然远在杭城，但对高工学校还是念念不忘，事事挂念之。

❖ 江北泗洲塘的高工校舍全景

❖ 高工开办时部分教职员合影

三、高工附设初中部

在实际办学过程中,学校遇到的难题之一是常常招收不到优秀的初中毕业生。这里的原因有二:一是当时宁波的中学虽不少,但都是完中,初中毕业生多数在原校升了高中,且当时农村中学不多,大部分小学毕业生无法升入初中;二是学校要求招收的新生有较好的数理基础,但当时宁波的中学普遍存在偏重文科的倾向。针对这些情况,为确保学校生源质量,由时为校董会主席的陈训正先生召集召开了全体校董会员大会,经共同商量后决定:从1931年8月起办高工附设初中部,并推选陈训正等七人负责筹集办学经费,并于同年6月27日,报请鄞县政府转呈浙江省教育厅备案核准。这个计划很快得到省教育厅的批准,并在同年招收了初一新生三十七名,于8月25日正式开学。时为高工校长的王思诚兼任附中校长。学校又聘请王兴邦为初中部主任,襄助校务,并兼任事务主任,戚才敏兼任教务主任,周嘉后兼任训育主任,林世钦任舍监。开设国文、数学、英语、理化、体育等课程。

为了更好地开办附中,1932年5月,又成立了高工附中董事会,陈训正、林端辅、赵芝室、冯度、马涯民、冯蕃五、屠士恒、刘元瓒、冯莼馆、曹孝葵、王思诚、戚才敏、周嘉后、范履吉、王诗塘、王兴邦等为校董,推选陈训正为主席校董。是年招收初一新生一百十五名,初二插班生十四名。开设课程也更加规范,根据学校制定的《暂行学则》,开设党义、国语、英语、历史、地理、算学、自然、生理卫生、体育国术、图画、音乐、工艺等课程,各学科实行学分制。

附设初中开始时与高工同处一个校舍,学生同住宿,同膳食,统一钟声上、下课,两者俨然一体。当时的校舍是一幢东西走向狭长的二层西洋式楼房,两端各有一个大厅,一为大礼堂、一为餐厅,西面是一排厂房,操场与教学楼平行。初进校园的学生,针对校园环境编了一个顺口溜——"工业学堂,棺材洋房,进门礼堂,对面饭堂,后面厂房,外边姚江",尽得风趣。

1933年4月,附中校董会增选张莼馥、俞佐宸、朱旭昌、陈南琴四人为常务校董。5月,成立高工附中建造校舍添置设备资金征募委员会,经附中校董会常务会议推定,时为鄞县县长的陈宝麟任总队长,城防司令王文涵任副总队长,下设28个征募队,开始募集捐款。时常务校董周忠良捐款7000金,高工校友也纷纷解囊捐款,其中王兴邦先生五年合计捐款1096元,为高工校友之最。是年8月,举行新校舍奠基礼,至此历经三年苦心经营,各项校务逐渐开展。继新大楼落成后,又新建高平屋14间,教学硬件初具规模。时初中部教师二十余人,学生二百余人,教学秩序井然,特色鲜明,成为当时宁波地区令人向往的一所初级中学。曾任北京工业大学校长的樊恭烋,西北导弹试验部政委张侗,宁波工程学院(原为宁波高专)首任校长王兴廉,长沙黄埔同学会会长葛顺荣,上海图书馆研究员、著名藏书家李庆城等都曾为高工附中的学生。

1934年4月29日,浙江省教育厅发文,鄞县县立高级工科中学归省厅直接管理,按文件精神,附设中学要独立成为初中。为此,经附中校董会常务会议决定,将校名定为鄞县私立正始初级中学,由范履吉任校长,呈报鄞县政府转呈浙江省教育厅备案。所谓"正

◆ 第二届金工科毕业生合影

◆ 第二届工木科毕业生合影

始",就是为纪念高工附中主席校董陈训正先生。王思诚先生在其《由工校附中改组为正始中学》《正始中学独立之前后》两篇文章中写道:"思诚以初中成立以来,风雨飘摇,其得以支持不坠者,其功实由陈屺怀先生吾师训正始,因与校友协议而命名正始。"

四、在战乱中坚持办学

1937年7月7日,卢沟桥事变爆发,同年11月12日,日军飞机第一次轰炸宁波城区。日机突袭的主要目标是位于江北的火车站和城中的灵桥。当时局势混乱,社会不稳,人心惶惶,学校教学也不能正常进行。1940年底,接浙江省教育厅通知,高工迁至浙南丽水县城继续办学。时在校学生尤其是已就读近三年将近毕业的学生和全体教职工经奉化、新昌、仙居,经过整整十天的步行,几乎每天要赶四十五公里路,终于到达丽水县城。到了第二年4月底,就传来宁波城区沦陷的消息,全体师生义愤填膺,决心要在艰苦的环境中好好学习,待毕业后为国家出力。当时,丽水地处偏僻山区,这一带无一条公路,于是,时为汽车道路科的学生在学校支持下配合当地政府筹划建造公路,这正是学以致用,以知识报国的好机会,学生们信心十足。但是此时要建造公路谈何容易,县政府拿不出分毫经费,此事后来也就搁置下来。

到了丽水的第二年,学校慢慢安顿下来。然而好景不长,日军的飞机又接二连三地来轰炸丽水县城,白天根本上不了课。师生随着丽水城的老百姓一起逃到丽水郊区,上山避难。当时在丽水的省办高校有两三所,都一样开不了课。这段日子宁波高工办学经费缺乏，日常所需粮食奇缺，学校真是到了山穷水尽的地步。1943年，学校经省教育厅同意，有学生要离开丽水的，就一律发给盘缠，安全送他们回宁波，对于毕业班学生，毕业文凭一律等日后补发。当时就有不少学生离开了丽水。在这段时间，办学条件虽然十分艰苦，但学校仍不辍教学，今在沪上已九十高龄、时为金工科学生的周显章，对这段往事还记忆犹新。

抗战胜利后，待师生回到宁波，原校址已是满目疮痍，昔日美丽的校园成为一片废墟。此时，要立即恢复这所学校已是难上加难了。一所与辛亥革命成功几乎同时诞生、宁波教育史上第一所工业技术学校，经历了从创办、发展到兴旺，最后因为战争而毁于一旦，成为宁波教育史上的一件憾事。然而，这所学校因其办学经历和成功教学，仍在宁波的教育史上留下浓重的一笔，是它，开创了甬上职业技术教育的先河，其历史功绩永存。

（特此感谢周显章先生提供的日本轰炸宁波江北、学校迁址浙江丽水的详细书面材料和许多学校内的照片。周先生是学校1938级学生，学习工业机械专业并工业会计和簿记，毕业后在中国工商银行任职，退休后一度任上海证券公司重要职务。）

清代的甬上书院

书院是中国历史上一种重要的教育组织形式。中国几千年的教育制度，从组织结构上来看，大体是以官办为主体，私办为补充，两者并行共存。作为中国封建社会中的一种教育组织形式，书院以私人创办为主，也有官办，其特点是在个别著名学者的领导下，积聚大量图书，聚众授徒，教学与研究相结合。中国的书院从唐、五代经宋、元、明直到清末，有近一千多年的历史，对我国封建社会的教育产生过重大的影响。

"院"，古义是围墙，"书院"最早的意思就是藏书的地方。按照古代文人的习惯，藏书的地方自然也是读书的地方，后来又逐渐成为印书、修书的地方，"风声雨声读书声声声入耳，家事国事天下事事事关心"正是对书院功能的最好写照。古代书院还是一个成人教育的场所，学生在书院里读四书五经，进一步提高学问。当时，书院负责人叫山长（院长），具体负责讲学管理等事务。除山长外，还有不少中层士人来具体分管书院内的各项杂事，而学生也有各自分工，整个书院像一个家庭一样，吃住都在一起。例如在"梁祝"的故事中，学生与师母的关系就非常好。书院的教学形式十分活泼，基本上是老师围绕一个论题开讲，然后大家围绕此题讨论交流，也有专题讲座、专题课程，这些都按照山长的安排，邀请专门的学者来主持。书院还常举办"会讲"，就是集中一个阶段学习中所积累的问题，让学生进行讨论。专家讲了之后允许学生提问或就所讲专题阐述各自观点，所以教学氛围很好。"会讲"也可由持不同观点的学者约定在某个书院进行，届时会有全国各地的学者、学生纷纷来听课。如在公元1175年理学代表朱熹与心学代表陆九渊在江西上饶鹅湖书院"会讲"，双方一直争论了三天，各不相让，成为中国教育史上客观唯心主义与主观唯心主义的一场著名论战，是学术史上的一个美谈。

  古代书院的办学十分开放。王阳明学派中有一个"左派"的杰出人物叫王艮，曾是个不识一字的烧盐工，进书院学习后迅速成长为一个著名学者，这正是得益于王阳明办学的开放和民主。他是边读书边烧盐，亦工亦读。按王阳明的说法，只要你主动要求来学，愿意跑到山沟沟里的书院来，就一律接收。

  历代的书院教学内容以儒学为主，以传统道德理念来教育学生，包含人伦道德修炼，这同西方以传授知识为主的学校教育有所不同。传统的书院强调因材施教，强调启发式教育，学习上提倡琢磨切磋，目的在于培养学生学习的主动性和能动性。《论语》中有一句话："不愤不启，不悱不发"。就是说，只有当学生有强烈的求知欲望时才能去教他。切磋是相互交流，琢磨是自己学习、探究。传

✧ 白云庄

统书院的启发式教育提倡教学相长，这种教学氛围非常浓厚。因此，传统书院里学生虽不多，成才的比例却很高。以黄宗羲为例，他在甬讲学时间不长，弟子近70人，其中就有一批学生在多个领域各领风骚，如陈夔献、万充宗、陈同亮、仇沧柱、陈介眉等人之经术，王文三、万公择之名理，张旦复、董吴仲之躬行，万季野之史学，郑寒林之文章，分别在史学、经学、伦理学、文学等学术领域继承并发展了黄宗羲的学术思想。尤其如万氏叔侄万斯同、万斯言、万斯大、万斯选以及郑梁、伊兆鳌、高斗魁、陈亦夔，还有私淑弟子全祖望等，以他们卓越的研究成就，形成了颇有浙东特色的学术群团，不仅"前此讲堂痼疾，为之一变"，出现了崭新的学风，而且在更为广泛的时空范围内产生影响。正是由于黄宗羲在宁波的讲学活动，培养出了一批

◆ 证人书院匾

◆ 黄宗羲塑像

硕彦俊士，并产生了举世瞩目的学术成果和具有创新精神的学术风格，从而奠定了影响卓著的清代浙东学派的基础，在中国文化史上留下了浓墨重彩的一笔。

然而清初统治者采取了抑制书院的政策，主要是因为担心书院讲学成为士人宣传反清思想的阵地，危及清廷的统治，故这个阶段宁波书院发展基本处于停滞状态，直至雍正十一年（1733），朝廷才令各省会设书院，大多属官办性质。乾隆以后，甬上书院得到快速发展，书院的数量大大超过了前代。据统计，清代宁波境内的书院多达57所，除了延续明代一些影响较大的书院如慈湖书院、姚江书院、樔城书院、鄮山书院，陆续兴办了不少颇有影响的书院，如月湖书院、证人书院、辨志书院、崇实书院、北仑的灵山书院和九峰书院，而且由著名学者讲学为主,反映了清时宁波书院教学的一大特色,其中最著名的当推甬上证人书院。

设在城西白云庄的甬上证人书院,即浙东著名学者黄宗羲于康熙七年(1668)所建。其前身为万斯大、万斯备、万斯同、万斯言等组成的文会和董允瑫、陈芝紫、陈锡嘏、陈自舜等组成的澹园社合并组成的策论之会。其会讲地点不定,城内广济桥的高氏祠、城南水月桥西的延庆寺、城西万氏白云庄、黄过堂(张氏宗祠)、陈夔献家等处都曾办过。当时会讲的形式是里中诸贤一月群集两次,集会时,士人们都衣冠楚楚,手执经书,有次序地入座。讲经会开始,先由司讲者就某一个论题进行阐述,一等他讲完,与会诸生就可以对所讲问题展开讨论,共同商榷,气氛相当热烈。像这样的研讨往往要一整天。中午与会者只在讲堂用一餐便饭,只有两个菜,更没有酒,相当简约、俭朴。诸家子弟凡年龄在十岁以上者,均要求跟随听讲,以增知识。这些年幼的学子,都彬彬有礼,举止得体。黄宗羲讲学时,主要为听讲者解惑释疑。三百多年前,这样有民主氛围的学术研讨会,确实难能可贵。时人以"言论丰采,翕丝可观""讲道论心,极一时师友之盛"等赞语相评价。甬上证人书院的办学宗旨是"经世致用",所设课程有经学、史学、文学、历算等。在甬上证人书院听讲的人很多,且多数是黄宗羲的弟子。

月湖书院原名义田书院,清顺治八年(1651)海道副使王尔禄建于湖西广盈仓基。中为正学阁,奉祀朱熹。置义田百余亩,岁济贫士。常邀请名士讲学,"四方来学日众,负书者履户外满"。康熙二十五年(1686)知府李煦重建大门、讲堂(亦名逊业堂)、敞楼、书舍；延义师一人，并改名月湖书院。雍正五年（1727）知府孙诏重修。雍正十三年（1735）知府曹秉仁又新建讲堂、厅、书斋等。乾隆三十四年（1769）延请院长掌教事，每年二月初开馆，十一月底散馆，并设监院二人，以宁波府、鄞县两学官换年轮兼。道光二十三年（1843）绅士宋遵路等捐修讲堂，添建书舍，直至咸丰中段时毁。同治三年（1864）知府边葆诚筹款重修，并作记："二百年来，横经之士，多为有体有用之学，不沾沾文艺。其后处为通儒、出为名宦者，指不胜屈。故宁波虽滨海郡，而月湖之名满两浙。"光绪《新修鄞县志》有图。

辨志书院也叫辨志精舍。清光绪五年（1879）宁波知府宗源瀚建于月湖竹洲。院舍凡四进，向南一楼厅为讲堂，左右厢楼为学子寄宿之所，前为大厅，门侧平屋为庖湢之所，屋后辟为花园。除山长总掌外，分设汉学、宗学、史学、舆地、算学、词章六垒，各设垒长，负责教事。生童来自府属各县。光绪二十八年（1902）改为南城小学堂，今为宁波二中。

崇实书院于清光绪十一年（1885）由宁绍道台薛福成创办于后乐园（今中山广场西侧）。院内有厅堂、厢房二十间，薛楼、喻楼藏书。月课除制艺外，并以诗赋及经、史、天文、算学、舆地、掌故、时事命题，曾印行《浙东课士录》《崇实书院课艺》两册。崇实书院是一所比较典型的具藏书兼教育双重功能的书院，由于此时已到清朝末年，西方的教育思想已经影响中国，作为濒海城市的宁波也较早地接受了欧亚先进的办学理念，因此，崇实书院开设的课程有较大的创新也就不足为奇了。

清代书院教育一个最大的特点,就是西方洋人也来办书院,而且在宁波所办数量还不少。嘉道以后,随着宁波的开埠,西方传教士在宁波创办了不少洋式书院,或者称作由洋人在中国大陆办的教会书院。教会书院是西方传教士进入中国以后才出现的一种新型书院。同治三年(1864)至清末短短四十年左右的时间,宁波就有七所这样的教会书院,分别是英国偕我公会于1864年办的华英斐迪书院,英国安立甘宗霍约瑟于光绪二年(1876)办的三一书院,美国浸礼会卫克斯于光绪六年(1880)办的养正书院,美国长老会于光绪六年(1880)办的长老会书院,美国长老会嘉狄于光绪七年(1881)办的崇信书院,英国基督教会以利沙白于光绪十九年(1893)办的华英书院,还有英国圣道公会办的圣道公会书院。这在浙江省内城市中可谓数量居首,就是从全国范围来看,也是名列前茅。这些书院的兴起有一个共同点,就是程度较低,规模较小,初始阶段影响也不大。然而,由于这些书院招收女子入学,对重男轻女的中国有着不小的冲击力。它们给古老沉闷的社会带来了一股清新之风。

教会书院在宁波得到这么快的发展,还由于其教学中的一部分内容受到洋务派、维新派官吏和寻求新知的中国知识分子的欢迎。教学课程中西并重,在尊重中国传统的同时,又大力推销西学、西艺等西方文化科学知识。然而,从清末宁波那些教会书院的兴起、发展中也可看到,教会书院从本质上看是移植到中国的西式学校,西式的管理、西式的课程、西式的教学方法以及由此构成的西方学校的教学氛围,也促使中国古老的书院教育全方位地发生改变。继光绪帝下令改书院为各级新式学堂后不久,1903年,慈禧再令改书院为学堂,于是具有一千三百余年历史的古老书院遂过渡到近代学堂,完成了从古代向近现代的飞跃,从此揭开了中国教育史的新篇章。

  宁波的书院教育自唐始,历经五代、宋、元、明、清一千余年,为中国的文化传承和发展做出了全方位的贡献,清代甬上书院的发展盛况也为宁波这座历史名城留下了深厚的文化积淀。

城西书院与水北阁

宁波历史上有不少书院,大多是以讲学传经为教育内容。如今在白云公园边的白云山庄内的证人书院,就是浙东著名民主启蒙者、思想家、史学家,清代浙东学派的"开山鼻祖"黄宗羲在宁波的讲学之处。他"经世致用"的学术宗旨和治学原则,不但被他的学生和后学者忠实地传承下来,而且在实践中发扬光大,成为清代浙东学派最重要的标志,影响深远。

作为传道授业解惑之所的古代书院,在如今现代化的学校中尚存不少痕迹。著名的慈湖中学,前身就是建于唐大中二年(848)的德润书院,称得上是历经千年的老学校了。又如宁波二中,也是由清光绪五年(1879)宁波知府宗源瀚建于月湖竹洲的辨志精舍演变而来。甬城内由书院改为学堂再转成现代学校的还有不少。如鄞西书院和鄞山书院,即为现在的市实验小学和镇明中心小学。这些学校历史悠远,学脉相承,在宁波的教育史上有一定影响。

而在宁波西门口板桥旁卖鱼巷口的亨六巷,历史上亦曾经有一所颇有影响的城西书院（当时也称城西草堂）。书院的规模在当时来说算比较大，以藏书为主，书院的主人就是清时著名学者、著述家、藏书家和方志家徐时栋先生（1814—1873）。徐时栋，字定宇，一字同叔，号澹斋，别号西湖外史，又号柳泉，时人称其为柳泉先生，鄞县人。清道光二十六年（1846），徐时栋三十三岁，乡试中举，后两次赴京参加会试，均不得志，以输饷授内阁中书。从此发愤在家读书，专心著述，用心藏书。徐时栋祖上藏书颇丰，因此有非常优越的读书条件。其读书善考据，精史论，通六艺，读后有所思。一生著有文集四十余卷（包括未刻成版本之书），另著有诗集十八卷。其中六卷《尚书逸汤誓考》为学者所推崇，以至后学者每每提及柳泉先生，都称其为晚清时期浙派著名经学家。

❖ 徐时栋像

要说徐时栋藏书，还得从地处月湖畔桂井巷的烟屿楼说起。"视世俗科举之学夷然有所不屑"后，"尽发而读之，自夜彻晓，丹黄不去手"。实际上，徐时栋从小就有读书藏书的爱好，用他自己的话说就是"吾十龄外即喜聚书"。年二十一，就编《新故书目录》二卷，在卷末还特地说明他为读书而藏书的宗旨。徐时栋藏书十分认真，爱书如命，为防止别人借书时损坏其所藏之书，特地立下书约："勿卷脑，勿折角，勿唾揭，勿爪伤，勿夹别纸，勿作枕头，勿巧式装潢，勿率意涂抹,勿出示俗子,勿久假他人。"然而,藏书之难,是藏书人所难以预料的。咸丰十一年(1861),太平天国军队进攻宁波城,徐时栋出于无奈,避居鄞西建岙,尽管临行时他再三嘱托家里用人,但还是无法避免飞来横祸。在建岙避难这段时间里,烟屿楼所藏之书居然在被偷被抢后所剩无几。待避乱后再回宁波时,徐时栋眼见家中所藏遭此浩劫,急得捶胸顿足。为了调整心情,在第二年,四十九岁的徐时栋就搬到曾是读书著文之所的城西书院。

徐时栋到了城西书院后,又开始整理旧编,访求散佚,一年间,又谋得书五六万卷。城西书院所占土地较宽阔,整个书院布局规整,分为书院区、住宅区、伙房、杂堆房等,各部分之间砌有高墙分隔。宅区面南有一条河,与西塘河平行,至筱墙桥那边融为一体,东与北斗河相通。家眷族人一律住在书院东西两边三间二弄的二层

❖ 整体迁移至天一阁博物馆里的水北阁

楼房里。伙房处在北隅,互相之间用高墙阻隔。如此周详的思考和布局,原因也是藏书人家之大忌——失火。然而,徐时栋搬迁到城西书院才两年,同治二年(1863)十一月二十九日,竟遭大火,面西的城西书院所属楼房及数万卷藏书付之一炬。好在有高墙作防火墙,面东的数十间楼房得以幸存,那堵高墙直至二十世纪九十年代

❖ 水北阁内景

旧城改造时,还留有遭大火所焚的痕迹。

徐时栋先生的藏书两遭损毁,所藏图籍也一再被毁,所著也多有散佚,然而他毫不气馁。同治三年(1864)六月,在原城西书院的东南隅他又重建新宅,定名"水北阁",继续搜集藏书。没过多少时间,他又收集到不少珍本善本。徐时栋先生离世之前,水北阁又得古籍四万四千多卷。

说到水北阁,这是一幢二层砖木结构的楼房,坐南朝北。面北有一堵高墙,高墙与楼房之间有一狭长的小天井,小天井里放有一排四五个七石缸,每只缸都盛满水,是为了防火之用。临西有一小石库门,靠东一头有一小的明轩间,明轩间内也有一小门与内宅相通。为作藏书之用,徐时栋先生在盖这楼房时,特别关照,二楼的楼板搁塞要用牢固的木料来做,而且在每一驳之间要添加一根搁塞,所以当人们沿着靠南墙边的木梯上楼,踏上二楼铺的地板,就会感到特别稳当。水北阁朝北一面有一长排的落地玻璃窗,所以整个楼房空间虽然比较局促,但也十分光亮。靠西头另开有一扇窗户,直通边上的小门,能一眼看到来到内宅的人。一楼主要是读书、著述用,除东、西两边的落地书橱外,内有一张狭长的大书桌,书桌边安有一张硬木制的卧榻,是先生休息之处。二楼是一排排的落地书柜,书柜上整齐地放着一扎扎古籍,好似当代图书馆内的藏书室。上楼靠窗边也有一张书案,上面放有几盒盒装的善本,中间常常还有一册尚在翻阅的线装书,当然少不了的还有文房四宝。这也是徐时栋先生读书著文之处。二十世纪六十年代初,笔者有幸与当时已近九十的徐时栋先生的孙子徐正垓先生叙谈。老先生回忆徐时栋先生批阅中国四大名著之事时,拿出由徐时栋先生亲手抄录的古籍名著和批阅的《石头记》另册说:"祖父批阅四大名著,尤其以批红楼为佳,他是有自己独立主张的。"正垿先生还说:"你说说红楼梦中的贾宝玉是谁?贾宝玉即康熙时的大臣明珠家的纳兰容若。"说到这里,我想起来胡适曾经说到《红楼梦》研究中的诸多流派,其中就有评价徐时栋先生批阅红楼时提出的这一观点。红学是一门显学,多年来红学大概有评点派、考证派、评论派和风月派、索隐派等几个派别。蔡元培是索隐派红学家的杰出代表,而蔡氏又明显承袭徐时栋的观点。当然,除此之外,徐时栋还把《石头记》中的十二钗加以自己的扩充,认为妙玉指姜西溟,薛宝钗指高江村。此后,徐时栋的观点直接影响了以蔡元培为代表的旧时红学家的观点,因此,说徐时栋在中国红学研究史上占有一席之地不为过。

徐时栋寓居水北阁期间,也是他著述最丰富的时期。他访求宋元时期的宁波地方志,得善本六种,专心校刻,成《宋元四明六志》并附刻宋人的旧帙《四明它山水利备览》二卷及所著《四明六志校勘记》。他还仿国史馆列传之例主修鄞县县志,注解引证,不厌求备,费力十二年,亲自把关光绪《鄞县志》,另外还编辑《四明旧志诗文抄》。徐时栋的文章宏深博伟,入韩柳之奥,诗亦浩然自喜,他主四明文坛三十余年,甬上后起之秀,多出其门。

自古英才多薄命,作为近代甬上一代文豪的徐时栋先生,只在世59载,不过六秩。他一生育有六子,有在汉口沙市开面粉厂的徐定生,也有在洋行、钱庄工作的,还有学有专长、一度担任上海师大校长的徐学钵先生。第三代徐正垿先生则是继承祖父藏书事业的留守者，一直寄寓水北阁，守着这份由祖父传下来的家业。徐正垓先生育有二子徐松龄、徐芝龄。长子徐松龄早亡，却留有五个子女。次子徐芝龄今尚在，已八十有余，甚是健谈。新中国成立后，正垓先生老少十余口人一直以藏书为生。直至二十世纪六十年代初，浙江图书馆多次派遣专家与徐正垓先生接洽，徐先生出于大局考虑，于1961年把水北阁所藏全部捐赠给省图书馆。

笔者与徐正垓次子徐芝龄先生及徐正垓之孙徐春晖先生多有交往，平时他们也对其祖辈往日藏书、著述之事多有讲述，笔者也曾多次与春晖先生在水北阁谈论学术上的事务，于是更多地了解了徐时栋家属诸多往事。正如他人所言，读书、买书、藏书之难者，实以藏书最难。徐时栋先生的藏书从烟屿楼到城西书院直到水北阁，几经磨难，所藏损失惨重。如今，烟屿楼尚在月湖碧波之畔，其所藏经典，虽经一毁再毁，然尚能在浙江图书馆、上海图书馆中觅得踪影，水北阁也整体迁建至天一阁博物馆，得到了妥善保护，亦可让游人一睹其重生之风采，甚为欣慰！

卢青厓与抱经楼

历史上，宁波涌现过不少藏书家和藏书楼，其中较有影响的有范氏天一阁、全祖望的双韭山房和卢青厓的抱经楼。当时抱经楼的藏书规模、藏书质量等，堪与天一阁相比。

抱经楼主人卢青厓（1725—1794），名址，字丹陛。卢氏始居定海金塘。自称万历间（1573—1620）贸峰公迁鄞，累世家境富裕殷实。至七世孙寅仲，富甲乡里，即青厓公之父。其兄长垣，字惟丰，官至东欧学博。从弟坊，从侄镐，皆孝廉。卢青厓出身诗礼之家，博学嗜古，尤喜聚书，以承继其先祖遗藏数千卷为基础，不惜重金四方求索古籍。卢青厓曾一度热衷科举，因连试不中，遂绝意进取，一心追逐珍本善卷，遇有善本、秘籍，便重价购得，或者辗转借阅亲手抄录。每得一书，必定细心校阅，往往是废寝忘食，全心投入，究求真本辄止。

功夫不负有心人，卢青厓经三十余年积聚，得书十万卷。为能妥善安置其收藏，于乾隆四十三年（1778）建抱经楼，安置历经艰辛所得之书。那么,卢青厓为何把藏书楼命名为"抱经"?原是取唐散文大家韩愈《寄卢仝》中"春秋三传束高阁,独抱遗经究终始"中的"抱""经"二字,意在表明他有独抱遗经之志。此时卢青厓的抱经楼所藏以《抱经楼藏书目录》十二卷四十七册为依据,计有90144卷。其所藏古籍无解题,间有注,撮要举纲,简而不陋。镌有藏书印"抱经楼""四明卢氏抱经楼藏书印"。抱经楼所藏之书,有不少得自故家散出,如全祖望的双韭山房、叶氏绿竹堂、黄氏千顷堂、丰氏万卷楼、毛氏汲古阁、祁氏澹生堂、曹氏倦圃、汪氏古香楼、金氏文瑞楼等。其中全祖望所藏得来未免有点凄凉。乾隆二十年(1755),五十一岁的全祖望家境衰落困窘,逝世后,竟到了无钱安葬的地步,其家人只得将全氏历尽心血所藏万余卷典籍出售,为全祖望办理丧事筹款。这万余卷典籍悉数以二百两白银为卢青厓购得,藏于抱经楼。

卢氏藏书很有一套办法,他将所藏按经、史、子、集四部分类,依类排列,并自编书目四卷,压上"四明卢氏抱经楼藏书印"白文方印。此时卢氏所藏计书四十七橱,可以与范氏天一阁和郑氏二老阁比肩。

卢氏藏书中保存有多种珍本秘籍,如宋刻本《开庆四明续志》十二卷,宋乾道刻本《春秋经传集解》三十卷,金刻本《经史类证大全本草》存二十三卷;抄本有《修文殿御览》三百六十卷,《册府元龟》一千卷,以及洪武、永乐、宣德、洪熙、正统、景泰、天顺、成化、弘治、正德、嘉靖、隆庆、万历、天启十四朝实录;又有明丰坊《鲁诗世学》、文徵明稿本《宋儒粹语》等珍本。

卢青厓还注重地方文献的收藏，先后收藏有《开庆四明续志》十二卷及全祖望的《四明文献》三十二册一百四十卷，还有其他四明地方文献，计数百种，为编纂宁波地方志提供了不少珍贵的原始材料。乾隆年间（1736—1796），鄞县令钱维乔修纂县志，内容多从抱经楼藏书中采集。同治十一年（1872），鄞县再次纂修县志，抱经楼中收藏的地方志"九六百种"，为《鄞县志》中选举表和人物传的编写提供了丰富和可靠的素材。

　　时人嘉定钱大昕曾经为卢青厓的抱经楼写过一篇很有影响的《抱经楼藏书记》，文中对抱经楼所藏之珍贵，对卢氏藏书手校精缮的精神多有较高评价，还点明受嘱写这篇记的原委。这篇记进一步反映了卢氏藏书的规模及其执着求书、评书的精神。

　　卢氏藏书还有一个特色，其所藏中有极为丰富的宁波地方文献，这些文献流传至今，对于四明文献的保护和传承起到了十分重要的作用。由金步瀛、杨立诚合编的《中国藏书家考略》中，对卢青厓有过这样的详述："至清继范氏而起者，首推卢址，诗礼旧门，自小博雅嗜古，尤喜聚书，遇善本，不惜重价购之。闻朋旧得异书，宛转借抄，晨夕雠校，搜罗三十年，得书十万卷，仿天一阁，为楼以贮之，名曰抱经。"

　　评述中说的卢氏"仿天一阁，为楼以贮之"之举，乃源于他对范氏天一阁及其藏书精神的钦佩。由于卢青厓对天一阁极为推崇，因而在建造抱经楼时，其样式完全模仿天一阁。其楼分上下两层，朝南共六个房间。楼下中间为大厅，靠西边一间有步梯可登楼，与天一阁略微不同的是，步梯为横向。楼上贮书，以书橱分间。东西两边靠墙处，各放单面大橱两只，当中是五排三十只大橱，前后可开门，朝南有空隙的地方分别放置十只小橱。楼中布置朴素。据卢青厓世孙卢根卿先生所述，其祖上之所以购地另建抱经楼，一是因为卢氏为一个大家庭，原来眷属所住之地虽然房子也多，但仍不够日益增多的藏书之用；二来，也是考虑藏书之地宜安静，又要安全，尤其是要防火，所以卢氏推崇天一阁也有这份考量。为此，卢氏在其旧宅的东边另购地数亩，两者之间用高高的山墙隔开，免得旧宅中用火不慎祸及其所藏。

卢氏之大宅院，虽在乾嘉年间（1736—1820）曾遭过大火，但直到新中国成立之初还能见其端倪，断墙残壁尚在，自历朝作为车马道的君子街（新中国成立初门牌为18号）起，直至北端泥桥街。新中国成立初期曾为泥桥街小学，后改建为东恩中学，现属天一广场的一部分。其中栽有三棵高大的广玉兰树之地即其旧址一部分。此地建筑古色古香，一排以十五厘米宽、两米多长的条石筑就的栅栏门，中间留有宽三米有余的两扇厚实的木大门。进入大门后是一条宽阔的通道，两边是厢房。二十来米的过道后便是一个宽阔的广场，面积有三百多平方米。广场两边分别栽有两排松柏。再前边就是一个建筑精良的高大殿堂，这就是卢氏家族最大的祖庙祠堂。祠堂后边有一小边门，开门就是应家弄。这样粗略算来，自君子街至应家弄，南起石板巷，西至沙井巷，这一片周围所有建筑都属卢宅。除此之外，自狮子街至碶闸街止，长约百米的君子街中，卢氏住宅亦占了一大半。可见卢氏宅院之庞大。当然，此时还不曾有药行街。卢宅的南大门也与泥桥街祠堂门栅一样，由石条筑就，进入石栅栏，就是一条约有尺半高的石槛,和两扇乌黑宽大又沉重厚实的松木大门。跨过石槛,进得门去,临面是个照壁,拐左边就进入卢氏内宅,大概步行二十来米后,又是一广场(过去也叫明堂),广场南边是一排平房,是卢氏家属的公共伙房和贮藏日常生活品的仓库。北面是与泥桥街祠堂一样风格的殿堂,高大而宽阔,面北处有一排贮藏室,不是那么深广。中间空出两扇左右开的大门。右边面北处仍是一排栅门,由此进入一条长百余米的宽大过道,大道两边都是住宅。随后所见又是一座同样建筑样式的殿堂。穿过殿堂后的大门又是百余米的大道,直至泥桥街。当时,泥桥街一边是石条铺设的小路,面南一边是小河,小河与碶闸街边的河道相通,小河上有两座精致的石桥,过了小桥便是卢氏家族最大的祠堂。一年之中,卢氏逢年过节要筹办好几次祭祀活动。笔者在新中国成立前还曾见过卢氏家族在靠君子街的第一间厅堂所操办的一次隆重的祭祀仪式,然而这一仪式已与往昔的盛况不能相比。

  卢氏家族之逐渐没落,始起于火灾,后出于人祸,其中也有后人管理不善,不少典籍屡遭盗卖的原因。清光绪初年,卢氏大宅院遭受了一场大火,几乎把家眷居宅烧了个精光,建在宅院东边花园中的抱经楼也难逃此祸,只留下一堵饰有砖雕的"抱经楼"三字匾额的门楼。在这次火灾中,楼内藏书损失惨重。虽经众人奋力抢救,但抱经楼从此逐渐衰落。据卢氏另一世孙卢杏芳先生追述,自卢青厓后,有不少卢氏子孙不大争气,祖上传下来的好好一个藏书楼,没能加以好好保护,在甬的几代后人都没能承继这一曾经影响深远的抱经楼。这正是应了宁波人"富不过三代"这句俗话,凡从事实业

教育文化

的大多脱不开这个魔咒，而在藏书文化的继承中，又何尝不是如此呢，可见藏书之难啊！

抱经楼经过这一劫难后，所藏之书又屡屡遭盗窃，又有卢氏后人卖书度日等原因，到了民国后期，卢氏族内已无完整藏书可言。

在这之前，卢氏有不少后人离开宁波，到外埠发展，其中也有不少取得了辉煌成就。著名的卢绪章先生就是其祖上赴福建创业，并获得成功的一个例子。在甬的卢氏后代，大多未能承继祖上的事业，以至于名闻遐迩的抱经楼及其几经荡涤之后的零星藏书渐渐消失殆尽。

杨臣勋与清防阁

1979年11月7日,《浙江日报》刊登了一则消息,题为"孙定观先生,杨容林先生家属捐献藏书",消息由宁波市文化局、天一阁文物所提供。位于天封塔东南隅、塔前街的孙氏蜗寄庐藏书楼,广为甬上文化界所知,而对于杨容林先生,大多数人只知道他是位于濠河街、被称为老宁波地方工业"三支半烟囱"之一的老底子叫通利源榨油厂的宁波榨油厂的老板。

杨容林先生称得上是老宁波一位真正的实业家,他与和丰纱厂、太丰面粉厂和宁波电厂等的老板所从事的实业,共同顶起了老宁波工业一大半江山,对发展地方工业经济做出了很大贡献。然而,若把藏书与杨容林先生从事的实业联系起来,倒真是出乎世人意料。

原来杨容林先生是建于清光绪年间(1875—1908)的清防阁的主人杨臣勋(1864—1912)先生的儿子。据光绪二十三年(1897)重修《栎溪杨氏宗谱》所记,杨氏自明从鄞县栎溪迁居宁城西成桥。杨臣勋,名炳翰,字竹收,号文焦,又号仲孙,国学生。据民国十二年

❖ 捐书报道

❖ 清防阁藏书印

（1923）冯贞群撰《清故征仕郎杨君墓表》拓片所述："生未逾月而母卒，赖继吴鞠育成立。家无期功之亲，谨事父祖，朝夕无怠，下惟诵习，靡间寒暑。体素清羸，以国学生应试，归，得嗽，上气疾，恒杜门谢客。逮移家西郭，值风日清淑，与二三友携酒河滨，临长流，望西山，徘徊俯仰，赋诗言怀。以民国元年壬子九月十七日遘疾卒，春秋四十又九，例授中书科中书衔……"

杨臣勋先生因科举屡试不第，就此放弃仕途，一生以诗书自娱，诗中常常记述地方风物和自己的人生感怀，过着"雅爱西结草庐，不闻不见故人疏"的生活。他平日爱好搜集古籍文献，并自喻"寝馈文章功绝少，营求华屋原终虚""经重石章代玩赏，从残碑帖费求搜"。从其诗句中可见杨先生在收藏古籍时的艰辛和孜孜不倦，痴心于搜求的毅力；还能看到杨先生收藏之广泛，尤其他在搜集名家碑帖上所花的功夫。由于他持之以恒地不断求索，竟也觅得不少珍贵的碑帖，其中有清孙星衍、邢澍撰，清嘉庆七年（1802）记刻本《寰宇访碑录》

十二卷；清阮元编录，清光绪十六年（1890）浙江书局刻本《两浙金石志》十八卷，以及张岱年的《二铭书屋碑目》等五卷，另还觅得有关金石论述著作《校碑随笔》《曲阜碑碣考》等五册。至其子杨容林承继父业，所收碑帖类古籍达四百五十五件，可见杨先生对收藏碑帖的良苦用心和广泛兴趣。杨臣勋先生在他49年的短暂人生中，收藏积储了不少古籍珍本，其中不乏善本，其费心费力的收藏，为清防阁藏书打下了深厚基础。

清防阁旧址在宁波城西郎官巷。郎官巷是一条又窄又短的小巷，从东至西全长也不过百余米。然而不显眼的小巷两旁是一式高墙深院，石库对开大门里边大都是五间两弄式的大院，还有不少院套院的深宅，面北的便是西塘河，大多人家的大院面北处都辟有小门，门前还有花岗石接驳起来的船埠头。住在这里的大都是大户人家，家境殷实，也有不少商人，所以选址临河都有便于交通的打算。杨臣勋先生迁址于此也有这样的考虑，而且杨先生也是从这里开始了他的收藏古籍的生涯。在其前进楼房的二层辟有藏书之地，主要是此地宜避湿气，宜藏书，还把此二层楼房命名为"清防阁"。1948年，其所藏之书，由儿子杨容林先生移藏于中营巷44号，即今天一街5号。按杨容林先生的说法，迁址移藏主要是为了防火，可见藏书人的良苦用心。

清防阁所藏多集部的书籍，约占总藏书的一半。版本以清记刻本为主。有善本十余种，其中宋蔡正孙辑明弘治十年（1497）张鼐刻本《精选古今名贤丛话诗林广记》，明万历四十二年（1614）刻本阮大铖《和箫集》，属海内孤本，均被收录于《中国古籍善本书目》。清防阁还镌有不少藏书印，有"清防阁"朱文方印，"清防阁杨氏珍

※ 杨容林先生

藏""容士古稀""道宽"朱文印,"杨道宽印"白文印等。此外,还收藏有宁波历代文化名人王应麟、万斯同、姜西溟、全祖望、姚燮、陈励、董沛等人的著述,以及张氏约园、郑氏二老阁、黄氏补不足斋、姚氏大梅山馆、养正堂、望云草堂、简香斋、翰鱼斋、汲绠斋、敬绪堂、蓬学斋、茹古斋、王氏积寿堂、宁波河工局、金峨山馆、月湖书院、张氏望草堂、叶氏冶心堂等四明当地刻印的书籍数十种,这些所藏都是研究宁波历史文化的重要资料。

杨容林先生原名容邻,字容士,又字道宽。早年攻读经济,有志于兴办民族工商业,曾任宁波通利源榨油厂厂长十六年,任董事数十年。通利源榨油厂创办于清光绪末年(1908),为宁波早期地方工业支柱之一,在老宁波实业界有一定影响。后来杨先生又入股地处江北下白沙甬江畔的燧昌煤球厂,不久又与朋友合股开办太和酱园(宁波解放初遭国民党飞机狂轰滥炸被毁),任太和酱园经理多年。

杨先生不仅在创办实业上投入颇多,事业比较兴旺,他也是一个兴趣广泛之士,空暇之余,以披览古籍、访求文献为乐。年轻时自学英语和机械学,晚年又喜爱诵读古诗文,对古籍经典兴趣深厚。在其父谢世之后,他承父遗志,曾购得同县张岱年二铭书屋藏碑拓

❖ 杨容林先生家属杨祖白(右)在捐献仪式上发言　❖ 杨容林先生家属

本,进一步充实了清防阁所藏碑帖,至所藏帖数达千种之丰,在宁波藏书界以碑帖收藏而独树一帜,并由此形成清防阁藏书的特色。

　　二十世纪五十年代,宁波市文管会成立不久,杨容林先生还饶有兴致地为年轻的文管干部悉心讲授古文辞,以提高他们的古汉语水平。

　　在"文化大革命"期间,清防阁所藏被红卫兵查抄,幸亏有多名市文管会干部相助,进行积极抢救,使大部分藏书免遭劫难。杨容林先生在欣慰之余,顿生把清防阁所藏之书捐献给国家的念头,只是晚年多事,一直没能了却自己的心愿。直到病重时,杨容林先生嘱告儿子杨祖白先生,待有机会一定要把这件事做好。

　　1979年10月20日,容林先生的遗愿终于得以实现,杨祖白先生遵照父亲嘱告,把"文革"中几经转移的清防阁全部藏书一万两千余卷捐献给天一阁。杨祖白先生在《杨氏清防阁捐赠图书文物启》中说道:"'文革'遽起,藏书遭劫,幸赖天一阁领导多方奔走,设法救护,卒以保全。先严深感典籍文物为祖国文化之精粹,公藏优于私藏,又为社会主义制度下之一不易真理,多次表示,愿将藏品悉数

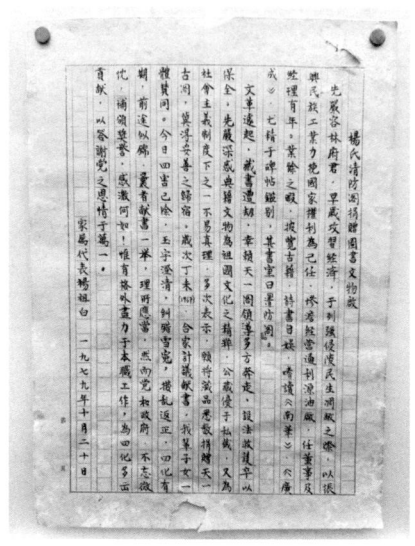

❖ 杨氏清防阁捐赠图书文物启

捐赠天一古阁,冀得妥善之归宿。岁次丁未(1967),合家计议献书,我辈子女一体赞同。今日'四害'已除,玉宇澄清,纠错雪冤,拨乱返正,'四化'有期,前途似锦,曩者献书一举,理所应当,然而党和政府,不忘微忱,补颁奖誉,感激何如!惟有格外尽力于本职工作,为'四化'多出贡献,以答谢党之恩情于万一。"从此,杨臣勋先生祖孙三代几经周折辛劳搜求之历代善本典籍,不仅找到了能妥受保护之地,而且还让所藏之书为传承中华优秀文化,为现代化社会主义建设发挥积极作用。如果杨臣勋、杨容林先生在天有灵,一定会感到万般欣慰。

盛极一时的宁波京剧

　　宁波是京剧艺术大师周信芳的故乡,也曾是一个京剧盛行的城市。据姚民哀《南北梨园略史》记载,京剧早在 1881 年就进入宁波,从二十世纪初至抗日战争前,京剧在宁波达全盛。抗日战争胜利以后至 1949 年,宁波越剧盛行,京剧由盛转衰。新中国成立后一段时期,由新中国成立前甬上京剧的领头 —— 老大鸿寿、合记大连升、韩记大连升三副京剧戏班支撑着宁波的京剧演出,也拥有不少的观众。至 1956 年后,甬上旧有的京剧班子,合并为宁波京剧团,团部驻在君子街 14 号。1960 年后,迁至宁波地委党校旁的原观宗寺。剧团主要演出场地是在灵桥门大世界剧场。"文革"开始后,宁波京剧团的所有人员全部列入省京剧团编制,从此,曾盛极一时的甬上京剧团消失在时代的洪流中。

　　二十世纪初至抗日战争前,尤其在三十年代,宁波京剧界拥有众多深受市民喜爱的京剧演员,如武生崔盛斌、白云亭,花旦小兰芳等。本帮戏班还聘请著名武生王虎辰、杨瑞亭,著名武净刘奎官,花面大王金少山,著名红生林树森等担任台柱,相继在宁波多家戏院演出,活跃了宁波的京剧演艺市场,掀起了一阵又一阵的京剧热潮。

与此同时,许多驰名大江南北的京剧名家,如小达子、贾壁云、小三麻子、盖叫天、绿牡丹、芙蓉草、小杨月楼、刘汉臣、孟鸿茂、陈鹤峰、周信芳、王兰芳、刘斌昆、李万春、李少春、唐韵笙、厉慧良等先后在宁波环城戏院、天胜舞台、华商新民鼓舞台、华商风舞台、商业大舞台和新街与开明街相交地的大光明戏院显过身手,在甬城几度掀起京剧热。而今,宁波健在的一些老京剧迷仍难以忘怀铜架花脸金少山在宁波演出的盛况。

1934年12月29日,《宁波商报》上刊出了宁波天然舞台的大幅广告:名伶金少山献艺天然舞台,将演出其拿手戏《牧虎关》。金少山为当时全国独一无二的净角,嗓音天赋,发音沉雄,所谓黄钟大吕者也,而扮相功架,尤为浩劲,举手投足,皆有成法。历来梅兰芳演剧如《霸王别姬》等,非金少山为配不演,可想而知其艺术上之功夫。

1935年元旦,金少山公演那一天,天然舞台挤满了戏迷,日夜两场全部爆满。元旦日场演的是《刺王僚》,讲的是吴国公子为篡夺王位,假意请吴王姬僚赴宴,鱼中藏剑,专诸假扮厨夫借献鱼刺死姬僚的故事。金少山勾黄脸,穿黄蟒,刚一亮相,就显得气魄恢宏,艺相巍峨。一亮嗓,音若洪钟。当念完四句定场诗,自报家门时,放出一句"孤姬僚",那个"僚"字,如高山流水,砰訇激荡,一泻千里,震慑整个剧场。当他唱到"快快拿来孤消受"的这段(散板),最后一个"受"字峭然拔出,直射云霄,声惊四座。此时,全场爆发出的喝彩声，久久回荡在整个天然舞台。

　　元旦夜场演的是《法门寺》，讲的是太监刘瑾随太后去法门寺进香，遇民妇宋巧姣鸣冤告状，刘瑾接了状纸，命赵廉复勘，查明真相，将所有人犯缉拿归案。饰刘瑾的金少山，红脸，穿红蟒，一个亮相，活像一座威严尊神，自报家门后开唱"好一个胆大的郿邬知县……"（西皮散板），声似铜钟，大气磅礴，有雷霆万钧之力，博得全场如雷掌声。

　　京剧进入宁波这么多年来，宁波的京剧爱好者是第一次欣赏到金少山以唱兼做的精湛艺术功底。后经天然舞台经理的再三挽留，金少山在宁波足足演了两个星期，宁波戏迷饱览了金少山演的《断太后》《探阴山》《盗御马》《草桥关》《牧虎关》《连环套》等拿手戏，他所塑造的包公、窦尔敦、姚期等人物性格鲜明，气度雄浑，意境深远，神态逼真。净角金少山的表演，堪称绝唱，在宁波观众心中留下了深刻的印象。

　　1935年应该是宁波京剧迷深感幸运的一年：不仅元旦后接连两个礼拜欣赏了金少山的精湛艺术，就在同一年的10月份，又迎来了麒派名角周信芳在天然舞台的演出。周信芳祖籍宁波，出生在江苏清江浦（今清江市），其父亲周蔚堂跟其做官的祖父从小就离开了故乡慈城。周蔚堂原是一位业余京剧爱好者，后来下海正式搭班演青衣，艺名金琴仙。周信芳从小在父亲熏陶下，走上京剧演艺的道路。周信芳来甬演出了二十天，几乎场场爆满。他每天演日夜两场，每场演的都是他的拿手好戏，如第一夜演出的打炮戏，就是周信芳作为麒派代表的特色戏《萧何月夜追韩信》。尽管天然舞台正厅席位的票价已卖到一元二角一张（当时可买三十斤大米），但仍全部满座。周信芳在戏中饰萧何，演到萧何听说韩信出走，连夜去追赶那一段时，共有十二句唱词，每唱一句都伴有不同身段和美妙的动作，唱做并重，载歌载舞，满场的喝彩声经久不息。当年来甬时，周信芳刚好四十周岁，这也是一个演员的黄金年龄，丹田之气实足。他的唱腔苍劲从容，流畅如话，吐字真切，韵味纯厚。全场观众，屏息以观倾听他顿挫有力、朴实易懂、情感丰富的演唱，真正享受到了麒派京剧的高超艺术。

周信芳在甬演出中所饰的角色，有《徐策跑城》中的徐策、《鹿台恨》中的比干、《四进士》中的宋士杰、《乌龙院》中的宋江、《打渔杀家》中的萧恩、《明末遗恨》中的朱由检、《大宋后史》中的包拯、《梅龙镇》中的朱厚照、《清风亭》中的张元秀等等，个个生机勃勃、性格鲜明，让故乡观众大饱眼福，留下了难忘的印象。

要说到宁波京剧的兴盛往事，还应该说一说宁波本帮的戏台班子，尤其是在抗日战争胜利后直至新中国成立初期这段时期，支撑起宁波京剧的演艺市场的三大京剧戏班：老大鸿寿、合记大连升、韩记大连升。老大鸿寿主要有文武老生王其昌、武生小王其昌，还有少之又少的女武生俞鉴（新中国成立后去了宁夏市京剧团）。合记大连升的主要演员有文武老生韩树棠、筱毛豹等。韩记大连升的主要演员同合记大连升差别不大，新中国成立后，改为合心京剧团，当时的当家武生韩鹏飞、小生韩湘文在甬上也享有很高的声誉。韩鹏飞的姐姐韩素兰（后去了福州）、韩素秋（青衣）和小妹韩碧莲等也都是演艺水平很高的演员，其中韩素秋后来成为盖叫天的儿子、时称江南美猴王的张翼鹏的妻子。在过去的演艺界，演员之间联姻是很常见的事情。

新中国成立之初，宁波京剧界还有不少杰出的演员，主要有武旦王惠琴、文武老生陈鸿声、青衣汪艳娇、大脸周云山、老生兼老旦王佑春等。这些演员一直活跃在宁波的京剧舞台，大多在大世界、新甬剧场、兰江剧院演出，也拥有一大帮观众。

二十世纪五十年代，梅派弟子丁至云（后落户天津京剧团），沪上著名老生纪玉良，荀慧生（四大名旦之一）的弟子孙毓敏，上海著名演员童芷苓、童祥苓、李玉茹等曾献艺天然舞台，也引起甬上轰动。

写到甬上京剧盛事，还不得不提到宁波的一大批京剧票友，他们对甬上京剧的兴盛功不可没。其中有一位在《中国京剧史》上赫然有名的，他就是张哲生先生。浙江省内，在这史册中榜上有名的仅省京剧团的著名演员宋宝罗先生和张哲生先生两位。张哲生，字英伟，河北武清县（今天津市武清区）人，1906年生于北京，其父为前清秀才。张哲生受其父痴迷京剧的影响，自小钟爱净行。新中国成立前张哲生在上海海关任总税务司汉文科书记。因从小酷爱京剧，张哲生经常出没于各大京剧票房和京剧社玩票。抗战后期，他师从"花面大王"金少山，还一度与京剧艺术大师梅兰芳、周信芳、俞振飞等合演《霸王别姬》《群英会》，成为江南的"金派名票"。在《中国京剧史》中，评价二十世纪三十年代的上海京剧票界时，提到"上海票友人才济济，不少人演唱达到了较高的水平，在社会上颇有名气。如花脸张哲生等"。新中国成立前夕，张哲生正式弃职下海从艺，先后在梅兰芳剧团、谭富英剧团、苏州京剧团、云南京剧团、宁波京剧团等处担任花脸演员。张哲生育有四女一男,在京剧演艺方面均有所作为。尤其是其三女张佩丽,十三岁即登台演出,后从余派名家薛浩伟学戏,为其后进入专业剧团打下了扎实基础。1958年,张佩丽随其父亲来宁波,不久就加入宁波京剧团,成为甬上著名的老旦。后又得到余派女老生张文涓、谭派高手迟世恭、杨派传人汪正华的指导,逐渐形成兼有余、杨两派特点的演唱艺术风格,成为二十世纪五六十年代甬上京剧界享有盛誉的演员。六十年代中期,她曾两次借调到杭州京剧团,与京剧名家张二鹏、宋宝罗、陈大藿、赵麟童等同台演出《沙家浜》《红灯记》,有"铜嗓铁喉"的美称,名扬全省。张佩丽也擅长老生戏,尤以《失空斩》最拿手。在这出戏中,她饰演端庄潇洒的蜀国军师诸葛亮,以余派嗓音为基础,运用杨派吐字归音的方法,咬字正而不僵,音色明而不混,"字领带声,声托字出",颇具功夫,把一个足智多谋、成竹在胸的诸葛亮演得活灵活现,

❖ 著名票友张哲生先生饰演的楚霸王

成功地将诸葛亮稳重老练、雍容儒雅、应变制危、足智多谋的形象呈现在观众面前。张佩丽的高超演技为繁荣五六十年代的甬上京剧做出了不小贡献。

张哲生先生的儿子张政也是甬上不可多得的一位著名票友，少为金少臣弟子，练得一副好嗓子，擅长大脸，其声如洪钟，也善老生戏，在现代戏中饰演的李玉和、郭建光两个角色深受好评。如今虽年事已高，但发声仍旧醇厚，活跃在甬上京剧票友圈，深受大众欢迎。在宁波，张哲生与其女儿、儿子被誉为京剧张门，可见他们三人在甬上京剧圈的地位。

说到宁波京剧演艺界，不得不说到他们的爱国精神。1937年抗日战争全面爆发，甬上京剧界曾上演过不少宣传爱国主义、反抗侵略的好戏。1938年6月，以著名文武老生筱毛豹、白云亭为首的班子，在民光大戏院（现民光电影院）演出爱国名剧《风波亭》和《侠义救国记》。1939年1月，著名麒派老生杨宝童搭档花旦华慧玲，武生李毓麟，文武老生筱毛豹、白云亭，小生吴君瑞等在天然舞台演出由著名剧作家田汉编的国防新戏《新雁门关》，该剧

❖《浔阳楼》中张佩丽饰演的宋江

写宋代萧太后与杨六郎于雁门关交战，佘太君奉旨助战，杨家将为保卫祖国英勇杀敌，原隐姓埋名在萧邦被招为驸马的杨八郎、杨四郎里应外合的故事。最后宋军同仇敌忾战胜辽军，番兵伤亡殆尽，辽将耶律休哥及韩昌战死，萧太后递降表的结局，激发了观众抗日的爱国热情。同年 11 月，由许樵容为主的金刚剧团，在江北岸青年会内小剧场演出改良京剧，由蒋再松、王新声主演现代京剧《活捉东洋人》，全剧通过军民合作活捉日本鬼子的故事，表现了中国人民机智勇敢、不屈不挠的精神，激发了群众的抗日情绪。

如今，宁波市已没有了专业的京剧团体，但每当在公园里、广场中听到京剧票友们演唱时，不管是传统剧目还是现代京剧，那悠悠京韵都会勾起笔者对宁波往日京剧盛事的回忆。了不断对京剧那绵绵的情感啊。

镇海老底子培玉学堂

培玉学堂位于柏墅方家（今骆驼街道），学校最初是当地方氏家族办的义塾，名为"方氏义塾师范堂"。随着甲午之战惨败，有识之士普遍认为"时局危急，只有兴学才为救危之法"。传统的书院、私塾已经无法满足教书育人的要求，全国掀起了书院改学堂之风。方氏义塾师范堂便是在此风潮中改为宁波培玉两等小学堂，人们习惯称为培玉学堂。

❖ 时任学堂校长的方椒伯

据民国《镇海县志》记载，方氏培玉两等学堂，光绪三十二年（1906）由方舜年、方积钰等创办。办学经费主要由原师范堂拨公款银八万余元，民国时期大商人方樵苓出资两万银，其他从族子弟出资五万多元，总投入在十五万元以上。一所区域性的学校，能有

✧ 1909年时的培玉学堂,背景是学校校旗

如此高的投入,其规模不仅列镇海各小学堂之首,就是在宁波府内也是首屈一指。学校改名、升级之后,开始迈入现代文化教育之路。

至于校名"培玉"二字,浸透着出资人方樵苓的一番苦心。《世说新语·言语》中有东晋政治家谢安与子侄的一段对话,其中有一句:"譬如芝兰玉树,欲使其生于阶庭耳。"以白话文解释,芝兰玉树就是有出息的子弟,"培玉"就是要培养有出息的子弟,教育族人成为有用之才。

校内有图书馆,标本室连成排

据一位曾在学堂内学习过的方氏后人生前的回忆,学校保留了一部分传统国学的内容,规定《三字经》《千字文》《百家姓》等为初学者必读书籍。在学完这些内容后,就读"四子书",还规定在读"四

❖ 师生后面就是学堂校舍

子书"之时,须先读《论语》,次"三孟",后《大学》,最后,按照阅读需要再学习"五经"。如有学生即将经商的,就可不读这些书。

除了传统国学,学校还设置了由西方传入的数学、物理和化学等科目。为了让学生学好数、理、化等学科,特地花费重金购置上课所需的实验器具,并开设实验教室。这样的配置在当时宁波的中小学中屈指可数。

据方氏后人回忆,学校里有一间很大的图书馆,馆内有《古文观止》《唐诗》《宋词》各类书籍,还有百余册的《二十四史》,可供学生借阅、学习。直至新中国成立初期,学校实验室内设备依旧齐全,能让老师和学生随时使用。

学校里还有生物标本室,里头陈列的标本十分丰富。标本室数量很多,一间挨着一间连成排。此外,学校内还有一座占地面积不小的体育馆。丰富的教育资源外加"两馆一室"的豪华配置,使培玉学堂在当时的小学堂中独树一帜。

为了让更多的孩子有书读,创办义塾时学规中就写明,对族内生活困难的孩子一律不予放弃,困难子弟入学无须出学费;如无钱购买校服,也可以提出申请,由学校提供服装。

开创甬城分段教学、小班化教学的先河

培玉学堂有一套严格的教学管理制度。例如,规定学生坐处及案头务须清洁整齐,不得随意抛掷散碎字纸等,违者必责之。"学校规定同学之间不得互相口角,更不得斗殴、争吵,如果发生争斗,会遭到学校的严厉责罚。请假制度也有明文,对于事先不告假却旷课在家的也要责罚,甚至连学生穿戴也必须做到整肃洁净。"

值得一提的是,学堂对学期时长有着详细的规定。一年总的学习时间为九个月,每班的学生人数固定为十六人,如有超过规定人数的就改开两个班级,从这一点来看,培玉开创了我市小班化教学的先河。

自创办以来,培玉学堂多次改订规程目录,1913年6月,学堂第三次改订规程,对学校总则、校员、学额年级、学科、成绩考查、学费膳费杂费、上课休课之规则等二十一个方面都进行明文规定,适应时代需要。严格又有创新的校规保障了教学的循序渐进,促进了学校的良好发展,赢得了社会的赞誉。

完善的教学体制培养了不少人才,其中有大商人、著名律师、后担任学堂校长的方椒伯,还有化工专家、努力实践实业救国的爱国商人方逸仙。除了商界人才,从培玉学堂还走出一位抗日将军——方仲吾。方仲吾生于宁波柏墅方新屋，少时在培玉学堂念书，后参加过昆仑关战役，作为中国远征军一员入缅抗日。抗战胜利后，无心内战的方仲吾受共产党感召，与陆大几位同人一起组织和平起义。新中国成立后，成为中国人民解放军南京军事学院的一位教授。

如今，培玉学堂旧校舍虽然不在了，但骆驼中心学校、骆驼实验学校等依然存有学堂昔日的基因。培玉学堂在宁波教育发展过程中所产生的影响，在宁波教育史上已经留下璀璨的一笔。

久负盛名的翰香小学

宁波历来多私学,清光绪三十年(1904),私塾和书院都统一改称"学堂"。近代宁波影响较大的除慈湖学堂、鄞西小学堂、鄞山小学堂外,还有翰香小学堂。

翰香小学前身是鄞县走马塘村陈氏第三十一代后人陈愈守创

❖ 陈贤佑先生

❖ 翰香家塾碑记

办的家族私塾。同治九年（1870），作为举人的陈愈守想恢复祖上"一脉书香，代有闻人；簪缨阀阅，殆不可胜；文人硕学，辈出林立"的盛况，以膏火之资（一千两百缗），振兴门第，光大陈氏，并以"翰香"名校，取"以文翰振其书香"之意，创设"翰香家塾"。

　　光绪五年（1879），陈愈守之长子陈隆藻继承父业，在翰香家塾边购置土地，进行扩建，让更多的儿童有入学机会。光绪十四年（1888），陈隆藻不幸过世，由陈愈守的四子陈隆泽重新规划，进一步扩大了办学规模。光绪二十四年（1898），陈隆泽出资修缮校舍，形成了中四楹，西一楹，东二楹的布局。中楹群为堂，东西三楹为塾，东边为膳厅和厕所。另外还有账房间、仓库间，再前即为大门，为保证学校安全，四周筑了高墙。历时近一年，共花费银圆两千元。

　　因光绪帝下诏，天下所有私塾、书院一律改为学堂，1905年，陈隆泽不失时机，禀请宁波府把"翰香家塾"改为"翰香初等小学堂"，并进一步改善了办学条件，完善了学校设置，还聘任族叔及社会名达为学堂管理人员和教师。此后不久，陈隆泽对翰香的教育、管理又做了进一步的完善，一面依时行教育宗旨，重订办学章程，呈请县局、省厅；一面又再次扩充学校规模，与陈氏家族商议，为资助子弟求学，把陈氏各房所有的土地都作为辅助义捐。从此，翰香校舍初具规模。然而好事多磨，1924年，不知何因，整个校园毁于火灾，为解决学生入学难题，只能借采莲桥日湖之滨的日湖小学上课。

　　1926年，陈愈守的长孙陈圣佐，慷慨捐资十万四千元，新建现代化的新校园，设施与学校管理更臻完善。那年秋天，新校园于重阳节前三日重新开学。同时增设幼稚园和高小，定名为"鄞县私立

❖ 翰香小学旧影

陈氏翰香小学"。至此,经陈氏家族四代传承,精心谋划,翰香已成为宁波市内一所名声卓著的小学堂。

1929年,在原翰香小学堂后院精心设计建造了一座古意盎然的园林。在这整个园林中,建有一座偌大的假山,山上有一八角凉亭,环山脚有一条小河,小河对岸的园林小道,曲径通幽,而小河靠岸处有一小舟,舟上有木桨几把。这一富有中国古建筑特色的园林为学生学习国语、古诗词提供了一个特别的氛围。

1930、1931年,学校再次修整校舍,形成了翰香校园四致格局。更新教室设施,教室里都装上了广播设备。同年,校园里新建了一幢图书楼,藏有古今图书五千余卷,内藏有市内罕有的《四库全书》《万有文库》等珍籍。图书楼旁设有仪器、标本储藏室。凡学校规定的科学教学仪器一应齐备,各类生物标本分类明确、齐全。1931年9月,

∴ 教育部颁发给陈圣佐的奖状

学校增建北向教学楼一幢,上下各四间,合作社、会计处亦臻完备。由于学校在建设中取得卓著成果,教育部特授予其一等金质奖章。

学校办学成果卓越,社会影响越来越大,博得社会各界的好评。1932年,蔡元培、马寅初、穆藕初等著名学者先后来校讲学。

1933年,为了进一步提升办学条件,在校舍外增设了一个运动场,由于学生人数的不断增加,又建厨房一处,厕所三处,学校规模更大了。

翰香小学堂在设班、教育管理和课程设置上,一律按当时的教育要求,适应社会需要,以养成身心健康、富于革命精神之青年为宗旨。课程设置上遵循以传统文化为主,适合社会需求,坚持中外结合的原则,所以开设的课程与当时市内诸多学校有明显不同。国文、英文、算术并重。国文注重文言文,高年级必修《左传》《论语》《孟子》《古文观止》等。其他各级可自编自印教材。学校规定小学

教育文化

三年级起开设英语科。算术有珠算,加开商业专修班,加强珠算、尺牍(模式书信)教学。学校不仅传承中华优秀文化,还强调从小学习英语,这在当时的小学里是不多见的。

学校在师资配备方面力求优秀,在沪甬两地礼聘名师,如英语教师延聘上海圣约翰大学毕业生,珠算教师聘请商行的经理。优秀的任课教师保证了翰香小学的教育质量。在学校管理上,提出了"恒、勤"校训,要求学生"恒勤于学"。为培养学生法律意识,同时学会自我管理,学校建立"翰香市",由学生任"市长"。还设立小法院,自订法规,小法院从院长到督察,包括审判员、律师都由学生担任。学生违反校纪校规,都由小法院审办,以此来培养学生的自治能力和遵纪守法的观念。

翰香小学由于课程的设置讲求实用,又始终紧跟时代和社会的发展,使学生大受其益。翰香的学生一毕业即书算流利,毕业学生虽年纪尚小,但商行仍争相聘用。或为学徒,或为从业,均能应付裕如。而那些报考中学的,也大多在校内名列前茅。翰香成功的教育,不仅享誉宁波一市,而且闻名华东。

翰香为国家、为社会培养了不少专家学者。有法学专家徐开墅,中国科学院院士、开创断臂再植技术的陈中伟,飞虎队优秀爱国人士周训典,中华书局总编、清华大学博士生导师傅璇琮,新闻人士、文学评论家徐开垒等,这些学生为社会发展做出了卓著贡献。

百年翰香,薪火相传。2013年9月,翰香小学与解放南路小学合并,在莲桥第新建了校舍,规模较之前扩大了两倍多。百年翰香重焕了青春,将为实现中国梦的宏伟目标,培育出更多杰出的英才。

宁波往昔的佛教孤儿院

宁波的慈善事业古已有之。宋代时宁波城区就有官办的居养院、惠民局、广惠院,民间则有义庄、义学等。明清时又有养济院,有位处药行街的育婴堂,有龙湾的孤儿院和镇海的孤儿院等。在诸多孤儿院中,还有一个以普度众生为宗旨,为社会慈善事业积极奉献、影响较大、地处海曙区广仁街的佛教孤儿院。

近代开埠后,宁波受社会剧烈变迁影响,世况艰难,出现了不少贫民、难民,又因战乱和其他种种原因,社会上多了不少的孤儿。与之同时,宁波毕竟是经济较发达的地方,特别是宁波商人的崛起,社会上出现了一批既有相当经济实力又乐善好施的热心人士。他们呼吁、倡导、推动着各类慈善事业。此外,外国教会亦早就涉足宁波慈善事业,十八世纪五十年代,天主教会在城区药行街创办仁慈堂收养女婴,创办普济堂收养男婴。1912 年,基督教会在江北草马路创办伯特利孤儿院。本地政府在老龙湾办起了规模不小的鄞县孤儿院。而一直以济世众生为宗旨的宁波佛教界,也不甘寂寞,创办了宁波佛教孤儿院，为社会慈善事业共担一份责任。

宁波佛教孤儿院发起人为天童寺住持敬安和慈溪居士陈训正。敬安圆寂后，甬上名僧歧昌、净心、智圆、圆瑛、宋亮等继承其遗志，于1918年筹建成立，以广仁街原佛教普益校舍为院址，歧昌为沙门院长，陈训正为居士院长。

1919年，歧昌圆寂，圆瑛继任沙门院长。1920年，宁波佛教孤儿院改设董事会，社会名流张让三为董事长。1924年，张让三去世，张传保继任董事长。1928年后，以常务董事会为最高管理机构，总揽全院一切事务，由院长聘任主事一人，襄助院务。为维持院内经费收入，还特别设募捐董事一职，由傅宜耘任此职，全面负责佛教孤儿院所需经费。

傅宜耘，字砚云，自号安心头陀，鄞县五乡人，早年曾经从事商业，以米业起家，曾创办过傅泰记米铺，十余年后又创办傅泰记碾米厂，生性豪爽，慕义轻财，曾率宁波工商界抵制美货。五十岁后，投身于慈善事业，1922年在北京法源寺剃度为僧，众人也称他为寂寞

❖ 在佛教孤儿院学习技能的孤儿

❖ 宁波佛教孤儿院上海董事合影　　　　　　❖ 宁波佛教孤儿院香港董事合影

和尚。早在1916年,其在家乡就办过一所孤儿院,名称惠儿院。

由于他经商期间在商界有好名声,又熟悉商界众多人士,故主要负责向宁波本地富商募捐,并多次去上海、天津等地向当地的甬籍商人募集善款。为了筹集扩大孤儿院一应需耗资金,他还先后五次去南洋募捐。他第二次从南洋回来就削发为僧,"光头赤脚、日食一餐,寒暑一袖,修苦行托钵乞缘三年,募得孤儿院教养金四五万"。

由于孤儿院规模日益扩大,入院孤儿人数达两百余人,年度开支也越来越大,达两万元。为维持并发展孤儿院各项事业,孤儿院先后在上海、香港、泰国曼谷以及新加坡等地设立董事会。1933年,由智圆法师赞助,在鄞西梅园宝岩寺设分院,以分担总院收纳孤儿的压力。

宁波佛教孤儿院总面积达三亩之多,院内分前后两部分,共有楼房三十五间,院内还设有纪念堂、教室、办公室、图书馆、运动用具室、乐器室、工具室、工坊、膳厅、浴室等,设施比较完备。孤儿院在教育中,不唯扶养为业,为了使孤儿日后能有自食其力的能力,十分注重对他们动手能力的培养,比如教他们缝纫、石印等手艺。平时也鼓励孤儿积极参加体育运动,使他们通过体育锻炼,拥有一个强健的身体。积极引导他们参加院内各种兴趣活动,使他们具有积极向上的健康心态。院内教育遵照教育部规定的小学课程。必修课有公训、国语、社会、自然、算术、体育;选修课有音乐、美术、工艺等。除了必修和选修课程,院里还要求孤儿从事院内服务和农事操作。

1918—1935年间,孤儿院出院人数达五百十四人。当时住院儿童一百五十人,其中总院九十人,分院六十人。1949年,在仓基街增设慈联托儿所。新中国成立前,佛教孤儿院为社会输入了一批又一批有自食其力能力的孤儿,为社会慈善事业做出了贡献,博得了全社会的好评和赞誉。

新中国成立后,佛教孤儿院除了继续向社会募捐办院经费,也得到了政府教育部门的一定支持。1955年4月,创办了三十七年的佛教孤儿院并入宁波市福利救济事业协会,宁波的慈善事业自此走入一个新时代。

老街追忆

59

名声显赫的刺绣行业一条街
——咸塘街

宁波老城区内有不少以行业命名的老街，如缸桥巷、铁锚巷、灰街，名声大的如专门从事中药行业的大名鼎鼎的药行街。这些专业街巷，既为行业做生意打了免费广告，也为顾客购物带来了方便。在众多的某某一条街中，有一条名声显赫的刺绣一条街，但这条街却不叫"刺绣街"，而是沿袭了历史上的名称，叫作咸塘街。

咸塘街是一条东南走向的不宽的老街，东起车轿街，西至开明街，中间被碶闸街拦腰截为两段。东段的咸塘街由老式的长不过五寸、宽不过三寸的长方形青石块铺设而成，因年代久远，青石表面已被磨得非常圆润，虽显得苍老，但仍坚实。西段街面由长八尺、宽一尺余的青石条铺就，掀开条石，下面是老式下水道，俗名阴沟。青石条左右两边大都是泥地，有些店家为了做生意方便，就铺了几块青石板，方便顾客行走。著名的药皇殿就在街西头的北边。

咸塘街除了几家日杂商店，整条街以刺绣为业，东头不到百米，就有专业绣品店几十家，主要经营绣花、绣衣、做戏衣和戏剧行头等;西头的店主要经营寿衣,包括制作脚枕、头枕、寿衣、霞帔、重被等"白事"专业用品。这格局,与咸塘街、大来街冲头的宁波著名寿木(棺材)行有关,其中药皇殿旁边一大进老式房子,就是堆放寿木的大仓库。

生子、做寿、结婚等事是"红事",丧葬则称"白事",老宁波人一律称作"红白喜事"。而这些事,免不了用到刺绣产品。光说盖在寿木上的一大件霞帔,讲究点的,就有百鸟朝凤、八仙过海等图样,更别提大户人家办喜事、丧事要用到的各色物品了。

咸塘街上比较知名的有"同福春""大荣祥""张逢春""真善美"和专门为各家绣品店打样(设计绣样画稿)的"蒋彩堂"等店家,而以绣品起家,后发展到专做戏袍的"真善美"事业最为成功,生意好,影响大。

绣衣与戏服是同以绣艺为基础的不同行业。宁波的绣衣行业一直流行在民间,为官宦富户女眷所喜爱。清时以制作长袍马褂为主,也为女子们制作绣裙。清末服饰去古趋洋,"外国绷"盛行,对甬上刺绣业产生一定影响。绣衣业在大环境的影响下,在花纹设计上推陈出新,一时女子旗袍的花样百花齐放,这在一定程度上促进了绣衣行业的发展。而婚庆、寿诞中的凤冠霞帔仍保留着往昔的习惯,以吉祥喜庆图饰为主。尽管时代变迁,对各行各业产生一定影响,刺绣业也受到一定冲击,但仍有相当数量的刺绣艺人在新中国成立后向绣衣业、戏剧服装业转型。经历过绣品合作社,后又并入宁波绣品厂,尤其是在改革开放后,随着经济繁荣,刺绣行业大多转向至绣品绣衣、刺绣工艺和戏袍制作。

❖ 龙凤戏衣绣袍　大靠　　　　　　　❖ 龙凤戏衣绣袍　蟒袍

而作为宁波戏袍戏服制作领头羊的"真善美",在近百年的日子里,因戏剧的繁荣发展,影响越来越大,制作越来越精美。而其杰出的代表人物即为孙翔云先生和他的夫人王素贞。

宁波过去是一个"戏码头",甬昆、京剧、越剧、甬剧,外加余姚的姚剧和宁海的平调都有出演,每出戏,每个演员都有一系列的"行头"——戏服、戏帽和饰品。这就为宁波戏袍制作的发展提供了一个巨大空间。"真善美"从做绣花活开始,兼做长袍马褂,然后逐步发展到专门从事戏服制作,由于绣品工艺精良,服装设计漂亮,博得广大剧团尤其是一些著名演员的青睐。当时,宁波越剧台柱毛佩卿,还有常驻天然舞台的徐玉兰,甬籍著名越剧演员毕春芳、戚雅仙以及越剧十姐妹之一的筱旦桂等都登门"真善美"定制戏服。

❖ 手工艺人孙翔云

那时,在戏剧行当里,戏服叫"私彩",演员名气越大、风头越足,"私彩"就越多,也越讲究。一场戏下来,通常要换十来套服装。大亨们为了给演员捧场,常定做几套行头馈赠。所以一位知名演员的行头箱,多的有五六只。据说,知名京剧票友张哲生先生的行头箱有近十只,遗憾的是这些行头在"文革"时被毁于一旦。

"真善美"戏服不仅在宁波深有影响,而且在江浙一带,甚至上海滩上也具知名度。孙翔云在新中国成立前还专门为绍剧名角六龄童制作全套孙悟空戏服,把舞台上闹天宫、踏地府、闹龙宫、大战红孩儿等各个时期的齐天大圣打扮得神采奕奕。后来,六龄童还把团里的戏服交给他制作,而且爽快地一下子付了六千元定洋,这在当时可是很大一笔钱。

由于"真善美"的戏服做得好,影响也越来越大,连上海青年话剧团、北京曲艺团、福建京剧团等全国多地知名剧团都慕名来甬定做戏服。二十世纪八十年代,电视剧《西游记》的导演杨洁曾邀请孙翔云到北京剧组去做戏服,只可惜孙翔云因身体不佳而婉言谢绝。

随着岁月流逝,曾名享一时的刺绣一条街已融入天一广场,但咸塘街中的绣品艺人们,凭着他们高超的手艺,仍在现代社会大放异彩。那些刺绣艺人们在改革开放大潮中,为出口贸易争得一席之地,而孙翔云夫妇的戏袍制作艺术更以"龙凤戏服绣袍"为名被列入浙江省非物质文化遗产名录,孙先生亦被评为省优秀民间文艺人才。他家珍藏的三套戏装,两套是文官穿的蟒袍,一套红色,一套湖蓝色,还有一套武将穿的白色"大靠",件件细针密缕,图案精致,颜色鲜明,如今收藏在宁波服装博物馆里。如今,孙先生所在的百丈街道宁舟社区开展对这项非遗项目的保护,2015年6月,孙先生的工作室被市有关部门授予"宁波市非物质文化遗产传承基地"。各方都在努力让这项技艺一代又一代传承下去。

老宁波的专业金融街 —— 江厦街

甬上地界,一直流传着一句老话:"走遍天下,不及宁波江厦。"何谓"江厦"?其实江厦一词出自老宁波城中的一条老街 —— 江厦街。

老底子的江厦街,地处三江口一带,是一条长不过百余米的小街。在小街的北端三江口上有座新江桥,当时,新江桥是一座用十来条大木船作桥墩,用几条粗而结实的铁链相连接,上面搭长木板的浮桥,连接江北与海曙两地。从新江桥桥脚起,沿着波光粼粼的奉化江往南走,一直走到灵桥的西端,这条路,就是现在宁波人熟知的江厦街。

宁波很早就开始与外国通商。北宋时,朝廷在广州、塘沽和宁波设市舶司(类似于现在的海关)。历史上,唐大历六年(771),鄞县县治移至三江口,长庆元年(821),明州刺史韩察在三江口建明州城,始建宁波城区。此后,历经宋、元、明、清各个朝代,宁波外商贸易日趋频繁,三江口成为宁波与外商交往的重要口岸,成为宁波城中商贸活动最繁忙的地方。来自日本、高丽(朝鲜)、阇婆(今属印度尼西亚)、真腊(柬埔寨)、占城(今属越南)、暹罗(泰国)、大食(阿拉伯)等国家和地区的商船、商贾云集于此,好不热闹。不仅如此,江厦街还是迎接国外使者的码头。时任明州太守的曾巩,就接待过来自高丽的使节,他们从江厦街的码头(现交邮大楼址)靠岸,经城区,由西乡入运河,直达北宋都城汴京(开封)。那时,三江口有座城门,在这座城门不远处有一江下寺,寺院不大,却很有名气,过往客商往往会去进香谒拜,以求神仙保佑。因"下"与"厦"谐音,"江厦"(江下)之名早在近千年之前就已广为人知。

江厦街现有格局形成较晚,约在民国十八年(1929),当时鄞县县政府把原半边街、钱行街、糖行街等小街拆直,从此,这条不长的路就被称为江厦街。

半边街,一边是商铺,一边临奉化江。当时的奉化江一段是宁波最热闹的地方,奉化江边停靠的都是南来北往的帆船,这些船大多来自福建、广东,更远的来自东南亚,甚至还有来自中东的。北边来的大多是江苏、山东来的船只,还有来自东北、大连的。这些船多为货船,来自五湖四海的商人用船装着货,来宁波做生意。其实停靠最多的还是宁波近海的渔民和东海渔岛上的渔民的渔船,他们是来卖海鲜的。日子久了,这条街就成了宁波著名的商街。

钱行街在宁波城也久负盛名。"钱行"就是钱庄,与银行一样,都是商品经济发展到一定阶段的产物。宁波自宋以来,历经三朝,至民国,逐渐成为一个商业繁华的城市。据《光绪鄞县志》记载:"鄞之商贾,聚于甬江。嘉道以来,云集辐辏……转运既灵,市易愈广,滨江列屋皆钱肆(钱庄)矣。"钱行街的名称也由此得来。宣统末年（1912），全市共有大小钱庄67家，甬上的钱庄业进入了鼎盛时期，江厦街上的钱庄占了全市钱庄总数的五分之三。据《宁波金融志》记载：民国二十年（1931），鄞县政府统计，全市有钱庄160家（包括各县、区），其中大同行41家，小同行28家，现兑庄91家；而在江厦街上的钱庄就有68家之多，其中大同行39家，小同行19家，现兑庄10家。而大同行是钱庄业的大户，投入资本巨大，绝大多数都在6万银圆以上，而其中资本特别大的（在10万银圆之上的）有4家，最多的是刘文昭经营的恒孚润记，投入资金达22万银圆。由此看来，设在江厦街上的钱庄实力都十分强大，而开在其他地方的钱庄，其投入资金一般都在1万银圆以下。因此，把江厦街看作老宁波的金融中心一点也不为过。

江厦街上的钱庄、银行与"宁波帮"人士有着诸多渊源。1933年，王宽诚受聘于太丰面粉厂，还在江厦街143号的元益钱庄兼职"跑街"，当时俞佐宸是元益钱庄的经理。元益钱庄以3万元资金创办于1911年，到1931年，资金已达6.6万，算得上是江厦街上的大同行。

王宽诚担任的"跑街"，类似于现在的营业主任或放款员。据当时同在元益钱庄任"跑街"的方彭吾回忆，王宽诚为人正直、稳重，以勤勉、敦厚取信于人，平时衣衫整洁，从来不吸烟、不喝酒、不赌博，更不沾染其他生活恶习。方彭吾是甬上著名银楼方聚元老板方逸候的儿子，他为人正直、诚实，办事认真。父亲方逸候为培养儿子，把他安排在俞佐宸先生的元益钱庄，希望他能在实际工作中得到锻炼。他们二人性格相仿，所以很合得来。王宽诚先生在元益钱庄只兼职一年,但却对其人生影响甚大。在这一年里,勤奋好学的王宽诚熟稔了金融运作的知识,学到了许多理财本领,为他日后成为杰出的工商企业家打下了扎实基础。这段钱庄经历,按他自己所说,等于读了一年的金融专科。如果说,"宁波帮"的崛起与宁波发达的金融业息息相关,那么,许多"宁波帮"人士的成功,也与他们熟练掌握金融业

∗ 赵安中先生

务密不可分。王宽诚是这样,应昌期、包玉刚同样如此,董浩云发迹于金城银行,赵安中也是从江厦街钱庄起步的,更不用说"宁波帮"中那一大批职业银行家了。

江厦街不仅集聚了宁波绝大多数的钱庄,而且随着时代的发展、甬上商贸交易的需要,一种新的金融业态——银行,也相继在江厦街出现。宁波人大多知道,绝大多数银行开在江北岸外滩,但银行刚刚问世时,财力敌不过已成气候的甬上金融钱庄,不少银行在资金运作上还得依靠钱庄来融资。由于这个原因,将新开张的银行设在江厦街上成为最佳的选择。由俞佐宸先生任经理的中国垦业银行宁波分行就在江厦街51号,该行在1931年1月正式开业。1931年10月,中国实业银行也在江厦街开张。之后,又相继有了浙东商业银行、四明商业储蓄银行宁波办事处。抗战胜利后,实力雄厚的鄞县银行也在江厦街开业。除了直接选址在江厦街,还

有不少银行以办事处的形式在江厦街上开展金融业务。例如,成立于1908年的四明商业储蓄银行,为了经营方便,于1936年在江厦街设立办事处;成立于1930年的原在中山东路的交通银行宁波支行,在5年之后,也在江厦街新设老江桥办事处。还有些大银行在金融机构林立的江厦街实在找不到立身之处,就选择最靠近江厦街的附近街边开张营业。例如成立于1936年的中国农民银行宁波支行就择址于东渡路。连宁波成立最早的在江北外马路的中国银行(1914),也选择在离江厦街咫尺之遥的东门口设立办事处。由于大量银行的加入,江厦街成为实至名归的宁波专业金融街,为此有人开玩笑说,江厦街是宁波的"华尔街",从江厦街金融业集聚程度之高、经营额之大、与外部的联络之广等诸多因素来看,这个比喻一点不为过。

1941年4月20日,日军侵占了宁波,沦陷后,宁波钱庄业遭受灭顶之灾。同年10月1日,经敌伪认可决定能开的钱庄仅50家,而众多资本殷实的大同行、小同行纷纷迁移到内地。由于经常性的商贸活动受到重击,各业不振,市场凋敝,商业的衰落也祸及了钱庄业。原有的钱庄大多停业,而一些临时拼凑起来的小钱庄也只能艰难度日。原来在江厦街的39家大同行钱庄,仅留下9家,所投资金也大为缩水。一时宁波商贸交易十分萧条,仅存的钱庄入驻资本也少得可怜,昔日繁荣的江厦街寂静得如死水一般。

1945年8月15日,日军无条件投降,几经战火创伤的江厦街已不复往日的辉煌。抗战胜利后城区核准复业的钱庄仅31家,在江厦街上的钱庄有15家,而所注入资本也不如往日兴旺之时。宁波钱庄从此一蹶不振,到新中国成立时,全市钱庄只余 14 家。从此,江厦街再也见不到昔日的兴旺景象。

1949 年 5 月 25 日,国民党军队为阻碍人民解放军渡海攻打舟山,自 9 月 13 日起,以舟山机场为基地,接二连三地派遣飞机对灵桥一带进行狂轰滥炸,宁波城最繁华的区域成为一片废墟,作为奉化江畔靠灵桥最近的江厦街也在劫难逃。然而,作为城市的主要商贸之地,尽管白天遭受轰炸,但一到太阳落山(下山),在江厦街一片废墟之上,还是亮起了一盏盏的汽油灯、乙炔灯,这里成为当时宁波的唯一夜市。商品交易照样繁忙,营业时间几乎通宵达旦。天刚蒙蒙亮,为防止飞机轰炸,这片夜市才无奈歇业。在长达一年的轰炸中,江厦街夜市从未停业,直至人民解放军解放舟山。

二十世纪五十年代初,人民政府采取了有力措施,只用了几个月,江厦街上的一座座商楼就建起来了,但是原江厦街的繁荣景象终难恢复。到了二十世纪八十年代,市政府从城市改造总体规划考虑,将江厦街沿江一带辟为市民休憩的江厦公园,成为人们娱乐休闲的好去处。而街的西面,则展现了宁波改革开放以后的新气象,高楼迭起,商业兴旺,完全一派生机勃勃的现代化都市新面貌,新一代宁波人开始谱写江厦街的历史新篇章。

有一位资深银行家曾撰文论证"生意兴隆通四海,财源滚滚达三江"这副对联的深刻含义,其实,这副对联就为江厦街而写。曾经的江厦街,作为名副其实的专业金融街,不仅永远留在宁波的金融史上,更烙印在一代又一代的宁波人心中。

富有神奇色彩的百丈街

老底子宁波称鄞县，江东区（现属鄞州区）过去叫鄞县江东镇。江东镇有一条百余年的老街——百丈街（今百丈路）。百丈街西起东津浮桥。1936年，宁波引进德国西门子公司先进的造桥技术，对浮桥进行改造，新建后改名为灵桥，向东延伸约百丈长，一直到卖席桥（今彩虹路）。这条街成为江东镇的主干道。

百丈街，曾名时雍街、米行街、卖饭桥，是宁波历史上比较古老的商业街。它真正成为一条百丈长街，应该是从灵桥造好后。

关于百丈街，有一个传说。古时候，有一条乌龙精在东海兴风作浪，东海老龙王见它法术高超，自知不是它的对手，就请赫赫有名的戚继光将军帮忙。戚将军带兵到招宝山，布好阵已是中午时分。没过多久，只见海面上喷出一道乌黑的水柱，说时迟，那时快，一条通体黝黑的巨龙从水面蹿起。老龙王见状也立即蹿出水面，一时间，一条黄龙和一条黑龙打得昏天暗日。两龙相斗了近一个时辰，老龙王突然转身朝海面下一钻，那条正斗得起劲的黑龙，还没搞明白,戚将军就抓住时机,命将士们朝黑龙射箭,一时万箭齐发,黑龙死于乱箭之下,但老龙王也被误伤,左眼中了一箭。后来龙王听说宁波江东有个专治眼睛的名医,就化身凡人模样前去就医。医生看了他一眼,说:"你不是凡人,想要医好眼睛需要现出原形。"老龙王说:"现出原形会吓煞你的。"医生不怕,还与龙王约定第二天给它动手术。第二天中午,乌云密布,天空漆黑一片。不一会儿,电闪雷鸣,大雨滂沱,惊天动地的雷声吓得市民们躲在屋里不敢出来。此时,老龙王在空中现出真身慢慢下来,龙身长百丈,恰好占满整条街。从此以后,这条街就叫百丈街。当然,这仅是一个富有神奇色彩的传说罢了。

百丈街还出过一位孝子,这孝子姓倪,因以杀猪为业,日子久了,街坊都叫他"倪杀猪"。倪杀猪从小死了阿爹,一直由他的母亲含辛茹苦把他养大成人。长大的倪杀猪想寻个"生活"养家,有一天,碰到一位好心的肉店老板。老板看他身板不错,人又老实,街坊也都说十分孝顺,于是就介绍他到卖席桥头的一个杀猪摊学杀猪。学徒期间他十分勤奋,凡师傅说的都一一记在心上,不仅如此,还主动帮师母做家务,过了一年半就学成出师了,从此以杀猪维持家业。

倪杀猪父亲死了后,他母亲就信了佛。从此不吃荤腥之食,见儿子以杀猪为业,每天合掌拜佛,口里总是挂着"罪过,罪过",祈求菩萨保佑儿子。母亲得了重病,一病就是十八年。他每天早早就煮好粥亲自喂母亲,没有一点怨言。母亲身上痒,他就找草药煎成汤,给母亲洗澡。母亲生了十八年的病,虽然体质十分差,但是浑身上下十分干净。街坊邻居看了,个个都称赞倪杀猪是孝子。

倪杀猪对母亲是样样照顾周全。冬天被窝冷,他就先躺下焐热再给母亲躺。六月天热,一有空他就拿着蒲扇给母亲扇凉。见母亲成天吃素,营养不良,他天天夜里祈求菩萨保佑母亲长寿,每天要磕几百个头。日子久了,倪杀猪的额头磕出了个疮,像一个馒头似的贴在额头上。邻居们看他这么孝顺,个个赞叹不已。平日里也有不少人送给他钱和谷子。倪杀猪孝顺母亲的名声越来越大,后来传到官府,县老爷就免了他的终身赋税和徭役,让他好好侍奉母亲。这个故事一直流传至今,成为百丈街的美谈。

从民国开始,百丈街上就有许多店铺,如土特产店、打铁店等,靠近卖席桥一端还有五六家卖草席的店铺,店面都不大,一年四季只做草席生意,旺季当然是夏季。到了这个季节,贯通西塘河与南塘河的水路上,多了来自西乡黄古林的装满一捆捆草席的大小船只。听老人说,卖席桥一带在过去就是宁波城的草席专卖市场,城里头草席店里卖的草席大多是由卖席桥下的大小船只运来的,草席生意兴旺。

百丈街上大多卖的是农民所需的农具如锄头、铁耙和篾垫、箩筐、畚箕等农户用的竹编品。街两边几乎是清一色的木板搭成的两层楼房,偶有三层的房子,也高不到哪里去。这些楼房的一楼一般是租给人开店做生意的,二楼大多住人,店面后间是灶间。由此说来,百丈街其实主要是为周边农民服务的,所做的生意也不怎么大。至于打铁店,虽然不像老城厢叮当桥那边的打铁铺那样多,但少说也有十来家。丁零当啷的打铁声也是百丈街的一大特色。

百丈街虽只有百丈长,但左右两边也有不少小街小巷,如靠北边与百丈街并行的忠介街,路虽窄一些,名气却不小,尤其是靠卖席桥一头的七塔寺,一年四季香客不断。因此,百丈街上那几间做锡箔、蜡烛和拜佛所需的一应礼品的店家生意也十分不错。宁波城内最有名气的老德馨也不失时机地在百丈街上开了一爿分店,生意十分兴隆。

而百丈街上真正有名气的商家有三家——楼茂记酱油店、赵大有糕团店和怡泰祥南货店,这三家店如今都被称作"宁波老字号",实实在在为百丈街增色不少。

短短的一条百丈街,一条极为朴实的商业街,如今仍活跃在宁波城中,服务着新老宁波人。

悠悠药香药行街

宁波有一条独一无二的老街,由于街上有五十多家中药店和专门经营中药材批发的药行,整条街上长年累月地飘着悠悠药香,因此,人们把这条街叫作"药行街"。

药行街是一条专门经营中药的商业街

宁波的药行街名享天下,至于这条街究竟是何时形成的,众说纷纭,没有一个准确的答案。药行街上有名有姓的药店、药行共有五十八家,不包括在君子街的张姓、卢姓和章姓三家小药行,药行街共有九家药行(包括石板巷的懋昌、沙井巷的恒茂与药行街上最具影响的元利)。清末民初至二十世纪三十年代,这九家药行几乎主宰了宁波大大小小中药店的经营业务。

药行专营大宗货物的批发业务。大药行都有业务精湛的办货师傅,如元利的毛培卿先生、恒茂的陆先生,他们不但精通药理,有些还熟谙中医医理,能坐堂诊脉。不仅如此,有些药行老板本人就

❖ 二十世纪四十年代药行街一段,右边挂着大旗的是大乙斋,左边第一间为元利药行

是办货的一把好手,如懋昌药行老板蒋羡卿先生,药行生意全由他委派的经理操办,而他自己一年四季在外办货。他有一双识别各档药材的火眼金睛,多达几千种的药材只要经他的手都能辨出好坏。

药行经营业务量巨大。据《宁波方志》(1993年版)记载,光懋昌药行一年的营业额就达三万两白银。这是什么概念?清末民初的一两白银,相当于现在的一百五十元到一百八十元人民币,三万两白银,就相当于四百五十万元到五百四十万元人民币,足以说明药行经营业务量之巨大了。

药行经营范围广。清中期至民国初近两百年时间,药行街的元利、懋昌、恒茂几家药行经营业务种类逐渐增加,经营范围也不断扩大,至杭州、绍兴、嘉兴、温州、金华、义乌直至上海、天津、武汉等地。

与绍兴的震元堂、杭州的胡庆余堂、上海的雷允上、康余堂、天德堂、童涵春、天津的蔡同德等知名中药店都有供货业务。尤其是甬上各药店、药行自制的各种中药制剂，在全国占有很大市场。

药业经营各有特色。明德堂老板本人就是一个中医，由于战乱，从上海回故乡宁波与朋友一起合资办起了这家中药店，平日里他免费为百姓坐堂诊脉。

慎德堂阿大（经理）张虎臣先生针灸技术高超，新中国成立后就职苍水卫生院针灸科，直至退休。由于他高超的针灸技术，给店里增加了不少营业额。

瑞成补药店地处石板巷口附近，老板姓李，药店除了销售中药，还在石板巷设有一个规模不大的制药加工场，自制膏丸。制好的膏丸不但在自家店销售，还供货给其他药店代销，市面也做得蛮大。自制的其中一种专治热疮的膏药，十分灵验，疗效很好。凡用这膏药贴在热疮处，不过四五天热疮就能治好，还不留疤痕。

恒茂药行看准市场需求，自立品牌，在扩大经营范围方面下足功夫，首先创立了"膏滋药"品牌。每当入冬时，恒茂药行根据不同人群的经济收入情况，配制具有自家特色的"膏滋药"，其中，尤以"十全大补膏"最具特色。

大乙斋老板杨水木先生善于经营，会做宣传，整个店面除留了一道较宽阔的石库门外，就是又高又阔的粉白高墙，左右两边白墙上书写了"道地""药材"四个黑色大字，显得十分气派。门额上有一匾，上书"大乙斋"。杨先生还别出心裁地在石库门右边斜插四五平方米大小的黑色花边、白底丝绸大旗，旗上也书有"大乙斋"，在药行街,无论你从东边还是西边望过去,都能看见这面大旗迎风招展,招揽着东来西往的客人。

药行街聚集了那么多的药店、药行,尤其几家资金雄厚、经营范围广、规模大的药行。由于货源广、品种全、选料精,又能放账,经营的药材长期远销各省。而全国中药业闻名的"南庆余""北同仁"也到宁波来采购,药行街成为真正的中药专业街。

建立药业公会,制定药业行规

那么多的药店、药行,近千个从业人员,由谁来对他们进行监督呢?过去,各行各业都有一个自行监督管理的行业公会,早在清朝时宁波就有了药业公会。在民国二十九年(1940)成立的鄞县国药

❖ 民国二十九年(1940)鄞县国药业同业公会成员合影

行号商业同业公会,制定了五十二条行业行规,其中一条十分明确地强调诚信经商。如同行中发现有悖规则者,轻则处罚,重则开除出行业,再不允许经营中药业。当时的同业公会是绝对的权威机构,时任会长余楚生对同行再三叮嘱,做药业生意,事关顾客性命,务必要做到诚信。甬上经营中药业的各家业主,几百年来从无有失诚信的事情发生。药行街药业这种自成规矩的经商理念影响了浙东一带,绍兴、杭州、上海等地的中药界的经营风气也一直很好。

几百年来,曾兴旺一时的药行街,由于连年战乱等种种历史原因,逐步衰落,无奈地退出了历史舞台,但药行街诚信经商、热忱服务的美德永远留在人们心中。

药行街的半壁江山是木器家具店

说药行街药店多,这固然不错,然而光是说药店多,那就失之偏颇。其实药行街上不仅药店多,还有几十家甬上著名的木器家具店,这些木器家具店,能占到甬城所有木器店的一大半份额。所以说,药行街还是旧时甬城一条专营木器家具的特色商业街。

据史料记载,宁波在明朝时,就有圆木制作工坊。明末清初,宁式木器家具制作技术已经达到一个相当高的水平,所制家具做工精巧,驰誉省内外。据有关资料统计,民国二十年(1931),经营规模较大、资金较雄厚、产值万元以上的木器家具店就有老富顺丰记、祥记、祥泰、益康、益大、文元、坤记、生牲、裕泰、吉祥、福号、恒记、春生十三家,其中年产值三万元以上的有三家。从东至西,那些在市面上有较大影响的木器家具店,基本集中在狮子街——车轿街至大来街这一带。经营规模、场地较大,年产值较高的有祥记、祥泰、益康、益大、文元等几家,其中尤以祥记为大。

祥记木器家具店创业于清光绪年间(1875—1908),最早的业主是周绍荣先生,可惜绍荣先生在三法卿坊与朋友聚会之时,突发脑出血,因救治不及谢世,年仅五十余岁,当时其子周安保尚未成婚。由于日本侵华,甬上发生金融危机,币值波动很大,钱庄业一时难以生存。时在钱庄业谋事的周安保先生,立志重兴父亲旧业。

安保先生为人朴实平和。自成家之后,就召集其父亲在世时所有在店的职工,精心谋划商店未来的发展。在这十来个伙计中,有谙熟红木、花梨木加工的启成师傅和定运师傅,有油漆高手陈全荣师傅。据方志所记,1932年祥记木器店有伙计十五人,年产值一万两千元,加工的各档家具品种多达百余个。走进六个门面阔的店堂大门,迎面正中就是一张镂空雕的乌红木大床,大床架面雕的是一幅松鼠在青松虬枝间活跃蹦跳的画面,每只松鼠都雕得栩栩如生。大床脚是传统宁式家具的虎滕脚,三面床围中都是架面镂雕的延伸,整张床上所雕的在内容和形式上保持一致,俨然是一群松鼠嬉戏立体图。店堂左右陈列有多张传统骨嵌的七弯梁床。靠店堂东西两边,依次陈列的是一排旧式大橱。店堂中间的屋顶是一个偌大的玻璃天棚,透过天棚的光线照得整个店堂十分亮堂。天棚下靠东一边是账房,房间并无木板阻隔,人坐在账桌上就能眼观四方。在店堂靠南光线略暗的地方,陈列着一套套不同档次的宁式家具。再后边即为厨房。二楼除了店主家眷的住房,还有一大半陈列着各色家具。

祥记的店堂靠东边是一间老式的祠堂,据传是清朝时宁波卢姓大家族祭祀先祖的地方,也称卢家祠堂。卢家祠堂规模宏大,从君子街18号进大门后往西拐,左边就是一片宽大的建筑,这就是卢家第一个大厅式的堂屋,也有叫它为小祠堂的。由此从南至北,一式三间大的祠堂,按照旧时大户人家传统宅院的建筑风格,沿着中轴线由南至北延伸,直穿过泥桥街由长方形条石筑成的栅门,即进入供着历代卢氏祖先神位的大祠堂。据卢家后人根庆先生说,清光绪年间(1875—1908)卢家遭过一场大火,各家居住的房子被烧毁,甚至整个宅院的青石路面都被烧裂,独独留下了三间祠堂。祥记木器店的最早业主,就是借第二间祠堂靠西一边重新盖起了二层楼房,而祠堂就成了木匠作坊。祥记的油漆间则是租用卢家大宅中未遭火烧毁的几间库房。过去,木器家具大多用生漆上漆,漆好的家具一般要在晒不到太阳的房间里放置五六个月后,漆的表面才能起光泽。为此,祥记单油漆间就有好几间,这样才能满足平时加工的需要。除了店堂及其后这几间房子,祥记木器店在离店不远的桑园巷还有几间木工作坊,大量的木材则堆放在宽阔的明堂里。有时原料(原木)进得多了,就请锯板师傅根据加工所需把原木都锯成板材,然后再有规则地堆放在明堂里。若问为何将板材放在室外,倒也有一种说法:放在室外可脱浆水,而脱了浆水的木板加工后就不易变形。安保先生在经营家具业务时也有一套办法,能从多方面考虑,使店里的各档家具都能供有所求。为保证质量,新的高档家具得由多位师傅一起做。祥记的不少家具是顾客定的货,照客户需求和设计样式制作。在生产新家具的同时,安保先生还善于收购各种旧式家具。祥记的师傅个个身手不凡,凡收购来的家具经过他们清洗、翻修、重新上漆后,就如新制作的一样。这些家具放到店堂里挂码销售,价钱就相对便宜,所以销售的周期很短。这种做法大大提高了店里的营销额,也满足了不同层次民众对家具的需求。

药行街规模较大的几家木器店,基本上是以经营传统家具为主。目前,陈列在宁波市内各类博物馆以及其他一些文保类性质的单位,包括不少旧式家具藏家所收藏的红木家具,大多是药行街上这几家大的家具店生产的。这些店都是祖上创办后传承了好几代的,如祥泰木器店就是由兄弟俩共同经营的百年老店。祥记与祥泰是同一个太公传下来的家业,后分成两家。而益康、益大的老板也是两兄弟,不过各自独立经营罢了,两家店的规模几乎相同,但由于兄弟俩的文化修养有差异,在经营上也就有所不同。益康木器店老板史老先生粗看起来根本不像是做家具生意的人:瓜皮帽、深灰色长袍,偶尔还穿上一件马褂,完全一副读书人的样子。他平时爱好收藏字画古玩,特别喜欢做红木家具生意,还能写上一手好字。新中国成立前,甬上书法大家、能写一手漂亮的"空心字"的罗梦石先生也要拜其为师。可惜史老先生的子女无一人传承他的文脉。益大的老板要比这大哥小好多年,他倒是个纯粹的家具商人。

同其他行业一样,家具业也因样式、用材、制作方式等不同而形成了不同的流派。传统家具业中,扬州、苏州一带以加工花梨木等红木见长,工艺细腻、雕刻精巧,形成苏扬流派。在如今以乌红木为材料的传统家具中,苏扬家具独具一格,具有极高的收藏价值。在北方,则是以山西、陕西两省的家具式样最为典型,充分体现了北方人粗犷豪放的性格特点,家具追求耐用,不讲究细腻的雕刻,也自成一派。而药行街上的家具店,则基本上都是经营宁式家具。

说到宁式家具的特色,那得分不同的材质、用途、需求来讲。如

❖ 典型的宁式红木大座

达官贵人、富裕人家，一般用的是乌红木或花梨木材质、做工考究的传统家具，而且房里家什全都是系列配套的，厅堂有厅堂的摆设，有搁几、大座、八仙桌（或圆桌）、单背椅、茶几等，卧室、书房、明轩间等所配的家具用料也几乎一模一样。老底子管这叫一整套的红木家什，那是得以几十万钞票来计算的。中等人家也有厅堂、厢房、书房里配套的家具，如经济条件尚可，一般会选用花梨木、黄檖等木材。这类材质的家具，纹理漂亮，颜色娇艳，成套摆起来也不失体面。至于经济条件相对一般的家庭，选用的材料大多是木阿树。用木阿树加工制作的搁几、八仙桌、单背椅、茶几，一样很有气派，且在桌面、椅面上，大多还要用上花梨木的片子，以此来提升木阿家具的档次。这类家具也是老宁波大多数人家的选择。而经济条件差的家庭，就只能选择用杉木或一般硬木制作的家具了。

宁波人对房里家什是十分讲究的。首先,一张七弯梁床是不能少的。其次,房内还少不了一排幢橱。幢橱有的也叫纱橱,由上中下三部分构成,中间主体橱身上有两扇大的橱门,橱身顶上配有四扇或六扇小玻璃门或实木门的小橱,橱身下面则是开有两扇门的柜子。这幢橱还有个必不可少的配套,就是两根橱前凳。一般中等大的房间就要放上两个幢橱。除了橱,还有房前桌,类似八仙桌的式样,但桌的四边都有一个小小的抽屉。梳妆台和幢箱橱也是不可少的,幢箱橱上还可以叠上几只箱子(樟木箱或真皮箱)。当然还得有几把椅子、凳子,备客人来时坐。至于书房,那是读书人家或讲排场人家家里都会有的,房里的家具无非写字用的书桌以及茶几、书柜、椅子等,根据主人实际所需搭配成套。

宁式家具的制作十分讲究,其中代表宁波家具制作传统工艺的主要是骨木嵌镶。这种工艺不同于扬州和苏州的漆器嵌镶,它是起槽实剔后将骨片直接嵌入木坯中,骨木色彩对比强烈。嵌镶工艺有高嵌、平嵌和高平混合嵌三种。这里说的骨嵌,主要是牛骨嵌,也有用象牙嵌、黄杨木嵌和螺钿嵌的,事先都需用钢丝锯将这些材料锯成各种片状的花纹图形。其中,象牙嵌比较昂贵。螺钿嵌色彩艳丽,最精致耀目,它实际上是用一种体形较大的湖蚌外壳,一般是先将蚌壳打磨成片状,再锯成一定的图形以备镶嵌。牛骨嵌的成本最低,适合一般家庭。赵朴初先生对宁式骨木嵌镶工艺曾大为赞誉:"思入毫芒、心连广宇,熔今铸古、巧嵌精雕。"

宁式家具中也有红木家具,因成本较高,成品也较昂贵,所以不在一般市民阶层的选择之中。宁式红木家具加工工艺一般强调于朴实中求精细,其纹饰的选择与加工方法不同于苏扬技法,也有别于广式红木家具,其外表于稳重中显高贵。如今在天一阁中保存的不少红木家具均是宁式家具中的珍品,其中来自原甬上藏书楼蜗寄庐的红木书橱就购自药行街上的祥记木器店。

药行街上工艺水平最高的要数文元木器店。这家店店面四开间,前店堂、后作坊,最后面是空旷的各种木料的堆场,足足有三四个篮球场大。而文元木器店最有特色的就是万工轿、千工轿。店堂正中央展示的样品就是万工花轿。其做工的精致,凡经过的人无不啧啧赞叹。

总的来说,药行街上绝大多数木器家具店以经营传统的大众家具为主,有实力的老店也经营、制作老红木家具,如益康、祥记就是代表。当然,有一些规模不大的木器店,为了扩大经营,销售的产品往往中西结合,即在做传统家具的同时,也销售时兴的西式家具。地处药行街与碶闸街交口处的生牲木器店就是其中一家,在药行街西头称三法卿坊的地段也有一家。当时甬上做西式家具的不像上海滩上那些专营英式、俄式、法式或意大利式家具的大公司。当时甬上把西式家具的大橱称作西式大橱,小橱称小洋橱,文人办公用的桌子叫写字台,旧式八仙桌经改造成为"碰胡台",椅背又高又直的称小洋椅,当然还少不了专为有钱人家的小姐、夫人化妆打扮用打造的梳妆台。西式橱与旧式橱不仅在样式和制作方法上有不同,最主要的还是西式橱的门面大多用上了考究的车料镜子玻璃。当时国内生产不了这种玻璃,都是由欧洲进口的。西式家具也讲究装

❖ 梁床

❖ 生牲木器店制作的中西合璧式梳妆台

饰性雕刻,但橱顶风格与中式橱不同,用在橱顶的装饰部件,过去宁波人叫作"稻桶顶"。这类家具现在基本上已见不到了。

药行街木器家具店的主顾大多是城里人,还有不少是下山人(当时对渔民的称呼)。若他们出海捕鱼有了好收成,往往会同渔村里的亲戚结伴驾着帆船来宁波城里买家具,一部分是为自家添置,大多是为儿子成婚来置办整套的家具。这些主顾往往出手不凡,能花上万元的钱买自己称心的家具,所买的大多也是价格比较昂贵、做工考究的七弯梁床。他们来的人多,你买一套,我买一套,几乎能把店里的样品买光。货买定后,由店家派出师傅把大床、大橱都拆卸开来,然后包上麻布,以防运输时擦坏表面亮洁的油漆。有好些店家还会派专人把货护送到主顾的家里,并且帮他们把拆开来的大床装配起来,正所谓服务到家。下山人买了家具,一般都由停靠在灵桥边江滩上的帆船运回去。那时灵桥边常常停满了自象山、舟山来的帆船,这也是药行街家具生意最红火的时候。遗憾的是如今药行街上不要说家具店,连老底子的中药店也找不到一家了。飘扬着药香的令人难忘的药行街,全没了往日的风采。

后 记

本书原是受在京的一位老朋友启发,并由他推荐给北京的一家大型出版社出版,据说是他们在策划一套大型的反映地方传统文化的丛书。本人恰在最近五六年的茶余饭后,零零星星地写了二十余篇反映老宁波传统文化的文章,所写内容涉及甚广。2012年年底,在京的老友来宁波探亲,顺便来看望我,发现在我的案头上有一叠稿子,封面上有"甬上风尘录"字样,不经意翻阅了几篇文章就说:"哦,我在'校长书屋'(设在教育部行政学院二楼的一家规模颇大的专业书店)看到过你不少教育类的专著,你居然还在搞有关传统文化的创作。"当时我也只是笑笑而已。人老了,想的大多是过去的老事体,不像年轻人多的是对未来的憧憬。想想过去的岁月,是有不少很有意思的东西可写,就顺着记忆所形成的线索,写了起来。接着他就肯定地说可由他推荐给北京一家出版社,希望我能在近一年时间里,完成一本近二十万字的书稿。

道别的时候，老友还要我把电子稿发至他的邮箱。没过一礼拜，老友从北京来电话，说是事情全办好了，接下来按计划发稿就是。这件事居然就这么快定下来了，我也一心一意地按计划又赶写了不少篇文章。

一次，我因新著《班主任主题讲话》校稿事宜去宁波出版社，刚好与马玉娟社长打了个照面。马社长盛情邀请我到她办公室坐坐，当时，我顺便说起了自己与北京某出版社合作出书之事。马社长听完后，立即表示这本书应该在宁波出版社出版，她又谈起了"十八大"以后宁波市政府十分重视挖掘宁波传统文化的事情，宁波出版社也正在物色有写作能力又比较熟悉宁波老事体的老人，编写一套地方文化类丛书。说话之际，我顺便从包里拿出了《甬上风尘录》的内容简介和撰写目录，还有十来篇初稿。马社长看后说："我们出版社同您合作大概有十几个年头了吧。"我说："差不多有十二年了，大概是2002年2月开始的，一起合作出版了中小学班主任工作相关的专著十余本，市场营销也很不错。"说着说着，就把这本书定下由宁波出版社出版。

不久，受海曙区政协王国宝先生之约，我有三篇写就的文章选入由他们负责主编的《宁波老字号》一书。又受海曙区文化馆王燕芬女士之邀，我参加了海曙区非物质文化遗产挖掘工作。王燕芬女士是我原宁波十六中学七四届高中学生，当时还是我所教授课程的课代表。盛情之下，就按她的要求写了不少文章，按出版专题需要，有八篇文章入选由她主编的海曙区非物质文化遗产故事集《名城记忆》一书(该书已由中国文史出版社出版)。以上这些文章，又陆陆续续被好几本杂志转载，颇得好评。但这些文章发表后，本人感觉还有不少欠缺，于是又经多处采访和考证，进一步修改和补充，现也一并编入本书。

《宁波老事体》在成稿过程中得到了不少亲朋好友的大力协助，除了在序中所述，还要感谢鸣鹤中学的韩勇豪校长和鸣鹤镇教办的裘百耀先生，他们帮助我寻访弘一法师在金仙寺和五磊寺的足迹，裘先生还主动陪同我到金仙寺、五磊寺实地考察、拍照，也提供了不少第一手资料。要感谢正始中学原副校长俞光透先生和宁波经济技术开发区汇星贸易有限公司王跃先先生撰写相关资料。要感谢徐志成女士、励韵君女士、赵爱静女士、周显章先生、周成章先生、周世章先生、吴清柱先生、张政先生、裘维刚先生、应道安先生、周智慧先生，以及宁波市原江东区非物质文化遗产保护中心周蓉华女士等，他们为本书撰写过不少相关稿件，还提供了许多现今已难以寻觅的资料和照片。

本书配有不少新、老照片，感谢老同学、宁波市资深摄影家潘行正先生为本书提供了很多旧照，感谢浙江大学经济学院国际经济与贸易专业2011级学生吴仕山为本书提供照片。

这次《宁波老事体》得以重新出版，还增加了二十篇文章，都要感谢徐飞先生的厚待。在写这二十篇文章时，得到了杨曙先生和何洁灵老师的大力支持，为我提供许多资料，在此一并表示感谢。

不幸的是，在该书的写作过程中，本人因手术住院，大部分工作都由女儿周娴华完成。女儿于写作上已趋成熟，可以接我的班了。

老事体不好写，难就难在要确保老事情和老人物的真实性。笔者不敢违背事实进行虚构杜撰,尽管在主观上作了不少的努力,但百密难免一疏,如书中所述尚有失实的地方,哪怕是一个小小的细节,敬请知情者提出批评、指正,笔者不胜感激。

周达章
2024 年 10 月改就

图书在版编目（CIP）数据

宁波老事体 / 周娴华，周达章著 . -- 2 版 . -- 宁波：宁波出版社 , 2025.1
ISBN 978-7-5526-5390-8

Ⅰ . ①宁… Ⅱ . ①周… ②周… Ⅲ . ①文化史－宁波 Ⅳ . ① K295.53

中国国家版本馆 CIP 数据核字（2024）第 097158 号

宁波老事体
NINGBO LAOSHITI

周娴华　周达章　著

责任编辑	朱璐艳
责任校对	余怡荻　谢路漫
出版发行	宁波出版社
地址邮编	宁波市甬江大道 1 号宁波书城 8 号楼 6 楼　315040
装帧设计	金字斋
印　　刷	宁波白云印刷有限公司
开　　本	889 毫米 ×1194 毫米　1/32
印　　张	11.75
字　　数	265 千
版　　次	2025 年 1 月第 2 版
印　　次	2025 年 1 月第 1 次印刷
标准书号	ISBN 978-7-5526-5390-8
定　　价	68.00 元

如发现缺页或倒装，影响阅读，请与出版社或印刷厂联系调换
电话：0574-87248279（出版社）
　　　0574-87328764（印刷厂）